Ulrike Scheuermann

Die Schreibfitness-Mappe

Ulrike Scheuermann

Die Schreibfitness-Mappe

60 Checklisten, Beispiele und Übungen für alle, die beruflich schreiben

Linde
international

Bibliografische Information der Deutschen Nationalbibliothek

Die Deutsche Nationalbibliothek verzeichnet diese Publikation in der Deutschen Nationalbibliografie; detaillierte bibliografische Daten sind im Internet über http://dnb.d-nb.de abrufbar.

ISBN 978-3-7093-0332-0

Umschlag: buero8
Satz: Hannes Strobl, Satz.Grafik.Design, 2620 Neunkirchen

1210 Wien, Scheydgasse 24, Tel.: +43/1/246 30
www.lindeverlag.de
www.lindeverlag.at
Druck: Hans Jentzsch & Co. GmbH., 1210 Wien, Scheydgasse 31
1

Inhalt

Vorwort

„Wir kratzen nur noch an der Oberfläche", sagt Nicholas Carr, amerikanischer Wissenschaftsjournalist, der 2010 ein Sachbuch darüber geschrieben hat, wie das Internet unser Denken verändert: Unsere Konzentrationsfähigkeit nimmt ab und wir sind weniger interessiert an tiefgehenden Gedanken. Dafür können wir Bildeindrücke besser verarbeiten, denn genau das verlangt uns das Internet ab. Wer mehr als eine Stunde täglich surft, gewöhnt sich an dieses neue Denken: ablenkungsbereit, schneller, oberflächlicher, unsteter.

Was dabei auf der Strecke bleibt? Innere Sammlung. Fokussierung. Tiefe. Und zum Beispiel das konzentrierte Schreiben. Eben dies möchte ich Ihnen mit der Schreibfitness-Mappe (wieder) nahebringen. Mit zehn Checklisten lernen Sie Ihren Schreibtyp kennen. Mit 15 Beispielen finden Sie heraus, wie sich Schreibprobleme lösen lassen. Mit 35 Übungen lernen Sie neue Schreibstrategien kennen und probieren sie je nach Ihrem Bedarf aus. Sie lernen hervorragend zu schreiben – schneller, authentischer, freier und damit erfolgreicher. Sie lernen, im Fluss zu schreiben. Und für mich am wichtigsten: Sie lernen das Schreibdenken kennen und erfahren Schreiben als einmaligen Zugang, um fokussiert zu denken, innerlich klar zu werden und sich weiterzuentwickeln. Sie schaffen sich einen Arbeitsbereich, in dem Sie produktiv arbeiten; in ruhevoller, nach innen gewendeter Stimmung. So erleben Sie Schreiben inmitten der Arbeit als das, was es im besten Fall sein kann: als kreativen und befriedigenden Schaffensprozess.

Das Doppelseitenprinzip im Buch hilft Ihnen dabei, in kleinen, gut verdaulichen und übersichtlichen Einheiten zu lesen. Die Schreibfitness-Mappe ist „verlinkt": Zwischen Checklisten, Beispielen und Übungen navigieren Sie kreuz und quer durch das Buch und suchen sich Ihren Lernweg selbst. Ich habe viele Abbildungen für Sie gezeichnet, ergänzt durch Beispiel-Abbildungen von Klienten. Auf den Doppelseiten ist viel Inhalt auf wenig Raum versammelt: Bitte sehen Sie mir nach, dass ich die weibliche Form nicht gesondert erwähne – Frauen sind immer und sehr bewusst mitgemeint. Übrigens: Die Schreibfitness-Mappe ist zugleich Erweiterung und Fortführung meines Ratgebers „Wer reden kann, macht Eindruck – wer schreiben kann, macht Karriere", der auch im Linde Verlag erschienen ist.

Ich bedanke mich bei meinen Coachingklienten und Seminarteilnehmern, die den Stoff für Beispiele geliefert und mir ihre Notizen zur Verfügung gestellt haben. Alle Namen habe ich geändert und die Fälle anonymisiert, so dass sich keine realen Personen zuordnen lassen.

Voller Dank bin ich folgenden Kolleginnen und Freundinnen verbunden für ihr bereicherndes Feedback zu Text und Inhalt des Manuskripts und für den fachlichen Austausch: So etwa der freien Lektorin und Autorin Andrea Behnke für ihre sichere Textkritik und den kontinuierlichen Austausch; der Kommunikationstrainerin Sandra Maria Fanroth für inspirierende Gespräche und großartiges Teamteaching; Coach und Organisationsberaterin Stefanie Kunz für ihren scharfen psychologischen Blick; Schreibcoach und Mitarbeiterin des Schreiblabors der Universität Bielefeld Swantje Lahm für den bereichernden Austausch über das Schreibdenken und der Philosophin Dr. Stefanie Rosenmüller für das Testen der Checklisten.

Der Illustratorin und Autorin Petra Nitschke danke ich für das Coaching zu den Abbildungen.

Meinem Verlag danke ich für den Anstoß zu diesem Buch und die umfassende Unterstützung.

Ich danke herzlich meinem Agenten und Kooperationspartner Oliver Gorus für Motivation und Dabeisein – auch bei diesem Buchprojekt hat dies mit voller Kraft gewirkt.

Meinen Eltern Heide und Jürgen Haase danke ich für ihre Unterstützung in einem Alltag mit Schreiben, „normaler“ Arbeit und Kind.

Von Herzen danke ich meinem Mann Jobst Scheuermann und unserem Sohn Leo, die auch dieses Buchprojekt in liebevoller Weise mitgetragen haben.

Und jetzt wünsche ich Ihnen viel Spaß, Inspiration und Erfolg mit diesem Buch. Möge es neues Denken und überraschende (Schreib-)Erfolge in Ihrem Leben bewirken!

Ulrike Scheuermann
Berlin, im Januar 2011

1. Zehn Listen zum Selbstcheck

Im ersten Teil der Schreibfitness-Mappe lernen Sie sich als Schreiber bzw. Schreiberin kennen. Sie finden heraus, wie Sie beim Schreiben vorgehen – und wie Sie sich verbessern können: Welcher Schreibtyp sind Sie zum Beispiel? Schreiben Sie bereits früh im Schreibprozess drauflos oder planen Sie zuerst ausführlich die Struktur? Sollten Sie daran etwas ändern und wenn ja, wie? Vor allem sollen die Checklisten zweierlei bewirken: Sie zum Nachdenken über Ihr Schreibverhalten anregen und Ihnen eine erste Orientierung vermitteln, wohin Sie sich mit Ihrem Schreiben entwickeln können.

Sie kennen bestimmt aus Zeitschriften diese Persönlichkeitstests: „Wie stressresistent sind Sie?“ oder abenteuerlicher: „Sind Sie ein guter Liebhaber?“ Ich möchte Sie nicht etwa Antworten auf geheimnisvolle Fragen ankreuzen lassen und Ihnen fünf Seiten später präsentieren, wie es denn nun – Überraschung! – um Ihre Schreibkompetenz bestellt ist. Die Checklisten sind vielmehr mit Bedacht so einfach wie möglich gestaltet: Sie sehen sofort, welche Selbsteinschätzung auf der linken Seite zu welcher Auswertung auf der rechten Seite gehört. Die Summe Ihrer Kreuze sagt auch nur bedingt etwas über die Ausprägung Ihres Typs aus. Auch wenn die Auswertung auf der rechten Seite also eine Orientierung gibt, so wiegt Ihre Selbsteinschätzung doch mehr.

Arbeiten Sie mit den Checklisten ruhig unorthodox und unterstreichen, umkreisen, färben oder kommentieren Sie Aussagen oder Fragen, die Sie besonders ansprechen oder die Sie noch prüfen wollen. Am Ende jeder Doppelseite finden Sie Empfehlungen für Beispiele und Übungen, mit denen Sie gezielt weiterarbeiten können.

Und nun: viel Freude beim Entdecken neuer Möglichkeiten für Ihr Schreiben!

1 Schreiben oder reden Sie lieber?

Manch einer schreibt lieber eine E-Mail, als dass er zum Telefon greift. Andere halten zehnmal lieber einen Vortrag, als dass sie zum selben Thema einen Fachartikel schreiben. Wenn Sie diese Vorlieben kennen, können Sie Ihre Schreibtechnik darauf abstimmen. Die erste Checkliste hilft Ihnen, das herauszufinden. Denn so offensichtlich, wie es auf den ersten Blick scheint, ist es nicht immer. Kreuzen Sie die Aussagen an, die Ihnen zumindest annähernd entsprechen.

- Ich habe schon immer gerne und viel geschrieben. ☐ S
- Ich vermeide Schreiben, wo es geht. ☐ M
- Deutsch in der Schule hat mir wenig bedeutet. ☐ M
- In der Schule habe ich Aufsätze oder andere Schreibaufgaben gemocht. ☐ S
- In meiner Jugend habe ich gern Tagebuch, Briefe, Gedichte, E-Mails, Blogs oder Chats geschrieben. ☐ S
- Als Jugendliche/r habe ich nur das Nötigste geschrieben und das nicht gerade ausgiebig. ☐ M
- Heute bin ich in meiner Freizeit froh, wenn ich keinen Stift in die Hand nehmen muss. ☐ M
- Ich schreibe gerne privat: zum Beispiel Briefe, Tagebuch, E-Mails oder Ähnliches. ☐ S
- Ich schreibe lieber E-Mails, als dass ich meinen Arbeitsablauf unterbreche und telefoniere. ☐ S
- Ich telefoniere lieber als eine E-Mail zu schreiben. ☐ M
- Ich fühle mich sicherer, wenn ich direktes Feedback im Gespräch bekomme. ☐ M
- Im Gespräch bin ich durch die Reaktionen anderer leicht verunsichert. ☐ S
- Meine Gedanken entfalten sich beim Schreiben besonders gut, ich denke beim Schreiben weiter. ☐ S
- Beim Schreiben dokumentiere ich nur meine bereits vorhandenen Gedanken. Da entsteht nichts Neues. ☐ M
- Im Gespräch mit anderen fühle ich mich inspiriert, die Ideen sprudeln und meine Gedanken entwickeln sich weiter. ☐ M
- Ich fühle mich im Gespräch mit anderen in meinem Denken weniger frei. ☐ S
- Zu meinen Texten bekomme ich auch häufiger ein positives Feedback. Ich schreibe verständlich. ☐ S
- Ich erhalte öfter Nachfragen, weil ich mich im Text nicht klar ausgedrückt habe. ☐ M
- Schreiben soll kreativ sein? Bei mir nicht. Das ist bloß eine mühsame Pflichtaufgabe. ☐ M
- Schreiben ist für mich eine Möglichkeit, meine Kreativität zu leben. ☐ S
- Beim Schreiben finde ich oft die passende Formulierung, die mir im Gespräch noch fehlte. ☐ S
- Ich denke ab und zu beim Reden: „Wenn ich das bloß genau so gut schreiben könnte, wie ich es gerade gesagt habe." Das gelingt dann aber nicht. ☐ M
- Ich verabrede mich gerne mit Leuten, um mich zu entspannen und von einem langen Arbeitstag zu erholen. ☐ M
- Um mich zu entspannen und erholen, tue ich gerne etwas für mich allein, wie etwa schreiben. ☐ S

Weitere Fragen zu Ihren Vorlieben für Schreiben oder Reden

- Wann ist Schreiben für Sie etwas, das Freude bereitet und Sie erfüllt? Oder wann war das einmal so für Sie? ______________________
- Wie könnte das Schreiben Ihr (Arbeits-)Leben bereichern? ______________________
- Hand aufs Herz: In welchen Situationen sollten Sie anstatt zu reden lieber schreiben bzw. umgekehrt? ______________________

Sprachwissenschaftler beschreiben ein Phänomen, das die Ursache unzähliger Schreibprobleme ist: Beim Schreiben ist die Sprechsituation „zerdehnt" – Schreiber und Leser sind räumlich und zeitlich voneinander getrennt. Jeder weiß, wie quälend lang die Zeit werden kann, bis man ein Feedback auf seinen Text erhält. Manche können damit besser, andere schlechter umgehen und es spielt bei der Entscheidung eine Rolle, ob sie sich lieber mündlich oder schriftlich mitteilen.

M wie mündlicher Typ

Viele meiner Schreibcoaching-Klienten können mir zwar wunderbar erzählen, worüber sie etwas schreiben möchten, doch beim Aufschreiben fehlen ihnen die Worte. Mündliche Typen mögen die Face-to-face-Kommunikation, weil Sprecher und Hörer gleichzeitig präsent sind und sofort ein gegenseitiges Feedback möglich ist. Diese Vorliebe wird zum Problem, wenn sie deshalb das Schreiben vermeiden, obwohl es gerade angemessener und erfolgversprechender wäre. Ein Beispiel: Der Geschäftsführer einer Trainingsfirma schreibt für einen potenziellen Neukunden ein Angebot – nach einer erfolgreichen ersten Verkaufspräsentation. In das Angebot schreibt er nur die harten Fakten zu Zeitrahmen, Kosten und Fristen, weil er das Schreiben vermeidet, wo er kann. Als er eine Woche später eine Absage erhält, fällt er aus allen Wolken. Sein Gesprächspartner teilt ihm im Absagegespräch mit, er habe ein deutlich umfangreicheres Angebot erwartet, mit detaillierten Überlegungen aus dem gemeinsamen Gespräch. So schien ihm der Anbieter „heiße Luft" zu verbreiten und nicht gründlich zu arbeiten.

Auch mündliche Typen kommen nicht ums Schreiben herum, wenn sie Erfolge durch Schreiben mitnehmen wollen. Steigern Sie deshalb Ihre Motivation fürs Schreiben: Suchen Sie nach positiven Aspekten, etwa, indem Sie Schreibaufgaben als Anlass nutzen, um sich aus der Hektik das Arbeitsalltags auszuklinken und zur Ruhe zu finden. So ziehen Sie aus dem Schreiben selbst eine Befriedigung und arbeiten weniger lustlos darauf hin, den Text endlich fertig zu haben. Nutzen Sie zudem Ihre mündlichen Stärken und „schreiben" Sie mit Diktiergerät und Diktiersoftware. Dann reden Sie und der Computer „tippt".

S wie schriftlicher Typ

Mehr als naheliegend: Fürs Schreiben ist es günstig, wenn Sie ein schriftlicher Typ sind. Sie können vermutlich anknüpfen an frühere positive Schreiberfahrungen. Fragen Sie sich genau, an *welche* dieser positiven Erfahrungen Sie *wie* anknüpfen können, um Ihre Neigung noch mehr zu entfalten. Bauen Sie Ihre Schreibfreude aus und bringen Sie sie als Ihre besondere Kompetenz in die Arbeit ein – so können Sie Schreiben als Karrieremöglichkeit nutzen. Denken Sie aber auch an eventuelle Kehrseiten: Wer gerne schreibt, läuft Gefahr, Zeit zu vertun. Denn Schreiben ist eine zeitintensive Tätigkeit, die zudem meist länger dauert als gedacht. Sie sollte ausgewählten Fällen vorbehalten sein – und nicht für den aufwendigen E-Mail-Wechsel, dessen Ziel Sie mit einem kurzen Telefonat in einem Drittel der Zeit wesentlich effizienter erreicht hätten.

Zum Weiterarbeiten

Beispiele: Johannes will bloß nicht allein sein; Jana kommt nicht ins Spiel
Übungen: Denkbilder, Schreibeinstimmer, Leserkontakt, Leserorientierung, Schreibgespräche, Inkshedding, Sprechschreiben, Perspektivenwechsel, Schreibressourcen, Ursachensuche, Sich selbst motivieren, Sinnvoll schreiben, Die ideale Schreibwoche

Kompakt: Mit dieser Checkliste finden Sie heraus, ob Sie grundsätzlich dem Schreiben zu- oder abgeneigt sind. Sind Sie ein schriftlicher Typ, so können Sie Ihren Vorteil mit diesem Buch ausgestalten. Mündliche Typen können ihre Abneigung verändern, indem sie das Schreiben für sich als sinn- und freudvoll erleben lernen.

2 Tippen, diktieren oder handschriftlich schreiben?

Mit dieser Checkliste prüfen Sie, welche Schreibmedien für Sie geeignet sind. „Gleich am Computer schreiben, das geht am schnellsten", würde wohl so mancher einwenden. „Ja, jein oder nein", würde ich erwidern. Finden Sie hier heraus, warum:

- Schreiben heißt für mich Umschreiben: Ich verschiebe, lösche, stelle um und ergänze Wörter, Satzteile und Textblöcke. Das geht bei mir nur am Computer. ☐ T
- Ich kann mich am Computer leichter disziplinieren, denn dort bin ich auf konzentriertes Arbeiten programmiert. ☐ T
- Ich tippe viel schneller und entspannter, als ich von Hand schreibe. ☐ T
- Wenn ich am Computer arbeite, kann ich leichter unzensiert drauflosschreiben oder -reden, weil ich weiß, dass ich alles unproblematisch wieder ändern kann. ☐ T, D
- Ich mag es, wenn meine Gedanken in Druckschrift am Bildschirm erscheinen. ☐ T, D
- Ich bin ein mündlicher Typ, der zwar souverän reden kann, beim Aufschreiben aber leicht blockiert. ☐ D
- Wenn ich über mein Thema rede, entstehen strukturiertere und besser formulierte Sätze als beim Schreiben. ☐ D
- Ich will meine Gedanken jederzeit dokumentieren können – so unaufwendig und unauffällig wie möglich, auch wenn ich gerade nichts aufschreiben kann, etwa beim Autofahren oder während eines Gespräches. ☐ D
- Ich leide unter Schreibblockaden. Sobald ich etwas schreiben soll, geht es nicht mehr. ☐ D
- Es bereitet mir Freude, wenn ich ein schönes Notizbuch und einen guten Stift benutze. ☐ H
- Ich mag meine Handschrift gerne. ☐ H
- Ich merke mir den Bildeindruck meiner handschriftlichen Notizen, ich sehe später vor meinem inneren Auge, wo ich was und wie geschrieben habe. ☐ H
- Am Computer tippe ich oft zu eilig: Ich produziere dann zwar viel, aber nicht unbedingt durchdachten Text, schweife leicht ab und verliere den roten Faden. Das langsamere handschriftliche Schreiben hilft mir, den Überblick über meine Gedanken zu bewahren. ☐ H
- Meine handschriftlichen Formulierungen sind die erste Stufe auf dem Weg zum Rohtext. Wenn ich die Notizen abtippe, entwickelt sich der Text, weil ich dabei weiter ausformuliere. ☐ H
- Ich skizziere gerne meine Ideen als Schaubild, verbinde Textstellen mit Pfeilen und umkreise Satzteile. ☐ H

Weitere Fragen zum passenden Schreibmedium

Wie denken Sie? Wie nehmen Sie wahr? Wie verarbeiten Sie? Das Gehirn arbeitet auf der linken Seite anders als auf der rechten. Dominiert bei Ihnen eher die rechte oder die linke Gehirnhälfte? Markieren Sie:

Gehirnhemisphären

Heute können Sie am Buffet der unterschiedlichsten Schreibmedien äußerst komfortabel wählen: zwischen Stift, Notizbuch, Diktiergerät, Mikrofon und Diktiersoftware, Laptop, Klapptastatur und Handy. Oft ist es sinnvoll, im Schreibprozess mehrere Schreibmedien zu kombinieren: zum Beispiel das Blatt Papier für die rasche Denkskizze, die Tastatur für die Gliederung und das Mikrofon fürs zügige Rohtexten.

T wie Tippen

Wenn Sie gerne tippen, so habe ich einen Tipp für Sie, um Schreiben und Denken noch mehr einander anzunähern: Üben Sie drei Wochen lang täglich mit einer Trainingssoftware für das Zehnfinger-Schreibsystem. Sie tippen danach den Rest Ihres Lebens mit zehn Fingern und sparen fortan nicht nur die Hälfte der Zeit, sondern können beim Schreiben auch nah an Ihrem Gedankenfluss bleiben. Und mit einer Klapp- oder Rolltastatur, angeschlossen an ein kleines Mobilgerät, können Sie auch unterwegs komfortabel tippen.

D wie Diktieren

Ein Diktiergerät oder ein Handy mit Diktierfunktion können Sie immer mit sich tragen. Günstig, um gute Ideen sofort zu dokumentieren. Denn Ideen haben bekanntlich die Angewohnheit, gerade dann aufzutauen, wenn man sie nicht erwartet – und sitzt man endlich am Schreibtisch, ist der Gedanke längst weg. Übrigens: Sie halten damit Ihre Ideen nicht nur fest, Sie fördern sie sogar: Wer Ideen erwartet, bekommt sie auch. Eine Diktiersoftware erkennt nach einer Trainingsphase Ihre Sprache nahezu fehlerfrei und übersetzt sie in digitalen Text. Zwar kommen Sie beim Überarbeiten um das Schreiben nicht herum, doch gerade für das erste Formulieren kann Sie das Sprechschreiben entlasten.

H wie Handschrift

Schreiben von Hand regt das Denken ganzheitlicher an als gleichförmige Tipp-Bewegungen: Es entstehen sehr persönliche und einmalige Bild-Eindrücke, denn keine handschriftliche Notiz gleicht einer anderen in Schriftbild und Form. Durch handschriftliche Notizen erholen Sie sich zudem von der Arbeit am Bildschirm. Ob Sie nun auf Papier oder auf der Oberfläche eines Tablet-PC handschriftlich schreiben, bleibt Ihnen überlassen. Manche mögen den sinnlichen Eindruck von Papier, andere schätzen das Gefühl, alles im Computer speichern zu können. Und mit einem digitalen Stift können Sie auf normalem oder Spezialpapier schreiben oder skizzieren, die Daten werden digital gespeichert und lassen sich für die Text- und Bildverarbeitung nutzen.

Nutzen Sie die volle Arbeitskraft Ihres Gehirns

Was haben Sie auf der gegenüberliegenden Seite bei der Abbildung zu den beiden Gehirnhälften gekennzeichnet? Wenn beide Gehirnhälften aktiv sind und gut zusammenspielen, erreichen Sie die höchste Denkleistung. Doch bei den meisten Menschen ist eine Seite dominant. Dominiert bei Ihnen die linke Gehirnhälfte, dann kommen Sie vermutlich mit Tippen und Diktieren gut zurecht. Überwiegt dagegen die rechte Gehirnhälfte, so nutzen Sie mit handschriftlichen Notizen und Denkskizzen dieses Potenzial besser. Lassen Sie in Zukunft beide Arbeitsweisen zu ihrem Recht kommen und fördern Sie die jeweils unterbetonte Seite. Zeichnen Sie zum Beispiel auch einmal Bilder, eventuell sogar farbig, wenn Sie sonst nur rein sprachlich arbeiten.

Zum Weiterarbeiten

Beispiele: Noah denkt in Bildern; Tanja kopiert, anstatt zu schreiben
Übungen: Denkbilder, Denkskizze, Wortsprints, Cluster, Gedanken- und Fokussprint, Notizstrategien, Gedankenlandkarten, Textpfad, Sprechschreiben

Kompakt: Mit dieser Checkliste finden Sie heraus, welches Schreibmedium für Sie geeignet ist und wie Sie Ihre bisherigen Favoriten ausgestalten könnten.

3 Wie verläuft Ihr Schreibprozess?

Wie gehen Sie beim Schreiben vor und wo hakt es? Mit diesem Selbstcheck überlegen Sie erst einmal, wie Sie selbst im Schreibprozess vorgehen. Danach können Sie mit der Checkliste erste Ideen für Veränderungen sammeln. Auf den folgenden Seiten finden Sie dann mehr über Ihren Schreibtyp heraus.

Schreiben Sie eine Liste mit allen Aktivitäten, die bei Ihnen zum Schreiben dazugehören. Wenn möglich, bringen Sie diese anschließend in einen Reihenfolge oder erstellen ein Schaubild – nicht alles lässt sich Schritt für Schritt ordnen. Markieren Sie anschließend, welche Aktivitäten Ihnen erfahrungsgemäß schwerfallen.

1. Einstimmen

- Ich wähle meinen Schreibort bewusst aus. Das ist nicht unbedingt mein Büroarbeitsplatz. ☐ ja ☐ nein
- Ich gehe mit Ablenkungen offensiv um: Ich bin z. B. offline oder nutze ruhige Bürozeiten. ☐ ja ☐ nein
- Ich stimme mich mit kleinen Vorbereitungen auf das Schreiben ein: Ich räume z. B. den Schreibtisch auf oder schließe kurz die Augen und denke an das Wichtigste, worüber ich schreiben will. ☐ ja ☐ nein

2. Ideen entwickeln

- Ich sammle erst möglichst viele Ideen, auch wenn mir manches davon abseitig erscheint. ☐ ja ☐ nein
- Ich notiere *erst* meine eigenen Ideen und recherchiere bzw. lese dann. ☐ ja ☐ nein
- Ich habe mir Möglichkeiten organisiert, um meine Ideen festzuhalten, sobald sie auftauchen. Zum Beispiel trage ich immer ein Notizbuch bei mir oder habe ein Handy mit Diktierfunktion. ☐ ja ☐ nein

3. Strukturieren

- Ich erstelle vorab eine detaillierte und durchdachte Gliederung – insbesondere, wenn der Text schnell fertig werden muss und der Inhalt weitgehend bekannt ist. ☐ ja ☐ nein
- Ich plane die Feinstruktur jedes einzelnen Abschnitts, falls ich leicht den roten Faden verliere. ☐ ja ☐ nein
- Selbst wenn ich ohne Planung erst einmal drauflosschreibe, so finde ich mich dennoch hinterher in meinem Text zurecht und kann die Struktur nach und nach entwickeln. ☐ ja ☐ nein

4. Rohtexten

- Ich kann beim Formulieren der ersten Textfassung im Denk- und Schreibfluss zügig voranschreiben und das Überarbeiten auf später verschieben. ☐ ja ☐ nein
- Was mir beim Ausformulieren unstimmig erscheint, markiere ich, um später darauf zurückzukommen. ☐ ja ☐ nein

5. Reflektieren

- Ich gönne meinem Text eine Ruhe- und Reifezeit – zum Beispiel über Nacht –, bevor ich mit dem Überarbeiten beginne. ☐ ja ☐ nein
- Bereits meinen geglätteten Rohtext liest jemand, der mir Feedback zu Inhalt und Struktur gibt. ☐ ja ☐ nein

6. Überarbeiten

- Ich plane genug Zeit zum Überarbeiten ein, ca. 40 Prozent der gesamten Schreibzeit. ☐ ja ☐ nein
- Ich überarbeite den Text erst im Hinblick auf Gesamteindruck, Inhalt und Struktur. Stil- und zum Beispiel Rechtschreibkorrekturen folgen später. ☐ ja ☐ nein
- Ich drucke meinen Text aus, um ihn fürs Überarbeiten zu lesen. ☐ ja ☐ nein
- Ich setze mich fürs Lesen an einen Ort, der nicht mein Schreibort ist. ☐ ja ☐ nein

7. Veröffentlichen

- Ich werbe für meinen Text, bevor und sobald er veröffentlicht ist. ☐ ja ☐ nein
- Ich bin stolz auf meinen Text und zeige dies auch. ☐ ja ☐ nein
- Ich nutze meine Texte für weitere Erfolge und Karriereschritte, zum Beispiel, indem ich meinen neuen Fachartikel an einen wichtigen Netzwerkpartner schicke. ☐ ja ☐ nein

Hier sehen Sie einen typischen Schreibprozess. Der muss Ihnen nicht unbedingt entsprechen: Ich kenne Schreiber, die krempeln diesen Ablauf weitgehend um – und schreiben dennoch gute Texte. Nehmen Sie das Schreibprozessmodell also einfach als Denkanstoß: Wie machen *Sie* es? Was könnten Sie einmal neu ausprobieren? Am Ende des Buches finden Sie das Schaubild mit Tipps erweitert.

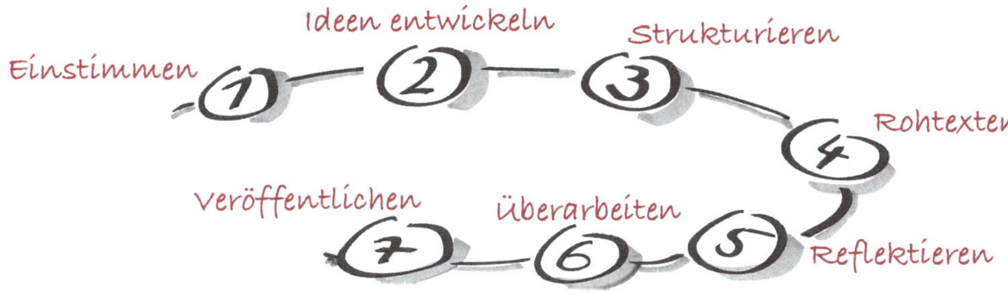

Schreibprozessmodell

Schauen Sie nun bei der Checkliste nach, welche Aussagen bei den einzelnen Phasen *nicht* auf Sie zutreffen: dort könnten Sie noch etwas verbessern; die Aussagen sind so formuliert, dass Sie das empfehlenswerte Vorgehen beschreiben. Zusätzlich habe ich Hinweise zum Weiterarbeiten für Sie zusammengestellt:

1 Einstimmen
Wenden Sie sich für das Schreiben nach innen, schalten Sie um auf konzentriertes Arbeiten für sich allein. Finden Sie heraus, wie Sie innere und äußere Ablenkungen ausblenden. Dafür reichen meist wenige Minuten.
Übungen: Schreibstrecke, Zeitstrahl, Denkbilder, Schreibeinstimmer, Leserkontakt, ideale Schreibwoche

2 Ideen entwickeln
Entwickeln Sie Ihre Gedanken mit kreativen Schreibtechniken aus diesem Buch weiter. So schreiben Sie auffallend gute Texte, die innovativ sind und sich vom lustlos getexteten Einerlei abheben.
Übungen: Leserorientierung, Denkskizze, Wortsprints, Cluster, Gedanken- und Fokussprint, Schreibstaffel, Kerne, Notizstrategien, Schreibgespräche, Inkshedding

3 Strukturieren
Viele Schreiber haben Probleme, zu einer durchdachten Struktur zu finden. Achten Sie neben der Gliederung vor allem auf die Feinstruktur, also den Aufbau eines Textabschnitts.
Übungen: Gedankenlandkarten, Der rote Faden, Textpfad, Kerne, Überschriften

4 Rohtexten
Das Hauptproblem beim Rohtexten ist, dass Schreibende nicht im Denk- und Schreibfluss bleiben, sondern parallel schon überarbeiten. Verschieben Sie alle Überarbeitungen auf später!
Übungen: Scheuklappen, Partitur, Die eigene Schreibstimme, Sprechschreiben

5 Reflektieren
Erbitten Sie ein frühes Feedback und gönnen Sie Ihrem Text eine Pause. So klärt sich Ihre Perspektive. Später sehen Sie auf den ersten Blick die Stärken und Schwächen und können sinnvoller überarbeiten.
Übungen: Pausieren, Perspektivenwechsel, Ursachensuche, Schreibressourcen, Sich selbst motivieren, Sinnvoll schreiben, Textinspektion

6 Überarbeiten
Planen Sie genug Zeit fürs Überarbeiten ein. So können Sie in der Rohtextphase mit einem entspannten Zeitgefühl frei drauflosschreiben und beim Überarbeiten noch grundlegende Änderungen zulassen.
Übungen: Vier-Schritt-Überarbeiten, Rückstrukturieren, Kürzen

7 Veröffentlichen
Stellen Sie sich vor, Sie haben mit viel Mühe einen hervorragenden Text geschrieben – und keiner liest ihn. Das Schreiben ist die erste Herausforderung. Die zweite: Sorgen Sie dafür, dass Ihre Texte gelesen werden.
Übung: Veröffentlichen

Kompakt: Sie analysieren mit diesem Selbstcheck, wie Sie beim Schreiben vorgehen, wo es dabei eventuell hakt und wie Sie sich bei den einzelnen Phasen des Schreibprozesses verbessern können.

4 Schreibstrategie 1: Sind Sie ein Planer?

In der Schule haben wir gelernt, unsere Aufsätze erst einmal gründlich zu planen. Im Studium schwebte vielen das Bild des großartigen Wissenschaftlers vor, der seine genialen Gedanken im Kopf ausbrütet und sie in einem produktiven Schub nur noch niederschreibt. Die eigentliche Arbeit finde im Kopf statt, so meinen viele. Doch bei ungefähr der Hälfte aller Schreibenden funktioniert der Schreibprozess anders. Finden Sie heraus, ob Ihnen das Planen wirklich entspricht und wenn ja, wie Sie mit dieser Schreibstrategie noch besser fahren können.

- Das Thema, zu dem ich schreibe, muss erst in meinem Kopf reifen. ☐ ja ☐ nein
- Ich zögere das Ausformulieren von Texten oft hinaus, weil ich meine Gedanken dazu noch nicht geklärt habe. ☐ ja ☐ nein
- Ich erstelle eine Gliederung, bevor ich mit dem Ausformulieren meiner Texte beginne. ☐ ja ☐ nein
- Ich fühle mich sicherer, wenn ich vor dem Schreiben gründlich geplant habe. ☐ ja ☐ nein
- Wenn ich mit dem Aufschreiben beginne, habe ich schon alle Gedanken fertig im Kopf und weiß, worauf ich hinauswill. ☐ ja ☐ nein
- Beim Ausformulieren entsteht bei mir eher nichts Neues. ☐ ja ☐ nein
- Ohne Ziel draufloszuschreiben liegt mir nicht. ☐ ja ☐ nein
- Wenn ich keine klare Struktur habe, kann ich nicht gut schreiben. ☐ ja ☐ nein
- Ohne eine detaillierte Gliederung fehlen mir die Schreibideen. ☐ ja ☐ nein
- Wenn ich meine Gliederung einmal erstellt habe, lasse ich sie weitgehend unverändert. ☐ ja ☐ nein
- Andere sagen von mir, ich sei ein gut strukturierter Mensch. ☐ ja ☐ nein
- Ich plane auch in anderen Arbeitsbereichen detailliert. ☐ ja ☐ nein
- Für meine Zeitplanung arbeite ich erfolgreich mit To-do-Listen und klaren Prioritäten. ☐ ja ☐ nein
- Ich arbeite meine Aufgaben gerne Schritt für Schritt ab. ☐ ja ☐ nein
- Ich mag es nicht sonderlich, wenn Ungeplantes passiert. ☐ ja ☐ nein

Planen

Weitere Fragen zum Planen

Wenn Sie viele Aussagen bejaht haben, dann stellen Sie sich bitte noch die folgenden Fragen:

Wie zufrieden sind Sie selbst mit der Schreibstrategie des Planens? ______________________________

Was geschieht, wenn Sie sich auf Ungeplantes einlassen, sowohl beim Schreiben als auch in anderen Situationen? ______________________________

Unter welchen Bedingungen können Sie sich leichter auf Ungeplantes einlassen? ______________________________

Planen Sie noch oder schieben Sie schon auf? ______________________________

Alles in Ordnung: Der Planer

Haben Sie die Aussagen bei der Checkliste überwiegend mit „Ja" beantwortet? Dann planen Sie gerne vorab – im Kopf oder mit Hilfsmitteln. Sie erstellen zum Beispiel eine Gliederung, bevor Sie vollständige Sätze ausformulieren. Das hilft dabei, den Überblick zu behalten und später nah am roten Faden zu schreiben. Planer lassen Inhalt und Struktur also reifen, bis der richtige Moment zum Ausformulieren gekommen ist.

Vorzüge des Planens

- Sie behalten den Überblick.
- Sie laufen weniger Gefahr abzuschweifen und kommen in der Regel leichter auf den Punkt.
- Sie haben unter Zeitstress besonders gute Karten. Denn Sie schreiben später meist schneller voran.

Es gibt aber auch Situationen, in denen das planende Schreiben wenig nutzbringend ist. Und genau da wird es interessant für Sie als Planer. Sie könnten nämlich neues Schreibverhalten ausprobieren, um dadurch Ihr Schreibrepertoire zu erweitern.

Grenzen des Planens

- Das planende Schreiben stößt an seine Grenzen, wenn jemand einfach noch keine guten Ideen parat hat, wenn er zeitlich unter Druck steht oder innerlich mit anderen Themen beschäftigt ist.
- Manchmal lässt sich die Struktur vorab noch nicht festlegen – zum Beispiel bei sehr komplexen Themen, die erst nach und nach Form annehmen können. So etwa bei wissenschaftlichen Arbeiten: Die Gliederung ist dann nur eine vorläufige und flexible, die sich im Verlauf des Schreibens immer wieder verändert.

Tipps für Planer

- Wenn Sie merken, dass Ihnen noch Ideen fehlen, so fördern Sie lieber erst Ihr implizites Wissen zu Tage: Suchen Sie nach halbbewussten Denkinhalten, verschütteten Erinnerungen und neuen assoziativen Denkwegen. Und wie geht das? Mit Hilfe von Schreibdenken. So nenne ich das Weiterdenken beim Schreiben. Schreibdenken heißt in der Praxis oft nichts anderes als draufloszuschreiben. Mit keiner anderen Methode können Sie ähnlich effektiv das Denken anregen und zugleich die Schreibkompetenz verbessern. Lassen Sie Ihr eigenes Schreiben also ruhig einmal ungeplante Wendungen nehmen: Begegnen Sie offen allem Neuen, Ungeahnten, Kreativen, möglicherweise vorerst Chaotischen. Halten Sie es aus, dass Sie noch nicht wissen, wie Sie diese neuen Ideen einordnen können. Vertrauen Sie darauf, später dafür die richtige Form zu finden.
- Passen Sie den geeigneten Moment ab, in dem Sie das Planen beenden und zum Ausformulieren voranschreiten. Prüfen Sie deshalb immer wieder: Wann wird bei Ihnen aus dem gründlichen Nachdenken ein unauffälliges Aufschieben der nächsten Schreibphase – des Rohtextens?

Zum Weiterarbeiten

Checkliste: Sind Sie ein Drauflosschreiber?
Beispiele: Jana kommt nicht ins Spiel; Katrin strukturiert endlos um
Übungen: Wortsprints, Cluster, Gedanken- und Fokussprint, Schreibstaffel, Notizstrategien, Schreibgespräche, Inkshedding, Gedankenlandkarten, Der rote Faden, Textpfad, Überschriften, Partitur

Kompakt: Diese Checkliste zeigt Ihnen, ob Sie ein planender Schreibtyp sind, der erst nachdenkt und strukturiert, bevor er schreibt. Sie erfahren, wie Sie diese Strategie für Schreiberfolge nutzen – und sie mit Schreibdenken wirkungsvoll ergänzen können.

5 Schreibstrategie 2: Sind Sie ein Drauflosschreiber?

Drauflosschreiben ist im Kommen. Noch vor zehn Jahren sah das anders aus: In meinen Schreibseminaren habe ich meine Teilnehmer motiviert, überhaupt einmal das Drauflosschreiben zu testen. Heute haben wir es alle beim Schreiben tausender E-Mails gründlich trainiert. Aber wenden Sie es auch bei umfangreicheren Texten an? Haben Sie sich eventuell bisher zum planenden Schreiben gezwungen, obwohl es Ihnen wenig entspricht? Finden Sie mit dieser Checkliste heraus, ob Sie ein Drauflosschreiber sind.

- Ich schreibe gerne erst einmal drauflos, ohne mir viele Gedanken um die Struktur zu machen. ☐ ja ☐ nein
- Beim Schreiben komme ich auf neue Gedanken, die ich vorher noch nicht hatte. ☐ ja ☐ nein
- Ich schreibe gerne tagebuchartig, um über mich selbst nachzudenken und meine Gedanken und Gefühle zu klären. ☐ ja ☐ nein
- Selbst wenn ich eine Gliederung habe, an der ich mich orientieren könnte, so tue ich mich beim Ausformulieren doch schwer damit, diese einzuhalten. ☐ ja ☐ nein
- Ich verliere beim Schreiben mitunter die Orientierung und komme vom Kernthema ab. ☐ ja ☐ nein
- Es befriedigt mich, schnell viel Text zu produzieren. ☐ ja ☐ nein
- Ich halte es nur schwer aus, nichts zu produzieren, sondern nur über etwas nachzudenken. Ich will das Produkt meiner Bemühungen sofort sehen. ☐ ja ☐ nein
- Ich schreibe (fast) so, wie ich denke. ☐ ja ☐ nein
- Beim Formulieren stehen bei mir die Sätze im Kopf eher Schlange, als dass ich sie mir mühsam zusammensuchen müsste. ☐ ja ☐ nein
- Ich sprudle oft schier über vor Ideen und schreibe sie dann schnell auf. ☐ ja ☐ nein
- Ich verändere meinen Textaufbau noch während des Schreibens. Ich stelle vieles um, verschiebe und überdenke die Gliederung immer wieder neu. ☐ ja ☐ nein
- Ich bin auch in anderen Arbeitsbereichen ein Macher oder eine Macherin. Ich fackele nicht lange, sondern will loslegen und Ergebnisse sehen. ☐ ja ☐ nein
- Ich habe einen intuitiven Arbeitsstil: Ich arbeite gerne das ab, was mir gerade in den Sinn kommt. Das wirkt auf andere oft chaotisch, aber das Ergebnis ist in Ordnung. ☐ ja ☐ nein
- Ich heiße Ungeplantes willkommen. ☐ ja ☐ nein

Drauflosschreiben

Weitere Fragen zum Drauflosschreiben

Sind Sie zufrieden mit Ihrer Schreibstrategie des Drauflosschreibens oder fehlt Ihnen manchmal das vorherige Planen? ____________________

Warum ist es Ihnen wichtig, schnell Text zu produzieren? ____________________

Was wäre, wenn Sie erst eine Weile über Ihr Schreibthema nachdächten, bevor Sie losschreiben? ________

Drauflosschreiben – online per E-Mail, in sozialen Netzwerken, im Chat: eine erfreuliche Entwicklung einer ganzen Generation Schreibender. Neue Schreibkompetenzen wachsen, Schreiben gewinnt an Bedeutung. Heute besteht die Herausforderung darin, diese Kompetenz auf umfangreiche Texte zu übertragen. Viele meinen aber, das Drauflosschreiben sei ineffektiv – zu chaotisch, zu wenig ergebnisorientiert. Doch die Schreibforschung hat längst bewiesen: Drauflosschreiben kann ebenso erfolgreich sein wie Planen.

Alles im Prozess: Der Drauflosschreiber

Haben Sie in der linken Spalte viele Aussagen bejaht? Dann neigen Sie – Sie ahnen es schon – zum Drauflosschreiben. Strukturen entwickeln Sie aus dem Prozess des Drauflosschreibens, Sie denken sie nicht bereits vorher zu Ende. Das geht in etwa so: Sie schreiben ein paar Sätze, die Ihnen als Erstes in den Sinn kommen. Dabei bemerken Sie, dass Sie gerade einen interessanten Gedanken am Wickel haben, und schreiben rasch weiter, um ihn nicht aus dem Sinn zu verlieren. Daraus ergibt sich ein weiterer Gedankengang, den Sie ebenfalls schreibend verfolgen. Nach einer Weile stellen Sie zufrieden und mit erhitzten Wangen fest, dass Sie mit Ihrem Denkfluss geschrieben haben und auf ganz neue Ideen gekommen sind. Währenddessen oder danach kommen Sie erst auf eine Idee, wie dieser Abschnitt in Ihre Textstruktur passen könnte.

Vorzüge des Drauflosschreibens

- Sie dokumentieren Ihre Ideen sofort und nutzen Sie für Ihren Text.
- Sie entwickeln neue Ideen für Inhalte, Strukturen und Ziele Ihres Textes beim Schreiben.
- Die meisten Schreiber fühlen sich gut, wenn sie früh Textergebnisse haben: es beruhigt beim Schreiben unter Zeitdruck und es motiviert zum Weiterschreiben.

Grenzen des Drauflosschreibens

- Der Drauflosschreiber stößt meist dann an seine Grenzen, wenn besonders schnell ein durchstrukturierter, prägnanter und damit abgabereifer Text entstehen muss. In diesem Fall ist das planende Schreiben die bessere Strategie.
- Auch wenn Inhalte und Struktur bereits klar sind, ist Drauflosschreiben weniger sinnvoll.
- Wer sich regelmäßig beim Drauflosschreiben auf Abwege schreibt und so weit abschweift, dass er es als unbefriedigend empfindet, ist an eine andere Grenze gestoßen. Dann hilft wiederum nur eines: Planen.

Tipps für Drauflosschreiber

- Nutzen Sie das Schreiben noch systematischer, um damit weiterzudenken: Schreibdenken nenne ich den Prozess und die Methoden, die das Denken durch Schreiben und Skizzieren voranbringen. Eine Reihe von Übungen in diesem Buch helfen Ihnen dabei – von der Denkskizze bis zur Schreibstaffel.
- Bleiben Sie aber flexibel und erweitern Sie Ihr Schreibrepertoire im Hinblick auf strukturierende Techniken, wenn das Drauflosschreiben nicht passt. So können Sie je nach Anforderung entscheiden, womit Sie weiterkommen. Dabei unterstützen Sie die Übungen von „Gedankenlandkarten" bis „Überschriften".

Zum Weiterarbeiten

Beispiele: Martin schreibt ohne Plan; Marianne fühlt sich überschwemmt
Übungen: Wortsprints, Cluster, Gedanken- und Fokussprint, Schreibstaffel, Notizstrategien, Schreibgespräche, Inkshedding, Gedankenlandkarten, Der rote Faden, Textpfad, Überschriften, Partitur, Textinspektion, Rückstrukturieren, Kürzen

Kompakt: Diese Checkliste zeigt Ihnen, ob Sie ein planender Schreibtyp sind, der erst nachdenkt und strukturiert, bevor er schreibt. Sie erfahren, wie Sie diese Strategie für Schreiberfolge nutzen – und sie mit Schreibdenken wirkungsvoll ergänzen können.

6 Schreibstrategie 3: Sind Sie ein Versionenschreiber?

Die zwei wichtigsten Schreibstrategien kennen Sie nun von den vorangehenden Seiten: das Planen und das Drauflosschreiben. Hier lernen Sie eine dritte Strategie kennen, das Versionenschreiben. Sie muss den bisherigen nicht unbedingt widersprechen: Gerade Drauflosschreiber schreiben häufig mehrere Versionen ihres Rohtextes. Finden Sie mehr darüber heraus, ob und wie Sie Ihre Texte neu und umschreiben:

- Ich bin mit meiner ersten Textversion nie zufrieden. ☐ ja ☐ nein
- Ich weiß beim Rohtexten schon, dass sich diese Erstfassung noch stark verändern wird. ☐ ja ☐ nein
- Mein endgültiger Text ist ein vollkommen anderer als mein erster Rohtext. ☐ ja ☐ nein
- Ich überarbeite meine Texte mehrmals sehr umfassend. ☐ ja ☐ nein
- Ich schreibe meine Texte ein- oder mehrmals ganz neu. ☐ ja ☐ nein
- Meine Texte werden mit jeder Version besser. ☐ ja ☐ nein
- Manchmal kann ich mich nicht mehr entscheiden, welche Textversion nun eigentlich die beste war. ☐ ja ☐ nein
- Es dauert bei mir allgemein lange, bis ich mit einem Ergebnis zufrieden bin. ☐ ja ☐ nein
- Ich habe hohe Ansprüche an mich, meine Leistungen und meine Arbeitsergebnisse. ☐ ja ☐ nein
- Ich bin erst zufrieden mit einem Arbeitsergebnis, wenn ich es selbst perfekt finde. ☐ ja ☐ nein
- Wenn ich Entscheidungen in meinem Leben treffe, beleuchte ich alle Aspekte von vielen Seiten. ☐ ja ☐ nein
- Ich stelle meine Entscheidungen oft nachträglich in Frage und denke: „Vielleicht hätte ich lieber anders ...“. ☐ ja ☐ nein

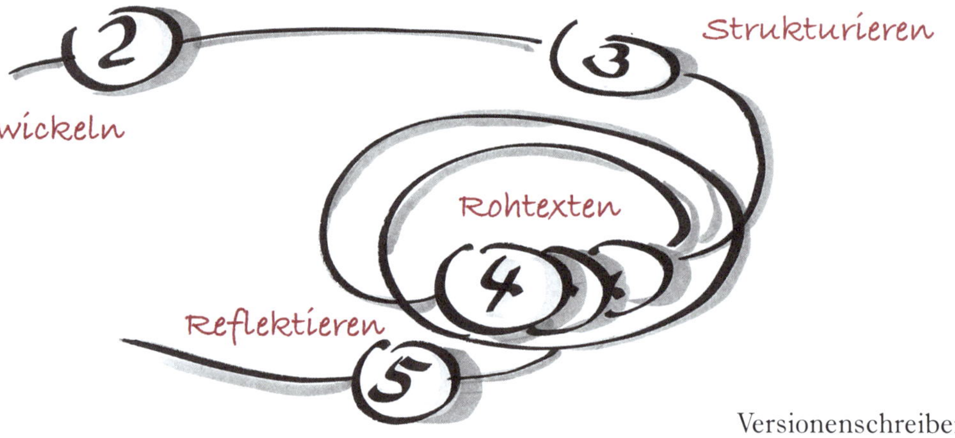

Versionenschreiben

Weitere Fragen zum Versionenschreiben

Haben Sie viele Aussagen bejaht? Denken Sie dann auch über folgende Fragen nach und schreiben Sie etwas dazu auf – ausnahmsweise in nur einer Version:

Wie zufrieden sind Sie mit Ihrer Schreibstrategie des Versionenschreibens? ______________________

Wie würden Sie sich Ihr Vorgehen beim Schreiben idealerweise wünschen? ______________________

Lassen Sie Ihr letztes Schreibprojekt mit Versionenschreiben Revue passieren: Welche Version war die beste? ________ Wodurch wurde sie zur besten Version? ______________________

Woher stammt Ihre Motivation, Ihre Texte ein- oder mehrmals grundlegend umzuschreiben?

____

„Schreiben heißt umschreiben“, so formulieren es Andrea Frank, Stefanie Haacke und Swantje Lahm in ihrem Buch „Schlüsselkompetenz Schreiben“. Als Schreibberaterinnen am Schreiblabor der Universität Bielefeld vermitteln auch sie ihren Ratsuchenden, wie vorläufig erste Textversionen sind und sein sollten. Schreiben hat immer den Aspekt des Umschreibens: Der Text ist rohes Material, mit dem Autoren arbeiten: Sie überdenken, formen um, formulieren anders. Schließlich steht die Endfassung, die viel oder wenig mit der ursprünglichen Version gemeinsam hat. Versionenschreiben gehört also bei den meisten Schreibenden dazu. Erst wenn diese Tendenz besonders stark ausgeprägt ist, würde ich jemanden als Versionenschreiber bezeichnen.

Umschreiben: Der Versionenschreiber

Falls Sie viele Aussagen der Checkliste bejaht haben, so befinden Sie sich in guter Gesellschaft: Unzählige Schriftsteller, Wissenschaftler und andere Autoren schreiben grundlegend um und neu, bis endlich die Version entsteht, die wir zu lesen bekommen. Denn der Versionenschreiber ist lange nicht zufrieden mit seinem Text: Er sieht die Erstfassung als Steinbruch, nicht als direkte Vorstufe zur abgabereifen Version. Der Steinbruch liefert die Werkstoffe für die späteren Versionen. Entweder schichtet der Versionenschreiber die Steine anders und behaut sie: er schreibt um. Oder er holt neue Steine aus dem Steinbruch: er schreibt neu.

Vorzüge des Versionenschreibens

- Der Charakter des Vorläufigen hilft, unzensiert und früh zu schreiben.
- Sie produzieren schnell viel Text. Das ist von Vorteil, wenn Sie dadurch Ihre Gedanken klären und Schreibblockaden vorbeugen.
- Sie können aus verschiedenen Texten die beste Version auswählen.
- Durch mehrere „Anläufe“ gelangen Sie Schritt für Schritt näher zum Kern dessen, was Sie mitteilen wollen.

Grenzen des Versionenschreibens

- Ein Vorteil des Versionenschreibens kann zugleich sein größter Nachteil sein: Durch die große Textmenge verlieren Sie leicht den Überblick. Dann wird die Frage: „Welche Version ist die beste?“ zur Belastung.
- Wenn es schnell gehen muss, fahren Sie mit dem Versionenschreiben nicht gut: Es dauert meist deutlich länger als eine gut durchdachte Einzelversion.
- Wer viel Text wieder verwerfen muss, frustriert sich damit möglicherweise.

Tipps für Versionenschreiber

- Planen Sie mindestens die Hälfte der gesamten Schreibzeit für das Versionenschreiben, sonst können Sie Ihrer Neigung zu mehreren Versionen nicht in Ruhe nachgehen.
- Prüfen Sie Ihren Anspruch und entscheiden Sie immer wieder neu: Muss die fünfte Textversion wirklich noch sein? Geht es hier auch ohne weiteres Umschreiben? Arbeite ich noch kreativ oder schon zwanghaft?

Zum Weiterarbeiten

Beispiele: Jens wird nie fertig; Katrin strukturiert endlos um
Übungen: Schreibstaffel, Gedankenlandkarten, Der rote Faden, Textpfad, Perspektivenwechsel, Ursachensuche, Vier-Schritt-Überarbeiten, Kürzen

Kompakt: Versionenschreiber bearbeiten ihren Text besonders umfassend, ja oft radikal und schreiben ihn immer wieder neu bzw. um. Achten Sie darauf, dass dies zügig und in einem kreativen Prozess geschieht und nicht in perfektionistischen Zwang ausartet.

7 Schreibstrategie 4: Sind Sie ein Patchworkschreiber?

Heute passt das Patchworkschreiben mehr denn je zum üblichen Arbeitsstil. Viele Menschen springen bei ihren Arbeitsaufgaben von einem Thema zum anderen. Durch Anrufe an jedem Ort und allgegenwärtige Online-Kommunikation werden wir ständig in unserem Fluss unterbrochen – und zurückgeworfen auf Anforderungen von außen. Das färbt auch aufs Schreiben ab. Hier erfahren Sie, ob es Ihnen entspricht, Ihren Text sprunghaft nach Lust und Laune an verschiedenen Stellen der Gliederung zu vervollständigen. Übrigens: Auch diese Schreibstrategie ist kompatibel mit den vorherigen.

- Ich springe beim Schreiben gerne von einem Gliederungspunkt zum anderen. ☐ ja ☐ nein
- Ich orientiere mich beim Schreiben am Fluss meiner Assoziationen. ☐ ja ☐ nein
- Ich dokumentiere jeden meiner Gedanken sofort, auch wenn er beispielsweise zu einem anderen Gliederungspunkt hinführt. ☐ ja ☐ nein
- Ich schreibe immer dort, wo ich gerade Lust habe, wo ich mich gerade am sichersten fühle und die meisten Ideen habe. ☐ ja ☐ nein
- Mein Text entsteht an vielen Stellen gleichzeitig, das heißt nicht in der geplanten Reihenfolge. ☐ ja ☐ nein
- Ich schreibe gerne in kleinen Einheiten, also eher mit dem Umfang eines Gedankenganges. ☐ ja ☐ nein
- Es befriedigt mich zu sehen, wie ein Text an allen Stellen zugleich wächst. ☐ ja ☐ nein
- Stures Schritt-für-Schritt-Vorgehen ist demotivierend – da sehe ich einen Berg vor mir, den ich mühsam abarbeiten müsste. ☐ ja ☐ nein
- Wenn ich länger an einer Sache arbeite, erschöpft mich das. ☐ ja ☐ nein
- Ich springe auch bei anderen Arbeitsaufgaben gerne und leicht vom einen zum anderen und arbeite an mehreren Dingen gleichzeitig. ☐ ja ☐ nein
- Mir fallen beim Arbeiten viele Dinge aus ganz anderen Bereichen ein. ☐ ja ☐ nein

Patchworkschreiben

Weitere Fragen zum Patchworkschreiben

Wenn Sie viele Aussagen bejaht haben, können Sie mit den folgenden Fragen noch weiter denken:

Sind Sie zufrieden mit Ihrem Vorgehen beim Schreiben? ____________________

Nutzen Sie das Springen von einem Flicken zum anderen, um schwierige inhaltliche Fragen zu vermeiden? ____________________

Wie tief versenken Sie sich beim Patchworkschreiben in Ihr Thema? ____________________

Welchen Einfluss hat das Surfen im Internet auf Ihr Denken und Schreiben? ____________________

In den 1970er Jahren waren Patchworkdecken in Mode: Stoffstücke wurden gesammelt und zu einer bunten Decke zusammengenäht. Lutz von Werder, ein Pionier des Kreativen Schreibens, hat die Patchworktechnik als Bild für Texte gewählt, die ebenso bunt zusammengestellt werden.

Schreiben, wo's gerade passt: Der Patchworkschreiber

Haben Sie vielen Aussagen in der Checkliste zugestimmt? Dann schreiben Sie mal hier, mal dort in Ihrem Text. Möglicherweise unterbrechen Sie Ihren Schreibfluss sogar mittendrin, weil Sie einen Parallelgedanken weiterverfolgen wollen. Sie füllen Ihre Gliederung nach dem Lustprinzip statt Schritt für Schritt: Was Sie momentan am meisten interessiert, was gerade leicht und wie von selbst geht, dort schreiben Sie weiter. So gehen Sie mit dem Denkfluss und Ihren inneren Impulsen mit. Am Ende nähen Sie Ihre Textteile zusammen. Meine Seminarteilnehmer atmen auf, wenn ich ihnen erzähle, dass dies ein erfolgversprechendes Vorgehen sein kann. Ähnlich wie die Drauflosschreiber bewerten die Patchworkschreiber ihr Vorgehen oft negativ. Doch das ist unbegründet. Patchworkschreiben hat viele Vorteile gegenüber einem Schritt-für-Schritt-Vorgehen:

Vorzüge des Patchworkschreibens

- Sie gehen mit Ihrem Denken mit anstatt dagegen – so vermeiden Sie Widerstände, die zu Denk- und Schreibblockaden führen können.
- Wenn Sie das Leichteste zuerst ausführen, so wird dadurch das Schwere wie von selbst leicht. Denn Ihr Denken entwickelt sich weiter, während Sie an den leichten Stellen schreiben.

Grenzen des Patchworkschreibens

- Eine Grenze für Patchworkschreiben ist erreicht, wenn Sie merken, dass Sie den Überblick über Ihr Schreibprojekt verlieren. Manche Patchworkschreiber formulieren insbesondere bei großen Schreibprojekten Inhalte doppelt und dreifach, weil sie längst vergessen haben, dass sie schon an anderer Stelle etwas dazu geschrieben haben.
- Wenn Sie auf Kosten durchdachter Gedankengänge patchworken, sollten Sie gegensteuern. Sonst gelangen Sie möglicherweise nie in die Tiefe eines konzentriert zu Ende geführten Gedankens. Dieser tiefgründigere Denkprozess braucht seine Zeit.

Tipps für Patchworkschreiber

- Bewahren Sie den Überblick, damit Sie Doppelungen des Inhalts an verschiedenen Stellen vermeiden, zum Beispiel mit der Übung 17 – „Der rote Faden".
- Achten Sie darauf, dass Sie das Patchworkschreiben nicht als Vermeidungsstrategie einsetzen, um tiefgehendes und komplexes Denken zu vermeiden: Wägen Sie Einwände und unterschiedliche Argumente ab und bedenken Sie weiterführende Ideen mit.

Zum Weiterarbeiten

Beispiele: Jana kommt nicht ins Spiel; Martin schreibt ohne Plan
Übungen: Gedankenlandkarten, Der rote Faden, Textpfad, Partitur, Scheuklappen, Pausieren, Textinspektion, Vier-Schritt-Überarbeiten, Rückstrukturieren

Kompakt: Patchworkschreiber springen von einem Punkt der Gliederung zu einem anderen – je nach Interessen- und Ideenlage. Sie erfahren mit dieser Checkliste, ob Sie mit dem Fluss Ihrer Einfälle beim Schreiben gehen und wie Sie dennoch den Überblick über Ihren Text bewahren.

8 Welche Schreibzeiten passen zu Ihnen?

Die Vorlieben könnten unterschiedlicher nicht sein: Einer schreibt nur frühmorgens und zu Hause wirklich produktiv, wenn er zwei Stunden ungestörte Zeit hat. Eine andere beschließt ihren Büro-Arbeitstag täglich mit den gleichen zehn Minuten Schreiben, wenn es im Büro ruhiger geworden ist. Setzen Sie neue Impulse bei der Gestaltung Ihrer Schreibzeiten, damit Sie möglichst gut zu Ihnen und Ihrer Arbeitsweise passen. Dabei hilft Ihnen die folgende Checkliste:

- Am liebsten schreibe ich nur kurz (fünf bis 15 Minuten) an einem Projekt und wechsle dann zu anderen Tätigkeiten und Projekten. ☐ P
- Ich vertiefe mich gerne für Stunden in ein Schreibprojekt. Ich achte dann nicht mehr auf meine Umwelt und gehe im Schreiben vollkommen auf. ☐ F
- Wenn ich an einem Schreibprojekt arbeite, trinke ich viel Kaffee oder Tee und esse mehr als sonst. ☐ P
- Ich habe beim Schreiben keine Zeit zu essen, zu trinken oder einmal aufzustehen. ☐ F
- Ich suche nach Ablenkungen während des Schreibens, zum Beispiel surfe ich zwischendurch im Internet oder checke meine E-Mails. ☐ P
- Ich habe beim Schreiben kein Bedürfnis nach Unterbrechung. ☐ F
- Nach einer Weile wird das Schreiben für mich mühsam und ich verliere die Lust. ☐ P
- Das Schreiben fordert mich so heraus, dass ich mich dann nur noch darauf konzentriere. ☐ F
- Ich empfinde die ständigen Unterbrechungen als unbefriedigend. Ich komme nicht richtig in Fluss, mein Schreiben erscheint mir als Stückwerk. ☐ P
- Die fehlenden Pausen erschöpfen mich – viel zu spät merke ich erst, wie verspannt, angestrengt, hungrig oder durstig ich bin. ☐ F

- Ich wache morgens früh auf, meist schon vor dem Weckerklingeln. ☐ M
- Ich schlafe gerne lange und wache erst mit dem Weckersignal oder kurz davor auf. ☐ A
- Ich stehe morgens leicht auf. ☐ M
- Morgens komme ich kaum aus dem Bett, weil ich noch müde bin und am liebsten weiterschlafen würde. ☐ A
- Schon am Morgen bin ich guter Laune und fit. Ich habe einen klaren Kopf. Das ist meine Bestzeit. ☐ M
- Morgens bin ich schlechtgelaunt, verschlafen und kann noch nicht gut denken. Ich komme erst am Vormittag in Schwung. ☐ A
- Abends bin ich müde und baue körperlich und geistig ab. ☐ M
- Ich habe gegen Abend ein Leistungshoch: Ich bin wach, habe gute Ideen und mache gerne noch etwas Kreatives oder verabrede mich. ☐ A
- Ich würde am liebsten immer noch früher schlafen gehen, aber dann bin ich morgens zu früh wach. ☐ M
- Das Ins-Bett-Gehen schiebe ich oft hinaus. ☐ A

Weitere Fragen zu Ihren Schreibzeiten

Zu welchen Tageszeiten können Sie sich am besten konzentrieren? ______________________

Was möchten Sie eventuell an dem ändern, wie Sie Ihre Schreibzeiten gestalten? ______________

Zu welchen Zeiten haben Sie besonders günstige Arbeitsbedingungen, die Sie für das Schreiben nutzen könnten? ____

Wie könnten Sie Ihre Arbeitssituation so verbessern, dass Sie genug Zeit fürs Schreiben finden?

____

Allzu leicht bleibt gerade fürs Schreiben nie Zeit. Planen Sie deshalb Ihre Schreibzeiten sorgfältig, am besten im Kalender. Diese Planung sollte Ihren Vorlieben möglichst gut entsprechen – sowohl die Länge jeder Schreibeinheit als auch die Tageszeit. Neuere Forschungsergebnisse bestätigen es: Es gibt tatsächlich Morgen- und Abendmenschen. Sie haben entweder einen kürzeren biologischen Rhythmus als 24 Stunden – das spricht für frühes Aufstehen – oder einen längeren, was für spätes Aufstehen spricht. Interessant ist das für Ihre Schreibzeitenplanung, weil Schreiben Sie auf höchstem Niveau fordert – geistig, emotional und körperlich. Deshalb ist es nur angemessen, ihm auch Zeiten höchster Konzentration zu reservieren.

P wie Pausierer: In kleinen Zeiteinheiten schreiben

Wenn viele P-Aussagen auf Sie zutreffen, dann arbeiten Sie gerne in kleinen Einheiten. Das kann sinnvoll sein, wenn Sie schnell ins Schreiben hineinfinden: So bleiben Sie langfristig fit, weil Sie sich öfter zwischendurch erholen. Sobald Sie jedoch das Schreiben in kleinen Zeiteinheiten als unbefriedigend erleben und die letzte P-Aussage angekreuzt haben, ist das ein Hinweis auf Zerstreuung. Trainieren Sie dann, nach und nach Ihre Schreibphasen zu verlängern; und sei es von fünf auf acht Minuten ohne Pause. Sorgen Sie für möglichst störungsfreie Arbeitszeiten – denn Pausierer nutzen oft jede Gelegenheit, um sich ablenken zu lassen. Wenn Sie in einem unruhigen Büro arbeiten, könnte Ihre beste Schreibzeit zum Beispiel früh am Morgen oder am späten Nachmittag liegen. Und stellen Sie Ihr E-Mail-Programm so ein, dass Sie nicht über eintreffende E-Mails benachrichtigt werden.

F wie Flow-Schreiber: Schreiben ohne Pause

Flow-Schreiber kommen beim Schreiben leicht in einen produktiven Arbeitsfluss, in dem sie sich kaum ablenken lassen, in ihrer Tätigkeit aufgehen und die Zeit vergessen. Dagegen lässt sich erst einmal nichts einwenden, oder? Doch, einen Anlass für Veränderung gibt es: Wenn Sie die letzte F-Aussage angekreuzt haben, sind Sie gefährdet, sich durch zu wenige Pausen zu erschöpfen. Auf diese Weise können Sie für kurze Zeit arbeiten. Doch was tut ein Wissenschaftler, der seit drei Jahren an seiner Habilitation arbeitet, oder der Sachbearbeiter, der zwei Drittel seiner Arbeitszeit mit Schreiben verbringt? Denken Sie dann über Ihr Pausenverhalten nach – die Checkliste auf der nächsten Seite hilft Ihnen dabei.

M wie Morgenaktiver: Kostbare Morgenzeiten einplanen

Sind Sie eher morgenaktiv? Dann nutzen Sie diese Zeiten für das Schreiben. Viele Schreiber, ich selbst eingeschlossen, schwören auf die frühen Morgenzeiten. Der große Vorteil: Ihr Denken ist noch unbelastet und umso freier für produktive Schreibgedanken. Später am Tag scheinen andere – dringendere – Aufgaben oft wichtiger. Schreiben Sie täglich gleich nach dem Aufstehen oder im Büro, bevor der normale Betrieb beginnt.

A wie Abendaktiver: Ruhige Nachmittags- und Abendstunden gestalten

Für Abendaktive sind die späten Stunden geeignet fürs Schreiben. Legen Sie am Nachmittag oder später am Abend eine Schreibeinheit ein. Nebeneffekt: In der Nacht kann Ihr Unbewusstes an Ihren Schreibthemen weiterarbeiten. Am nächsten Tag sind Sie mit dem Inhalt möglicherweise schon einen Schritt weiter.

Zum Weiterarbeiten

Checklisten: Welcher Pausentyp sind Sie?, Welche Stimmung brauchen Sie zum Schreiben?
Beispiele: Tamara wartet auf den richtigen Moment, der nie kommt; Jana kommt nicht ins Spiel; Jonas ist müde
Übungen: Schreibstrecke, Zeitstrahl, Denkbilder, Schreibeinstimmer, Scheuklappen, Pausieren, Schreibressourcen, Die ideale Schreibwoche

Kompakt: Mit dieser Checkliste machen Sie sich bewusst, wann Ihre besten Schreibzeiten sind – um sie dann konsequent für das Schreiben einzuplanen.

9 Welcher Pausentyp sind Sie?

Mit der vorhergehenden Checkliste haben Sie herausgefunden, ob Sie in Ihrer Schreibtätigkeit aufgehen oder so viele Pausen machen, dass Sie gar nicht ins Schreiben hineinfinden. Jetzt gehen wir weiter ins Detail, zur Pausengestaltung. Denn es gibt produktive und unproduktive Pausen sowie überlange oder zu kurze Pausenabstände. Finden Sie heraus, wie Sie Ihre Pausen erholsamer, gesünder und effektiver gestalten können.

- Ich vergesse öfter während des Schreibens, Pausen zu machen. ☐ M
- Ich weiß, dass ich zu selten pausiere. ☐ M
- Ich fühle mich sehr erschöpft und energiearm, wenn ich eine Arbeitsphase beende. ☐ M
- Ich arbeite beim Schreiben im Flow, also in einem freudigen, inspirierten und zeitvergessenen Zustand, in dem ich nicht merke, wie die Zeit vergeht. ☐ M
- Ich empfinde Pausen als lästige Unterbrechung wertvoller Arbeitszeit. ☐ M

- Ich freue mich beim Schreiben schon so auf die nächste Pause, dass ich gar nicht so recht ins Schreiben komme. ☐ D
- Meine Pausen sind wohl im Verhältnis zur Schreibzeit zu lang. ☐ D
- Ich neige dazu, Pausen immer weiter auszudehnen, um das Weiterschreiben zu vermeiden. ☐ D
- Ich muss mich während einer Pause mühsam zum Weiterschreiben motivieren, anstatt voller Tatendrang zu sein. ☐ D
- Häufige Pausen helfen mir, mich zu regenerieren und hinterher konzentrierter wieder einzusteigen. ☐ D

- Um mich zu entspannen, mache ich gerne Sport oder bewege mich auf andere Weise. ☐ B
- Wenn ich mich bewege, fühle ich mich wohl in meinem Körper und bin „bei mir“. ☐ B
- Stillsitzen ist nicht gerade meine Vorliebe, ich springe dann bald wieder auf und mache etwas. ☐ B
- Ich mag Aktivurlaub, zum Beispiel mit Wandern oder Fahrradtouren. ☐ B
- Nach Feierabend und am Wochenende bleibt mein Sofa weitgehend unbenutzt. ☐ B

- Ich entspanne mich, wenn ich auf dem Sofa oder Ähnlichem ruhe. ☐ R
- Wenn möglich, mache ich tagsüber einen Minischlaf, ein so genanntes Powernapping. ☐ R
- Wenn ich die Wahl habe, fahre ich lieber Auto, um irgendwohin zu gelangen. ☐ R
- Man soll sich ja sportlich betätigen, aber ich würde auch gut ohne Sport auskommen. ☐ R
- Im Urlaub liege ich gerne einfach herum und ruhe mich aus. ☐ R

Weitere Fragen zum Pausieren

Wenn Sie M-Aussagen angekreuzt haben: Welche Gedanken und Gefühle halten Sie eventuell davon ab, öfter zu pausieren? ____________________

Wenn Sie D-Aussagen angekreuzt haben: Wie – und was – könnte Sie mehr zum Schreiben verlocken?

____

Regenerieren Sie geistig durch neue Anregungen, durch Lesen oder Reden – oder regenerieren Sie durch innere Stille? ____________________

Welchen Stellenwert hat Arbeit in Ihrem Leben – welchen hat Freizeit? Markieren Sie auf der Linie das Verhältnis der beiden zueinander, und zwar nicht in Stunden gerechnet, sondern im Hinblick auf die Wichtigkeit für Ihr Leben:

Arbeit ____________________ Freizeit

Schreiben fordert: geistig, emotional, körperlich. Aus der Rhythmusforschung ist bekannt, dass Arbeits- und Regenerationszeiten einander abwechseln müssen, um bei Kräften und leistungsfähig zu bleiben. Weder zu viel noch zu wenig Krafteinsatz ist langfristig gesund und effektiv. Pausen sorgen für die richtige Mischung aus Anspannung und Entspannung. Ein Tipp zur Pausengestaltung vorweg: Tun Sie in der Pause immer das Gegenteil von dem, was Sie während der Arbeitsphase getan haben. Wenn Sie hoch konzentriert geschrieben haben, so lassen Sie in der Pause Ihre Gedanken ungehindert schweifen. Wenn Sie unentwegt auf den Bildschirm gestarrt haben, so beobachten Sie in der Pause die ferne Wolke am Himmel. Wenn Sie körperlich angespannt gesessen haben, so lockern Sie in der Pause Ihre Muskulatur.

M wie Pausen-Muffel

Schreiben Sie gerade voller Freude und Ideen, so wäre es einfach nur schade, zu unterbrechen. Sie sind dann im Schreibfluss und arbeiten produktiv und kreativ. Erschöpfung spielt dabei vermutlich eine untergeordnete Rolle. Doch sobald Sie etwa unter Zeitdruck schreiben, fühlen Sie sich vermutlich irgendwann erschöpft, verspannt oder sogar überanstrengt. Dann sollten Sie prüfen, ob und wie Sie mehr Pausen einbauen können, um langfristig produktiv zu bleiben. Denken Sie für nachhaltiges Arbeiten in größeren Zeiteinheiten. Der Promovierende will schließlich auch im nächsten Jahr noch mit frischen Kräften an seiner Dissertation arbeiten, der PR-Beauftragte will auch in zehn Jahren seine Aufgaben mit Spaß verrichten.

D wie Pausen-Dehner

Pausen sind wichtig. Sie regenerieren damit und können mit voller Kraft in die nächste Arbeitsphase einsteigen. Wenn Sie gerne pausieren, so prüfen Sie, ob Ihre Pausen noch regenerierenden oder schon aufschiebenden Charakter haben: Wenn Sie zu den Pausen-Dehnern gehören, die am liebsten ständig pausieren und dafür gar nicht schreiben, so überlegen Sie sich, wie Sie die Schreibphase attraktiver gestalten können. Zum Beispiel mit Hilfe der Übungen 28 und 29 – „Sich selbst motivieren“ und „Sinnvoll schreiben“.

B wie Bewegungs-Pausierer

Treppensteigen, Flurlaufen, Briefkastengänge oder Gymnastik im Büro: Haben Sie mehrere B-Aussagen angekreuzt, sind bewegte Pausen für Sie günstig. Stehen Sie in jeder Pause von Ihrem Arbeitsplatz auf. Bewegen Sie sich so viel wie möglich und genießen Sie die Bewegung. Aktivieren Sie in Ihrer Pause beanspruchte Körperbereiche: Dehnen Sie Ihre Rücken- und Nackenmuskulatur, lockern Sie Ihre Arme und Hände.

R wie Ruhe-Pausierer

Erholen Sie sich besser, indem Sie auf dem Sofa faulenzen? Nicht jeder regeneriert am besten über Bewegung. Spüren Sie sehr genau nach, was sich für Sie am besten anfühlt. Wer sich nach seinen eigenen Impulsen statt nach den aktuellsten Tipps richtet, tut genau das Richtige für nachhaltiges Arbeiten. Wenn Sie also feststellen, dass Sie nach ein paar Minuten Dösen mit mehr Energie und klarem Denken an den Schreibtisch zurückkehren, so ist das offensichtlich das Beste für Sie.

Zum Weiterarbeiten

Checklisten: Welche Schreibzeiten passen zu Ihnen?, Welche Stimmung brauchen Sie zum Schreiben?
Beispiele: Jana kommt nicht ins Spiel; Jonas ist müde
Übungen: Zeitstrahl, Denkbilder, Schreibeinstimmer, Scheuklappen, Pausieren, Ursachensuche, Schreibressourcen, Sich selbst motivieren, Sinnvoll schreiben, Die ideale Schreibwoche

Kompakt: Mit dieser Checkliste prüfen Sie, welche Pausenart Ihnen liegt. So finden Sie heraus, wie Sie auch bei größeren Schreibprojekten und auf lange Sicht fit und zufrieden arbeiten.

10 Welche Stimmung brauchen Sie zum Schreiben?

Ob Autoren, Wissenschaftler oder Führungskräfte – viele schreiben nicht gerade in bester Stimmung: Sie setzen sich beim Schreiben unter Druck, schreiben im Zeitstress, sind von überkritischen Gedanken gequält oder leben in Angst vor der Leserreaktion. Finden Sie mit dieser Checkliste heraus, wie Sie in guter Stimmung schreiben können. Das ist die beste Voraussetzung für produktives Arbeiten und gute Texte.

- Wenn ich mich an meinen Schreibtisch setze, so ist sofort aller Arbeitsstress präsent. ☐ O
- Ich wechsle gerne Orte, um unterschiedliche Aufgaben auszuführen: Im Sessel lese ich, am Schreibtisch schreibe ich, beim Auf- und Abgehen telefoniere ich usw. ☐ O
- Ich komme auf neue Ideen, wenn ich „in Fahrt" bin, zum Beispiel beim Bahnfahren. ☐ O
- Ungewöhnliche Orte bringen mich auf ungewöhnliche Ideen, etwa ein Café, eine Parkbank, das Hotelzimmer, die Wartelounge im Bahnhof. ☐ O
- Schreiben an einem anderen Ort motiviert mich zum Schreiben. ☐ O

- Rituale wie Einmal-tief-Durchatmen, Schreibtisch-Aufräumen oder Teekochen helfen mir, mich auf eine Tätigkeit einzustimmen. ☐ S
- Ich denke vor dem Schreiben kurz an mein Schreibthema und daran, was ich vermitteln will. ☐ S
- Ich schreibe mir zu Beginn ein paar Stichworte auf, um mich auf mein Schreibthema zu fokussieren. ☐ S
- Ich stelle mir beim Schreiben Leser vor, die meinen Text interessiert lesen. ☐ S
- Ich höre gerne Musik beim Schreiben. Ich schreibe dann kreativer und in guter Stimmung. ☐ S
- Ich habe mir vor dem Schreiben schon überlegt, womit ich mich nach dem Schreiben belohnen werde. Darauf freue ich mich während des Schreibens. ☐ S
- Ich schreibe besonders gerne mit einer schönen Schreibausrüstung, etwa mit einem guten Stift. ☐ S

- Ich brauche Ruhe zum Schreiben. ☐ R
- Ich arbeite gerne allein. ☐ R
- Wenn mich jemand unterbricht, fällt es mir schwer, wieder ins Schreiben hineinzufinden. ☐ R
- Ich lasse mich leicht ablenken, zum Beispiel durch Telefonanrufe oder neue E-Mails. ☐ R

- Ich kann mich gut konzentrieren, wenn um mich herum viel los ist. ☐ A
- Ich kann besser schreiben, wenn ich unter Menschen bin – im Café, in der Bibliothek, im Großraumbüro. ☐ A
- Wenn ich merke, dass ich müde werde, aktiviere ich mich und stehe zum Beispiel auf. ☐ A
- Ich sorge gerne für Abwechslung bei meinen Arbeitsaufgaben, rufe zwischendurch jemanden an, schreibe eine E-Mail usw. ☐ A

- Ich denke, ich schreibe nicht so klug, strukturiert oder prägnant, wie ich sollte. ☐ I
- Ich finde, ich schreibe zu langsam, und treibe mich dann unproduktiv an. ☐ I
- Ich finde meine Texte nicht gut und schäme mich oft für sie. ☐ I
- Ich stelle mir beim Schreiben vor, wie meine Leser negativ auf meinen Text reagieren. ☐ I
- Ich vergleich mich oft mit anderen Autoren und schneide dabei schlecht ab. ☐ I

Weitere Fragen zu Ihrer Schreibstimmung

Wenn es Ihnen schwerfällt, in guter Stimmung zu schreiben: Was könnten die Ursachen dafür sein? ______

Wie können Sie innerlich einen guten Kontakt zu Ihren Lesern gestalten? ______________________

Wie können Sie auch im Arbeitsalltag eine schreibfördernde Stimmung schaffen – und zwar auch, wenn sich die äußeren Umstände nicht verändern lassen? ______________________

Für eine gute Schreibstimmung gibt es verschiedenste Ansatzpunkte. Hier lernen Sie fünf kennen. Die Aussagen auf der linken Seite sind Denkanstöße und Tipps zugleich.

O wie Ortswechsel

Wer den Ort wechselt, verändert seine Denkperspektive. Nutzen Sie den Wechsel, um sich in eine besondere Stimmung zu bringen – eben nicht die normale Arbeitsstimmung. Mit Ihrem Notebook können Sie leicht in das ungenutzte Besprechungszimmer umziehen. Und beim Abstecher auf die Büroterrasse finden Sie die lange gesuchten Ideen, die Sie gleich in Ihr Diktiergerät sprechen oder auf einem Zettel notieren können.

S wie Stimmungsförderer

So gut Sie Ihre positive Schreibstimmung auch zu fördern wissen: Akzeptiert ist das am Arbeitsplatz nicht unbedingt, außer in Kreativberufen. Eine Dozentin hat mir zum Beispiel während meines Studiums erzählt, Musikhören hindere das Gehirn am konzentrierten Arbeiten. So denken viele und auch ich habe ihr damals geglaubt. Heute weiß ich es besser. Ich schreibe mindestens dreimal so flüssig, produktiv und fröhlich, wenn ich dabei meine Lieblingsmusik höre. Und ich kenne mindestens zwanzig erfolgreiche Schreiber, denen es ähnlich geht. Sorgen Sie also auch trotz Gegenwind für eine besondere Schreibstimmung.

R wie Ruhe

Wenn Sie R-Aussagen angekreuzt haben, so schreiben Sie mit innerer und äußerer Ruhe besser. So geht es den meisten meiner Klienten. Manchen nehmen dafür in Kauf, zu Hause zu arbeiten. Andere kämpfen bei ihrer Arbeitsstelle dafür, in Ruhe schreiben zu dürfen – indem sie zum Beispiel ihre Telefonanrufe zu einem Kollegen umleiten oder die Bürotür schließen. Was können Sie für eine ruhige Stimmung am Arbeitsplatz tun?

A wie Action

Können Sie sich in einem gewissen Trubel und unter Menschen gut konzentrieren? Empfinden Sie die Geschäftigkeit weniger als Störung denn als Inspiration? Warum dann nicht bewusst Schreiborte aufsuchen, an denen das Leben nur so brodelt? Das Wiener Kaffeehaus kann ebenso inspirierend sein wie die vollbesetzte Straßenbahn, in der Sie Ihr Notizbuch zücken, um ein paar gute Textideen zu notieren.

I wie Innere Stimmen

I-Aussagen sprechen dafür, dass Sie sich beim Schreiben selbst kritisieren. Heute wissen wir, dass bei jedem von uns nahezu ununterbrochen ein stummes Selbstgespräch stattfindet. Einzelne Persönlichkeitsanteile kritisieren, spenden Beifall und geben Rat. Das ist normal und hat nichts mit Schizophrenie zu tun. Interessant für Sie ist, dass sich diese Stimmen – und damit die Stimmung – beeinflussen lassen. Mit der Übung 26 – „Ursachensuche" – können Sie den inneren kritischen Stimmen auf die Spur kommen und sie verändern.

Zum Weiterarbeiten

Checklisten: Welche Schreibzeiten passen für Sie?; Welcher Pausentyp sind Sie?
Beispiele: Jens wird nie fertig; Sigrun glaubt, alles muss rein; Johannes will bloß nicht allein sein; Jana kommt nicht ins Spiel; Max meint, er kann nicht schreiben; Larissa bleibt ständig stecken; Jonas ist müde
Übungen: Zeitstrahl, Denkbilder, Schreibeinstimmer, Leserkontakt, Leserorientierung, Scheuklappen, Die eigene Schreibstimme, Pausieren, Perspektivenwechsel, Ursachensuche, Schreibressourcen, Sich selbst motivieren, Sinnvoll schreiben, Die ideale Schreibwoche, Veröffentlichen

Kompakt: Diese Checkliste hilft Ihnen dabei, eine positive Schreibstimmung aufzubauen – mit fünf Ansätzen für Schreiben in guter Stimmung.

2. 15 typische Problemfälle und wie sie sich lösen lassen

Auf den folgenden Seiten blicken Sie mir beim Schreibcoaching über die Schulter. Mit fünfzehn typischen Beispielen lernen Sie ein Spektrum von Schwierigkeiten beim Schreiben kennen. Alle Fälle habe ich so anonymisiert, dass sich keine Rückschlüsse auf die realen Personen ziehen lassen.

Lesen Sie einfach die Beispiele, die ich Ihnen bei den Checklisten empfohlen habe oder die Sie besonders interessieren. Manchmal beginnt man zu lesen und stimmt innerlich sofort zu: „Ja, so geht es mir auch." Das wäre der beste Anlass zum Weiterlesen. Und wenn Sie alle Beispiele lesen möchten, so hilft das, sich mit den eigenen Schreibschwierigkeiten einzuordnen – und sie vielleicht sogar zu relativieren.

Auf der linken Seite finden Sie jeweils den Problemfall. Darunter kommentiere ich den Fall und schlage Fragen vor, die der Klient sich stellen könnte. Auf der rechten Seite finden Sie Lösungsansätze, Tipps und Links zu anderen Beispielen und zu den Übungen.

Und das wünsche ich Ihnen: dass Sie mit Hilfe der Beispiele neue Lösungsideen für Ihre persönlichen Schreib-Herausforderungen finden und damit Ihre Art zu schreiben und sich selbst weiterentwickeln.

BEISPIEL

1 Tamara wartet auf den richtigen Moment, der nie kommt

Als Tamara sich bei mir meldet, um ein telefonisches Schreibcoaching in Anspruch zu nehmen, sind ihre ersten Worte am Telefon: „Wenn ich bloß mehr Zeit und Ruhe für das Schreiben hätte, wäre dieser Artikel ratzfatz fertig geschrieben." Dieser Satz der Projektleiterin bleibt mir deutlich in Erinnerung, denn er ist eine Fehleinschätzung. Tamara schreibt auch dann nicht, als sie sich freie Schreibzeiten erkämpft hat. Sie ist von ihrer Chefin beauftragt worden, innerhalb von drei Wochen einen Fachartikel für ein Weiterbildungsmagazin zu schreiben. Sie will den Artikel zu Hause schreiben; in der Hektik des Büros ist daran nicht zu denken. Die nächsten Tage hält sie sich terminfrei, mit der Chefin ist alles abgesprochen. Ihr Partner wird sich um ihre beiden Kinder kümmern. Am ersten Tag liegen fünf freie Stunden vor ihr. Sie räumt erst einmal die Wohnung auf, sie gießt alle Blumen und befüllt die Waschmaschine. Sie kocht sich eine große Kanne Tee und freut sich auf das Schreiben in Ruhe. Doch dann kommt ein Anruf ihrer Kollegin, die Stress mit einem neuen Auftraggeber hat. Als sie das Telefon beiseitelegt, bleiben ihr noch dreieinhalb Stunden. Als sie ihren Hunger gestillt hat, sind es noch drei Stunden. Als sie die entscheidende Datei öffnet, recherchiert sie erst einmal im Internet. Sie sucht nach weiteren Detailinformationen, obwohl ihr schon mehr als genug Material vorliegt. Zwischendurch beantwortet sie noch drei Telefonanrufe auf ihrem Diensthandy. Am Ende des mühsam freigeräumten Schreibtages hat Tamara keine Zeile geschrieben, lediglich fremde Texte aus dem Internet in eine Datei kopiert. In den folgenden Tagen geht es so ähnlich weiter. Tamara behauptet vor sich selbst und anderen, sie käme eigentlich gut voran und brauche nur weiter Zeit. Sie fühlt sich zunehmend wie eine Hochstaplerin und kann dadurch erst recht nicht mehr schreiben.

Kommentar

Tamara gehört zu den vielen Schreibenden, die über das Schreiben reden, anstatt es zu tun: „Wenn ich einmal endlich Ruhe habe, dann schreibe ich das ganz schnell", „Wenn ich genug gelesen habe, muss ich ja nur noch ausformulieren", „Wenn die Versuchsergebnisse da sind, dann ...". Bei Tamara wird das Problem deshalb so deutlich, weil sie sich die freie Zeit tatsächlich organisiert – und dennoch nicht schreibt. Sie lebt eine weit verbreitete Vermeidungsstrategie, auch Aufschieberitis genannt. Aufschieben ist ein quälender und weit verbreiteter Zustand und eines der Hauptprobleme beim Schreiben. Zeitmangel, wichtigere Aufgaben, unordentlicher Schreibtisch, fehlendes Recherchematerial: Es gibt viele Vorwände, um aufzuschieben. Fehlende Zeit ist nur der Vorwand, den ich am häufigsten höre. Als Tamara bei mir anruft, ist sie allerdings schon einen Schritt weiter: Sie beginnt zu realisieren, dass sie kein Zeit-, sondern ein Schreibproblem hat.

Fragen, die Tamara sich stellen könnte

- Welche Erfahrungen habe ich bisher mit dem Schreiben gemacht?
- Wovor scheue ich beim Schreiben zurück?
- Warum will ich unbedingt von mir selbst das Bild einer souveränen Schreiberin aufrechterhalten?
- Was würde geschehen, wenn ich anderen von meinem Schreibproblem erzählen würde?
- Wie hoch ist mein Anspruch an diesen Fachartikel?
- Was würde passieren, wenn ich einen wirklich schlechten Artikel schreibe?

Kleinteilig loslegen

Tamaras terminfreie Schreibzeit ist nach ein paar Tagen abgelaufen. Also schreibt sie ohne viel Zeit nach einem bestimmten Prinzip: Die Schreibdidaktikerin Joan Bolker hat einen Ratgeber für Promovierende verfasst, dessen Titel fast alles sagt, über eine höchst effektive Art zu schreiben – nicht nur bei einer Doktorarbeit oder einem Buchprojekt. Sie gilt für jeden Bericht, jedes Konzept und jeden anspruchsvollen Brief: „Writing Your Dissertation in Fifteen Minutes a Day." Zu optimistisch, meinen Sie? Das Prinzip funktioniert. Wenn Sie wirklich täglich und konzentriert schreiben. Wenn Sie diese 15 Minuten gut planen. Wenn Sie einen roten Faden haben. So splitten Sie den Schreibberg in kleine Hügel auf, die sich leichtfüßig überspringen lassen, und erreichen eine Routine, die fast nur durch tägliches Schreiben entstehen kann. Ihr Text wächst langsam, aber sicher.

Kleine Schreibeinheiten gegen Aufschieberitis

Tamara erstellt an den ersten beiden Tagen einen roten Faden für ihren Artikel. Sie notiert zu jedem Gliederungspunkt die zentralen Aussagen in Stichworten. Ab dem dritten Tag wählt sie jeweils ein Stichwort aus dem roten Faden aus – nach dem Lustprinzip. Sie beginnt mit einem fünfminütigen, frei geschriebenen Text auf Papier, um sich fürs Schreiben anzuwärmen und in Schwung zu kommen. Nach diesem Fokussprint (Übung 10) ist sie so in Fahrt, dass sie in nahezu demselben Tempo in ihrer Textdatei weiterschreibt. Nach fünf Tagen erhöht sie ihr Pensum: Sie schreibt morgens zwanzig Minuten, bevor die Kinder aufstehen, und am Abend beschließt sie den Tag mit weiteren zehn Minuten. Der Bann ist gebrochen, das Schreiben beginnt zu fließen. Tamara fühlt sich ihrem Partner wieder verbundener, weil sie ihm von ihrem Schreibproblem erzählt. Und mit ihrer Chefin vereinbart sie, die Abgabefrist um anderthalb Wochen zu verschieben. Diese Vorgehensweise entspricht einem meiner wichtigsten Grundsätze, wenn meine Klienten Schreiben vermeiden: Motivation entsteht *nicht* durch gute Vorsätze, schlechtes Gewissen und groß angelegte Planungen. *Motivation entsteht durch Tun* – kleinteiliges, unperfektes und stures Tun.

Die Tipps im Überblick

- Schreiben Sie in Zehn- bis Fünfzehn-Minuten-Einheiten an fünf bis sechs Tagen pro Woche, anstatt vergeblich auf viel Zeit und Ruhe zu warten.
- Schreiben Sie erst zügig einen roten Faden (Übung 17) für Ihren gesamten Text.
- Nutzen Sie das Patchworkprinzip, um so niedrigschwellig wie möglich zu schreiben.
- Schreiben Sie zuerst jeweils einen fünfminütigen Fokussprint.
- Schreiben Sie auch nach dem Fokussprint zügig voran, ohne zu überarbeiten.
- Erzählen Sie anderen Menschen von Ihrem Schreibproblem, so dass sich die Spannung löst, die durch das Verheimlichen entsteht.

Zum Weiterarbeiten

Beispiele: Jana kommt nicht ins Spiel; Larissa bleibt ständig stecken; Max meint, er kann nicht schreiben
Übungen: Wortsprints, Cluster, Gedanken- und Fokussprint, Notizstrategien, Der rote Faden, Scheuklappen, Partitur, Ursachensuche, Schreibressourcen, Sich selbst motivieren, Die ideale Schreibwoche

Kompakt: In diesem Beispiel lernen Sie eines der Hauptprobleme beim Schreiben kennen: die Aufschieberitis. Ursachensuche, veränderte Schreibtechniken und neue Gewohnheiten können helfen.

2 Jens wird nie fertig

Die Geschichte von Jens ist rasch erzählt: Seit sieben Jahren promoviert er und ein Ende ist nicht abzusehen. An seinem Lehrstuhl wird eine solch lange Promotionsdauer mit Kopfschütteln quittiert. Betriebswirtschaftler promovieren eher innerhalb von drei bis vier Jahren. An den äußeren Bedingungen scheitert Jens nicht. Sein Erstgutachter hat schon vor drei Jahren grünes Licht gegeben und gibt es immer wieder. Er ist ein wohlwollender und unterstützender Professor, der zudem die hohe Leistung von Jens' Forschungsarbeit wertschätzt. Doch das Feedback seines Betreuers reicht Jens nicht. Da ist noch jemand anderes, der strenger, unerbittlicher und destruktiver urteilt und verurteilt, als jeder an seinem Lehrstuhl und in seinem sozialen Umfeld es jemals getan hat. Er heißt: Jens.

Kommentar

Während Tamara, die Sie im vorherigen Beispiel kennengelernt haben, sich mit dem Einstieg ins Schreiben schwertut, so gelingt Jens der Ausstieg nicht. Im Hinblick auf das Ergebnis nehmen sich beide nicht viel: Ein fertiger Text und seine Veröffentlichung werden verhindert. Ich arbeite oft mit Schreibenden, die ihr Schreibprojekt nicht abschließen, so etwa mit Promovierenden, die sich bei mir im fünften, im siebten oder gar im zehnten Promotionsjahr melden. Sie sind verzweifelt. Längst ist das Projekt zu einem Berg angewachsen, der alles andere im Leben in den Schatten stellt. Und wer schon viele Jahre der Arbeit und Mühe in ein Projekt gesteckt hat, tut sich umso schwerer damit, das Projekt aufzugeben. Nur allzu verständlich – sind doch an eine Doktorarbeit hohe eigene und fremde Erwartungen geknüpft und ist doch die erfolgreiche Doktorarbeit in vielen Bereichen immer noch die Eintrittskarte in hochdotierte Jobs. Und für das Selbstwertgefühl ist sie allemal bedeutsam.

Der Grund für Jens' Nie-fertig-Werden: Perfektionismus. Das zu benennen ist allerdings keine Kunst. Schließlich ist allgemein bekannt, dass Wissenschaftler zu Perfektionismus neigen, und Jens erscheint schon auf den ersten Blick als Prototyp des perfektionistischen Forschers. Viel interessanter sind die sehr persönlichen Hintergründe für diesen Perfektionismus. Denn Tipps zur Veränderung der Schreibtechnik haben bei Jens keinen Sinn; was sollte ich jemandem raten, der schon alle Schreibratgeber kennt, jede Schreibtechnik ausprobiert hat und dennoch nicht vorankommt? Ich stelle erst einmal viele Fragen, um damit erste Ansatzpunkte für ein psychologisches Schreibcoaching zu finden. Diese Fragen haben wir zum Teil im Coaching besprochen, zum Teil hat Jens sie für sich allein bearbeitet.

Fragen an Jens

- Was würde geschehen, wenn Sie etwas Unperfektes von sich preisgeben? ... Und dann? ... Und dann?
- Woher stammt Ihr hoher Anspruch? Hat Ihnen das jemand vorgelebt oder von Ihnen erwartet?
- Was bleibt von Ihnen, wenn Sie nichts leisten? Was macht Ihre Person, Ihr Wesen eigentlich aus?
- Wie bewerten Sie andere Menschen, die unperfekt und leistungsschwach sind?
- Wollen Sie überhaupt fertig werden oder haben Sie eventuell Angst vor dem, was danach kommt?
- Worauf könnte sich diese Angst beziehen?
- Wie gelingt Ihnen in anderen Situationen das Loslassen? Wie geht das bei Ihnen: etwas loslassen?
- Wie ist es um Ihren Wunsch bestellt, zur Entwicklung der Forschung und der Welt etwas Sinnvolles beizusteuern?

Der Angst vor Unzulänglichkeit begegnen

Der überhöhte Anspruch an das eigene Textergebnis ist in erster Linie ein psychologisches Problem. Er kann zwar auch mit veränderter Schreibtechnik angegangen werden. Meine Erfahrung mit meinen Klienten zeigt jedoch, dass allein dies nicht immer weiterhilft. Das zugrunde liegende Problem bei Perfektionismus ist meist ein Selbstwertgefühl, das weniger auf innerer Stärke, sondern mehr auf hoher Leistung gründet; dementsprechend massiv ist dann die Angst, zu wenig zu leisten. Diese Angst begleitet häufig das gesamte Leben und wird am Schreibproblem nur besonders deutlich.

Jens hat große Sorgen, er könnte nach der Veröffentlichung Unzulänglichkeiten entdecken. Was dann geschehen würde, frage ich. Da kommen die Leser ins Spiel: Er vermutet, seine Kollegen am Lehrstuhl würden über ihn „herfallen" und seine Dissertation schlechtreden, in Rezensionen zerreißen, abfällige Bemerkungen fallen lassen. Das ist ein erster Ansatzpunkt: Was würde sein Betreuer zu seiner fertigen Dissertation sagen? Jens weiß sofort: Kopfschüttelnd und enttäuscht würde sein Betreuer auf seine Dissertation blicken und nur einen Satz sagen: „*Daran* hast du *so* lange gearbeitet?" Diese Vorstellung ist angesichts des wohlwollenden Betreuers reichlich unrealistisch. An wen ihn der Betreuer damit erinnere, frage ich deshalb. Da sind wir schnell bei Jens' Mutter. Sie war selbst mit einer Eins nicht zufrieden, wenn sie noch einen Fehler in seinem Schulheft fand. Jens hat schon als Kind gelernt, dass seine Leistung nie reicht, sei sie auch noch so gut. Er versteht jetzt, dass er die Erfahrungen mit seiner Mutter auf den Betreuer überträgt und nur deshalb meint, auch dieser würde seine Dissertation nie gut genug finden, um sie abzuschließen. Wir arbeiten im Hier und Jetzt weiter: Ich nehme die Rolle des Betreuers ein, Jens spielt sich selbst. Das Ergebnis schockiert ihn: Er fühlt sich klein, rechtfertigt sich und kann kaum zu seinen Forschungsergebnissen stehen. Wir besprechen Alternativen, üben – und sein Auftreten ändert sich. Beim zweiten Anlauf kann er mit Stolz und einer gewissen Aggressivität die Kernthesen seiner Dissertation so klar vertreten, dass ich – in der Rolle des Betreuers – mit einem Mal keine Lust mehr verspüre, ihn zu kritisieren. Jens verabschiedet sich an diesem Tag mit aufrechter Haltung von mir.

Dass Leser meist weniger kritisch sind als der perfektionistische Autor selbst, hat Jens ebenso wie viele andere Schreibende längst aus dem Gefühl verloren. Am Schreibtisch, allein mit dem Text, können die eigenen Ansprüche umso stärker wirken, weil sie unkorrigiert von einer realistischen Einschätzung durch andere Menschen sind. Testen Sie deshalb auch einen anderen – pragmatischen – Ansatz, um aus den überhöhten Ansprüchen hinauszufinden: Rücken Sie Ihre Texte heraus! Setzen Sie sich so früh und so oft wie möglich der Angst vor der Leserreaktion aus. Die Hemmschwelle ist hoch – viele empfinden ihren frischen Text noch als Teil ihrer selbst. Doch eines ist sicher: Nach dem ersten Feedback, das gerade bei Perfektionisten meist positiver als erwartet ausfällt, schreibt es sich mindestens doppelt so leicht.

Die Tipps im Überblick

- Üben Sie schriftlich, mündlich oder in der Vorstellung, Ihren Text selbstbewusst zu vertreten und auch abwertenden Äußerungen etwas entgegenzusetzen.
- Überlegen Sie, wie Sie Ihren Selbstwert stärken können, zum Beispiel im Gespräch mit anderen Menschen. Leitfrage: Wer bin ich ohne Leistung?
- Stellen Sie sich der Angst vor einer Blamage und outen Sie sich mit Ihrem Text – so früh wie möglich.
- Überlegen Sie sich, welchen Nutzen die Welt von Ihrem Text haben könnte.

Zum Weiterarbeiten

Beispiele: Tamara wartet auf den richtigen Moment, der nie kommt; Sigrun glaubt, alles muss rein; Katrin strukturiert endlos um
Übungen: Denkbilder, Schreibeinstimmer, Leserkontakt, Leserorientierung, Perspektivenwechsel, Ursachensuche, Sinnvoll schreiben, Veröffentlichen

Kompakt: Jens' Beispiel zeigt Ihnen ein weiteres zentrales Schreibproblem: den Perfektionismus, der meist auf einem instabilen Selbstwertgefühl gründet und von Angst vor der Leserreaktion geprägt ist.

BEISPIEL

3 Sigrun glaubt, alles muss rein

Ein weiterer Blick in die Wissenschaft: Sigrun ist eine angesehene Wissenschaftlerin an einem renommierten Forschungsinstitut. Sie ist eine Überfliegerin, hochbegabt, weltweit eine der jüngsten Forscherinnen auf ihrem Gebiet. Doch in unseren Coachingsitzungen offenbart sich ihr Innenleben vollkommen anders als ihr beeindruckender öffentlicher Auftritt: Sigrun quält sich mit Selbstzweifeln. Seit Jahren fragt sie sich voller Angst, welche Mängel und Lücken sie in ihren Veröffentlichungen übersehen haben könnte. Denn sie hat viel zu verlieren – immer mehr, je erfolgreicher sie wird. Ihr hervorragender Ruf könnte durch eine Lücke, einen Fauxpas, einen Denkfehler geschmälert oder gar ruiniert werden. Dieser innere Druck steigt mit jeder neuen Publikation in einer wissenschaftlichen Zeitschrift und mit jedem Vortrag, den sie auf internationalen Kongressen hält. Derselbe Druck, der sie früher motiviert hat, hat sie längst überholt. Zuerst hat sie darauf mit einer Erhöhung des ohnehin beachtlichen Arbeitspensums reagiert. Die Zeit, die sie für Schlaf benötigt, hat sie ohnehin immer mehr reduziert. Doch inzwischen kann sie manchmal nicht mehr als ein paar Sätze schreiben, ohne sich durch ausufernde Literaturrecherche übertrieben abzusichern. Darüber verliert sie ihren Standpunkt immer mehr. Das Eigene geht verloren. Sie verwendet sogar ein paar Mal fremde Aussagen, ohne die Quelle zu nennen – eines der größten Vergehen in der Wissenschaft. Ihr schlechtes Gewissen und ihre Selbstschmähungen werfen sie dabei fast um. Und ihre Texte wirken ausufernd und unfokussiert, manchmal verwirrend und unübersichtlich. Etwas Rechtfertigendes beginnt aus ihnen zu sprechen, das auf die Leser zuweilen befremdlich wirkt.

Kommentar

Sigrun will sich hundertprozentig gegen Kritik absichern. Aus Angst davor, es könne etwas fehlen, verliert sie ihre eigentlichen Ziele aus den Augen: Texte zu publizieren, die die Forschung voranbringen, die ihren Standpunkt verdeutlichen und mit denen sie sich als Forscherin innerhalb der Scientific Community wirkungsvoll positioniert. Stattdessen bringt sie alles in ihren Texten unter, was ihr der übertriebene Vollständigkeitsanspruch diktiert. Den guten Kontakt zu ihren Lesern verliert sie zunehmend. Zudem ist sie in einem Teufelskreis gefangen: Sie ist erschöpft von der übermäßigen Arbeit und dem Schlafmangel, dadurch wird sie anfälliger für Selbstzweifel und Ängste, die sie wiederum durch Mehrarbeit zu entkräften versucht.

Fragen, die sich Sigrun stellen könnte

- Mit welchem Gefühl habe ich früher geschrieben? Wie kann ich mir dieses Gefühl auch heute vergegenwärtigen?
- Was ist inhaltlich mein Schwerpunkt?
- Warum fällt es mir so schwer, meinen eigenen Standpunkt selbstbewusst zu vertreten?
- Wer würde bemängeln, dass etwas fehlt, und was würde ich dieser Person entgegenhalten?
- Was könnte schlimmstenfalls passieren, wenn ich wirklich etwas Wichtiges vergessen hätte?
- Was würde ich *gewinnen*, wenn einmal ein lückenhafter und unperfekter Text von mir publik würde? Zum Beispiel Entlastung und mehr innere Freiheit?

Zum Eigenen stehen

Sigrun verspricht mir erst einmal, eine Arbeitspause einzulegen. Sie verbringt ein verlängertes Wochenende in einem Wellness-Hotel an der Ostseeküste. Ihr Notebook lässt sie daheim. Das ist schwer genug für sie. Die dreieinhalb Tage genügen, um den Teufelskreis aus Arbeit und Selbstzweifeln vorerst zu durchbrechen. Danach beginnt sie, aus der Textfülle ihren eigenen Standpunkt und die Kernaussagen ihrer Forschungsergebnisse herauszuschälen. Darauf fokussiert sie sich, anstatt sich mit Vollständigkeitsbemühungen zu überfordern. Auch im Alltag plant sie arbeitsfreie Zeiten ein – wenige, aber immerhin. Sie geht zum Beispiel zu den Coachingstunden zu mir und wir beschäftigen uns damit, ihr Selbstwertgefühl zu stärken. Sie fragt sich: Was macht mich aus – jenseits der Arbeit? Was ist liebens- und bewundernswert an mir? Wer bin ich? Wer will ich sein, wenn ich einmal nicht mehr arbeite? Sie übt im Coaching, den eigenen Standpunkt zu vertreten und zu Lücken zu stehen. Das gelingt ihr schließlich, als ich die Rolle einer frohlockenden Konkurrentin einnehme. Sie formuliert beinahe trotzig: „Ja, da ist eine Lücke, ich weiß. Wozu die Aufregung? Die muss da sein. Weil diese andere These für mich an der Stelle viel wichtiger ist." Sie erkennt, dass es ihr weniger darum geht, gegen jede Kritik gefeit zu sein, sondern vielmehr darum, ihren eigenen Forschungsansatz zu verfolgen und zu propagieren.

Parallel dazu lernt Sigrun wieder, Prioritäten zu setzen. Und ihre neue Priorität ist nun ein fokussierter Text mit einem klaren Standpunkt. Sie hat sich in den letzten Jahren angewöhnt, alle Aufgaben abzuarbeiten und lieber die Arbeitszeit zu erhöhen, anstatt unwichtige Aufgaben zu streichen. Genau dieses Vorgehen ändert sie. Sie bittet ihren Chef um Unterstützung bei der Kürzung bestehender und der Planung ihrer nächsten Artikel. Im gemeinsamen Gespräch mit ihm streicht sie weniger zentrale Punkte. Sie legt Obergrenzen für die Seitenanzahl fest. Manche Textteile überführt sie in ein anderes Dokument, wenn sie sich nicht davon trennen kann. Später kann sie entscheiden, ob sie daraus ein neues Schreibprojekt gestalten will.

Die Tipps im Überblick

- Nehmen Sie zuerst eine Auszeit, wenn Sie bemerken, dass Sie in einen Teufelskreis aus Überarbeitung und Erschöpfung geraten.
- Fokussieren Sie sich in erholtem Zustand auf Ihre Kernaussagen im Text. Stehen Sie zu diesen Aussagen und wappnen Sie sich gegen Kritik, indem Sie ihr offensiv begegnen.
- Stärken Sie Ihr Selbstwertgefühl und Ihre Identität, um wieder mehr zu sein als ein Mensch, der sich allein über Leistung und Erfolg definiert. Nehmen Sie dafür ein Coaching oder eine Therapie in Anspruch. Aber auch durch Gespräche mit Freunden und Familienmitgliedern, durch Selbstcoaching, Meditation oder Sport können Sie sich weiterhelfen.
- Holen Sie sich für die Prioritätensetzung fachliche Unterstützung. Handeln Sie bei Zweifeln nach der Maxime: If you are in doubt, leave it out.
- Trennen Sie sich ohne Bedauern von unwichtigen Textstellen. Denn wie viel Arbeit Sie hineingesteckt haben, spielt keine Rolle für Ihr Ziel, einen fokussierten Text zu produzieren.

Zum Weiterarbeiten

Beispiele: Jens wird nie fertig; Katrin strukturiert endlos um; Jonas ist müde
Übungen: Schreibeinstimmer, Leserkontakt, Leserorientierung, Kerne, Perspektivenwechsel, Pausieren, Ursachensuche, Sinnvoll schreiben, Textinspektion, Kürzen, Veröffentlichen

Kompakt: Das Beispiel von Sigrun zeigt, wie die Angst vor Textdefiziten unfokussierte Texte und Überarbeitung provozieren kann. Ein offensiv vertretener eigener Standpunkt hilft dagegen.

4 Johannes will bloss nicht allein sein

Johannes ist Organisationsberater und Inhaber einer kleinen Firma mit fünf Mitarbeitern. Vor zwei Monaten ist ein ambitioniertes Projekt unterschriftsreif geworden: Er schreibt ein Sachbuch. Das Konzept steht, der Autorenvertrag bei einem guten Verlag ist unterzeichnet. Das Buch soll als Marketinginstrument für seine Firma dienen. Er will damit aber auch seine Erfahrungen weitergeben – immerhin blickt er auf siebzehn Jahre erfolgreicher Arbeit zurück. Er hat schon viel mit anderen über sein Projekt gesprochen und die Inhalte liegen in seinem Kopf bereit zum Aufschreiben, als er sich für ein Coaching bei mir meldet. Jedoch: Seit zwei Monaten hat er keinen zusammenhängenden Text geschrieben. Es bestehen lediglich verschiedene Stichwortsammlungen und kurze Textfragmente. Und das, obwohl er das Schreibprojekt mit täglich anderthalb Stunden an vier Tagen pro Woche eingeplant hat. Johannes gerät immer mehr unter Druck, denn der Abgabetermin steht – in nur dreieinhalb Monaten soll er das Manuskript beim Verlag abgeben. Er schafft es jedoch nicht länger als zehn Minuten, an seinem Arbeitsplatz zu schreiben. Sobald er die Textdatei für sein Buchprojekt öffnet, fühlt er sich unwohl, ja, unsicher und ängstlich. „Was schreibe ich hier bloß, ist das nicht alles merkwürdig?“, denkt er. „Was werden die Leser bloß später dazu sagen?“, überlegt er. Er würde dann lieber mit jemandem über das Buch reden. Er sehnt sich regelrecht nach dem Austausch mit anderen Menschen. Seine Motivation erlahmt. Er wird körperlich unruhig und möchte sofort aufspringen. Lange hält er diesen Zustand nicht durch: er greift zum Telefon und ruft seine Frau an. Er steht auf und geht ins Nachbarzimmer, um mit seiner Assistentin zu sprechen. Inzwischen vermeidet er das Schreiben zunehmend, weil ihn sein Zurückweichen vor dem Schreiben befremdet.

Kommentar

Johannes scheut davor zurück, sich für das Schreiben nach innen zu wenden. Er liebt den Austausch mit anderen Menschen. Es ist im Grunde dieses Zusammensein mit anderen Menschen, das ihn antreibt und voranbringt. Schreiben bedeutet jedoch immer, von der Extrovertiertheit des normalen Arbeitsalltags zu einer gewissen Introvertiertheit zu wechseln. Das fordert viele Menschen heraus, insbesondere jene, die Inspiration, Motivation und Regeneration im Zusammensein mit anderen Menschen leben. Sie können sich nur schwer von einer Stunde auf die andere unvermittelt nach innen wenden. Oftmals sind sie dann mit Zweifeln, mit innerer Unruhe oder Lustlosigkeit konfrontiert. Sie vermissen die unmittelbare Reaktion eines Gegenübers.

Die Einsamkeit beim Schreiben gehört ganz eindeutig zu den wichtigen Schreibhemmern. Das kann zum einen die fachliche Einsamkeit betreffen, also den fehlenden Austausch über die Inhalte. Eine andere Art von Einsamkeitsgefühl belastet jedoch oft sogar mehr: sich innerlich nicht im Kontakt mit anderen Menschen zu fühlen.

Fragen, die sich Johannes stellen könnte

- Was fühle ich, was denke ich, wenn ich mit mir allein bin?
- Was könnte ich aktiv für eine angenehme Arbeitsstimmung tun?
- Wann habe ich schöne Zeiten mit mir allein erlebt? Wie lässt sich diese Erfahrung möglicherweise auf das Schreiben übertragen?
- Wie kann ich in der Vorstellung Kontakt mit Menschen aufnehmen, auch wenn ich gerade allein bin?

Mit Einsamkeit umgehen

Wie so oft bei Entwicklungsprozessen geht es dort weiter, wo die Angst am größten ist; im Fall von Johannes führt der Weg durch die Einsamkeit. Er muss sich den unangenehmen Gefühlen und der Angst stellen, die für ihn mit dem Alleinsein verbunden sind. Doch wie stellt man sich seiner Angst? Indem man sie aushält und ihr ins Gesicht schaut, bis sie ihren Schrecken verliert. Indem man herausfindet, warum diese Angst überhaupt besteht. Indem man reflektiert, welche Funktion sie haben könnte. Johannes protokolliert dazu in den nächsten Wochen seine Nebengedanken: Während seiner kurzen Schreibversuche schreibt er sie in eine Notizen-Datei: Was geht ihm durch den Kopf, wann und warum fühlt er sich gerade unwohl? Bald findet er immer mehr darüber heraus, was sich in seinem Denken alles abspielt: Er kritisiert sich selbst innerlich, und das nicht zu knapp. Das ist ihm zuvor nicht bewusst gewesen. Dass schwierige Gefühle beim Schreiben mit einem Mal auftauchen, wenn der Kontakt zu anderen Menschen fehlt, kommt nicht von ungefähr. Ralph Waldo Emerson, US-amerikanischer Philosoph und Schriftsteller, beschreibt es so: „Manche Stimmen hören wir, wenn wir allein sind, doch sind sie schwach und unhorbar, sobald wir die Bühne der Welt betreten.“ Erst im Alleinsein wird der stumme innere Dialog hörbar, mit dem wir uns und unser Handeln selbst kommentieren. Menschen, die viel im Kontakt mit anderen sind, registrieren diesen inneren Dialog oft gar nicht. Durch das Aufschreiben seiner Gedanken versteht Johannes besser, wie er innerlich funktioniert, und gewinnt zugleich Abstand von dem, was sich in seinem Innenleben abspielt.

Gemeinsam schreiben ist eine weitere Möglichkeit, der Angst vor dem Alleinsein zu begegnen. Viele unterschätzen die kreative Energie, die von einer Gruppierung still und konzentriert arbeitender Menschen ausgeht. In meinen Seminaren schreiben die Teilnehmer plötzlich ruhig und gesammelt hervorragende Textfragmente und sind selbst erstaunt, wie solch Wertvolles in kürzester Zeit entstehen kann. Johannes richtet in seiner Firma Schreibzeiten ein, zu denen alle seine Mitarbeiter, er eingeschlossen, ihre Schreibarbeiten verrichten und in denen nicht gesprochen wird. Ein voller Erfolg, nicht nur für ihn: Seine Mitarbeiter lieben diese stille Stunde und arbeiten währenddessen hochproduktiv.

Sie können die Einsamkeit beim Schreiben auch umgehen, indem Sie Ihre mündlichen Gespräche mit einem Diktiergerät oder einem Handy aufnehmen. Die Audiodateien können Sie später abschreiben oder mit einer Spracherkennungssoftware in Text umwandeln lassen. Das Sprechschreiben (Übung 23) ist eine gute Alternative zum herkömmlichen Schreiben, die dem schriftlichen Schreiben aus meiner Sicht in nichts nachsteht: Alles, was einen fertigen Text zu produzieren hilft, rechne ich zum Schreiben.

Die Tipps im Überblick

- Stellen Sie sich den schwierigen Gefühlen und Gedanken, die im Alleinsein beim Schreiben auftauchen, zum Beispiel, indem Sie diese protokollieren – und damit mehr über sich herausfinden.
- Schreiben Sie unter Menschen – in einer Bibliothek, in einem Café oder im Büro mit Kollegen, die ebenfalls konzentriert arbeiten.
- Gewinnen Sie aus gesprochenem Text mit Hilfe eines Diktiergerätes schriftlichen Text – entstanden in Gesprächen mit anderen Menschen.

Zum Weiterarbeiten

Checklisten: Welcher Pausentyp sind Sie?; Welche Stimmung brauchen Sie zum Schreiben?
Beispiel: Jana kommt nicht ins Spiel
Übungen: Schreibeinstimmer, Leserkontakt, Leserorientierung, Gedanken- und Fokussprint, Schreibgespräche, Inkshedding, Sprechschreiben, Perspektivenwechsel, Schreibressourcen, Ursachensuche

Kompakt: Johannes' Beispiel zeigt, wie sich die Einsamkeit – eines der Grundprobleme beim Schreiben – umgehen oder zum Anlass nehmen lässt, sich selbst besser kennen zu lernen.

BEISPIEL

5 Jana kommt nicht ins Spiel

Jana ist die typische Multitaskerin. In einer Viertelstunde zwischen Telefonkonferenz und Team-Meeting schafft die Projektmanagerin es, mit drei Telefonaten, zwei E-Mail-Antworten und den wichtigsten Hinweisen für die Assistentin die Beschwerde eines wichtigen Kunden zu managen und den Außendienstmitarbeiter zu briefen. Aber dann muss sie eine umfangreiche Stellungnahme für den Vorstand schreiben. Ich begleite sie als Schreibcoach an ihren Arbeitsplatz und beobachte ihr Schreibverhalten. Sie äußert dabei soweit möglich ihre Gedanken laut, eine Methode von Schreibforschern, um etwas über das Innenleben Schreibender zu erfahren. Und so sieht eine einstündige Schreibsession von Jana aus: Zu Beginn gehen schon einmal zehn Minuten verloren, weil sie eine wichtige E-Mail-Antwort in ihren Blackberry tippen muss. Dann schreibt sie die erste Zeile, prüft noch einmal die Gliederung, die sie zuvor erstellt hat, schreibt unter der dritten Überschrift zwei Sätze, springt dann wieder zurück zum Anfang und vervollständigt den ersten Satz. Dabei fällt ihr auf, dass den Überschriften keine Formatvorlagen zugewiesen sind. Sie formatiert die Überschriften, was sie weitere sieben Minuten kostet. Dann schreibt sie einige Sätze der Einleitung, doch der Stil gefällt ihr nicht. Sie liest die Sätze durch und sucht nach prägnanteren Formulierungen. Sie schaut auf die Uhr. Sie hat noch viel zu wenig Text geschrieben, in der reservierten Stunde wollte sie drei Seiten fertig haben, jetzt, nach dreißig Minuten, hat sie gerade eine Viertelseite. Sie versucht, schneller zu schreiben. Das geht fünf Minuten lang. Dann kommt eine Kollegin in ihr Büro. Jana versucht, vertieft in ihre Schreibarbeit zu wirken, und spricht dann doch mit der Kollegin. Nach vier Minuten schreibt sie die ersten Sätze zur zweiten Überschrift. Aber dann fehlt ihr die Überleitung zum zweiten Argument. Sie überlegt kurz, doch ihre Gedanken schweifen ab. Sie spürt eine heranziehende Müdigkeit. Halbherzig setzt sie noch einmal an. Und dann hört sie das akustische Signal ihres Blackberrys. Erleichtert und zugleich mit schlechtem Gewissen liest sie die neue E-Mail. Und tatsächlich: Es ist eine wichtige Nachricht von ihrem Chef und es ist gut, dass sie sie gleich gelesen hat. Das schlechte Gewissen verflüchtigt sich und Jana ist wieder in ihrem Element: Sie greift zum Telefon, sie redet und tippt nebenher ein paar Wörter in ihr Dokument. Als sie den Telefonhörer auflegt, ist die Stunde fast um.

Kommentar

Es ist mühsam, Janas Schreibverhaltens nachzuvollziehen. Ebenso mühsam, wie Jana selbst ihr Schreiben empfindet. Sie schreibt nicht im Fluss, sie ist nicht „im Spiel". Das Ins-Spiel-Kommen ist zentral beim Schreiben. Das gelingt nicht auf Knopfdruck und auch nicht an jedem Tag gleich. Täglich von Neuem müssen Schreibende darum ringen. Auch in längeren Zeiteinheiten betrachtet – bei größeren Schreibprojekten – spielt dieses Ringen eine Rolle. Ich habe bei einem meiner Bücher zwei Monate gebraucht, um wirklich ins Spiel zu kommen, und ich bin bestimmt keine Schreibvermeiderin. Viele Schreiber erreichen den Zustand des Schreibens im Fluss jedoch gar nicht, weil sie zu leicht ausweichen können.

Fragen, die sich Jana stellen könnte

- Gibt es in meinem Alltag – bei der Arbeit oder in der Freizeit – Zeiten, in denen ich mich nur auf eine Sache konzentriere?
- Habe ich schon einmal einen Text zügig und flüssig „heruntergeschrieben"? Wenn ja, wie waren die Bedingungen?
- Was lenkt mich am meisten ab? Wie kann ich diese Ablenkung ausschalten?
- Was passiert in mir, wenn ich mich ohne Ablenkungen voll auf das Schreiben konzentriere?
- Wann macht mir Schreiben Spaß bzw. wann hat mir Schreiben früher Spaß gemacht?
- Was kann ich tun, um mich auf konzentriertes Schreiben im Fluss einzustimmen?

Schreiben im Fluss

Jana gelingt es mit der Zeit, beim Schreiben besser ins Spiel zu kommen. Sie stimmt sich auf das Schreiben ein, indem sie sich einen Milchkaffee bringen lässt, den sie sonst erst am Nachmittag trinkt. Sie schließt die Bürotür. Sie verabschiedet sich innerlich von Gedanken an andere Projekte. Sie überlegt sich, womit sie sich nach dem Schreiben belohnen kann. Sie führt sich ihr Schreibthema im Geist vor Augen. Dann öffnet sie eine Musikdatei mit ruhigen Lieblingstiteln und spielt sie mit gedrosselter Lautstärke ab. Für Jana wird dadurch das Schreiben immer mehr zu einer kreativen und ruhevollen Tätigkeit, die ihr einen Ausgleich zu einem Arbeitsalltag bietet, der von Besprechungen, Telefonaten, Hektik und Stress geprägt ist. Ich bin übrigens eine Verfechterin davon, sich gründlich auf das Schreiben einzustimmen. Fußballer laufen sich auch vor dem Spiel warm, üben Bewegungsabläufe, proben in der Vorstellung den perfekten Torschuss – und schießen dann das Tor tatsächlich. Warum sollte es beim Schreiben anders sein? Wer gut eingestimmt ist, schreibt ebenso fokussiert auf sein Textziel hin.

Beim Schreiben im Fluss schreiben sich die Gedanken wie von selbst in die Tastatur und erscheinen in einigermaßen flüssig formulierten Sätzen auf dem Bildschirm – wenn auch selbstverständlich noch überarbeitungswürdig. Das Schreiben im Fluss gründet auf dem Konzept des Psychologen Mihaly Csikszentmihalyi. Er beschreibt „Flow“ für verschiedenste Tätigkeiten bei Arbeit und Freizeit als hochgestimmten Zustand, in dem man die Zeit vergisst und konzentriert in seiner Tätigkeit aufgeht; vorausgesetzt, man fühlt sich weder über- noch unterfordert und kann seine eigenen Fortschritte sofort überprüfen. Überforderung beim Schreiben kann zum Beispiel durch Zeitdruck oder Perfektionismus entstehen. Unterforderung schleicht sich ein, wenn Sie etwa ohne Zeitbegrenzung oder Etappenziel schreiben. Mehr über den Schreibflow erfahren Sie in der Übung 28 – „Sich selbst motivieren“.

Die Tipps im Überblick

- Stimmen Sie sich aufs Schreiben ein.
- Trennen Sie Ihre Schreibeinheiten bewusst von anderen Arbeitsaufgaben. Schalten Sie alle Störfaktoren aus. Atmen Sie einmal tief durch. Führen Sie sich das Ziel Ihres Textes vor Augen.
- Gestalten Sie die Atmosphäre beim Schreiben angenehm, etwa mit Hilfe von Musik.
- Überprüfen Sie Ihre Schreiberfolge regelmäßig.
- Achten Sie darauf, dass Sie beim Schreiben weder über- noch unterfordert sind.

Zum Weiterarbeiten

Checklisten: Welche Schreibzeiten passen zu Ihnen?; Welche Stimmung brauchen Sie zum Schreiben?
Beispiele: Tamara wartet auf den richtigen Moment, der nie kommt; Larissa bleibt ständig stecken
Übungen: Denkbilder, Schreibeinstimmer, Leserkontakt, Gedanken- und Fokussprint, Partitur, Scheuklappen, Ursachensuche, Schreibressourcen, Sich selbst motivieren, Die ideale Schreibwoche, Sinnvoll schreiben

Kompakt: Nicht ins Spiel kommen ist ein verbreitetes Phänomen beim Schreiben, insbesondere, wenn Sie eine Schreibeinheit mitten im Alltagsstress einbauen oder wenn Sie gedanklich intensiv mit etwas anderem beschäftigt sind.

6 Martin schreibt ohne Plan

Martin verbringt rund 40 Prozent seiner Arbeitszeit mit Schreiben. Er geht dabei ungefähr so vor: Er öffnet eine neue Datei, überträgt die vorgegebene Gliederung und los geht's. Er fängt einfach beim ersten Gedanken an und schon schreibt es sich wie von selbst. Seine Gedanken fließen aus dem Kopf aufs Papier. Martin mag diese Art des Schreibens, sie gelingt weitgehend anstrengungslos und er sieht, wie gut er vorankommt. Wenn er unter Zeitdruck steht – wie meistens –, schreibt er besonders schnell. Allerdings mischt sich unter das gute Gefühl immer öfter ein leises mulmiges, das aus seinen Vorerfahrungen stammt. Doch er ignoriert es und freut sich lieber: Schon hat er eine halbe Seite geschrieben, obwohl erst zehn Minuten vergangen sind. Und dann driftet er ab, merkt, dass er nicht mehr so recht weiß, was er eigentlich aussagen wollte, schreibt noch etwas weiter, prüft das bisher Geschriebene, versteht manches davon nicht mehr und bricht ab. Er geht sich erst einmal einen Kaffee holen und schaut danach in seine E-Mails. Hier beginnt er mit einer zweiten Schreibaufgabe: Er schreibt auf eine dringende E-Mail eine lange Antwort. Bevor er sie abschickt, liest er sie noch einmal durch. Er merkt, dass er wieder einmal vollkommen unstrukturiert geschrieben hat: Er greift an späterer Stelle wieder auf, was er zu Beginn schon angesprochen hatte. Worauf er mit seinem Statement hinauswollte, scheint ihm nicht so recht zur Geltung zu kommen. Er strukturiert den E-Mail-Text um. Bis er die Nachricht abschicken kann, sind beinahe 30 Minuten vergangen. Nun schreibt er an seinem ursprünglichen Text so schnell wie möglich weiter, zunehmend nervös, weil es nun doch spät geworden ist. Dass seine Texte nach dem hohen Einstiegstempo so viel Zeit benötigen, ärgert ihn jedes Mal. Den Text legt er seinem Chef zur Freigabe auf den Schreibtisch. Am nächsten Tag landet der Text mit vielfältigen Anmerkungen wieder bei ihm. Überall sind Textklammern und Pfeile eingefügt, die in verschiedene Richtungen zeigen.

Kommentar

Martin ist ein klassischer Drauflosschreiber, wie Sie ihn in der Checkliste „Sind Sie ein Drauflosschreiber?" kennen gelernt haben. Seine Schreibstrategie unter Zeitdruck: Sofort losschreiben, um Textmenge zu produzieren und schnell voranzukommen. Obwohl er weiß, dass später das „dicke Ende" kommt, wenn er noch aufwendig Textbereiche verschieben und neue Übergänge schaffen muss, ist das bisher seine einzige Schreibstrategie. Er ist damit nicht zufrieden und die Strategie ist offensichtlich für ihn nicht (zeit)-effektiv. Das wäre ein guter Grund, anders vorzugehen. Doch strukturiert zu denken fällt ihm schwer. Damit ist er nicht allein. Lange Zeit wurde Schreiben als lästige Pflichtaufgabe angesehen. Durch moderne Kommunikationsmedien ließ sich Schreiben bequem durch Reden selbst über große Entfernung ersetzen. Heute erlebt die Schriftlichkeit längst eine Renaissance. Die meisten schreiben lässig ihre E-Mails, ohne sich über jeden Satz den Kopf zu zerbrechen. Die Kehrseite dieses Zugewinns an Schreibkompetenz: Es wird zwar schnell drauflosgeschrieben, doch ob die Struktur stimmig und nachvollziehbar ist, wird zur Nebensache.

Fragen, die Martin sich stellen könnte

- Was hält mich davon ab, erst kurz zu planen, bevor ich losschreibe?
- Warum muss ich sofort viel Text produzieren und ertrage ein leeres Blatt oder eine leere Datei so schwer?
- Wodurch würde für mich das Planen attraktiver werden?
- Was heißt für mich eigentlich „Schreiben"? Wie bewerte ich Denken, Planen und Strukturieren?
- Weiß ich, wie man einen Textabschnitt aufbaut oder argumentiert?

Konzentriert denken und planen

Als ich Martin frage, wie er seine Textabschnitte aufbaut, schaut er mich zögernd an. Richtiges Schreiben? Das heißt für ihn, Sätze zu formulieren. Argumentationsmuster sind ihm wenig vertraut. Für viele Schreibende, mit denen ich arbeite, scheint ein Argument nicht viel mehr als ein Aufzählungspunkt zu sein. Dabei geht verloren, was überzeugende Texte ausmacht: Eine These – also eine Behauptung, ein Statement – wird mit einem oder mehreren Argumenten begründet und mündet in einer Schlussfolgerung. Und um eine Argumentation aufzuschreiben, müssen die meisten Schreibenden vorab planen. Ein Grundmuster schlägt Lutz von Werder in seinen Büchern zum Kreativen Schreiben in Beruf und Wissenschaft vor: „TABZ/Ü" – These, Argument, Beispiel und Zusammenfassung/Überleitung. Dieses Muster ist praktisch für den eiligen Schreiballtag: Es ist leicht zu merken und zudem machen Beispiele jeden Text verständlicher.

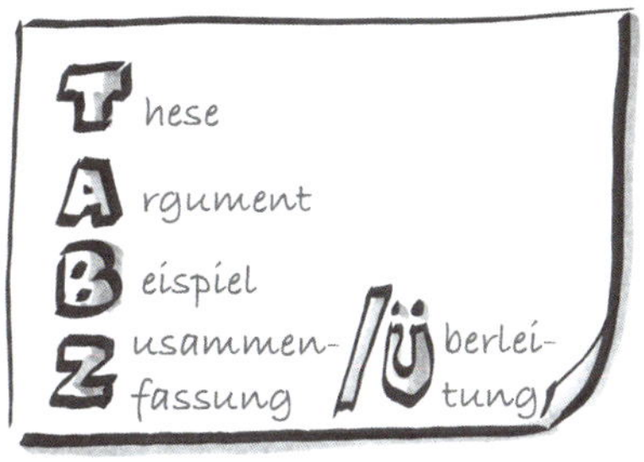

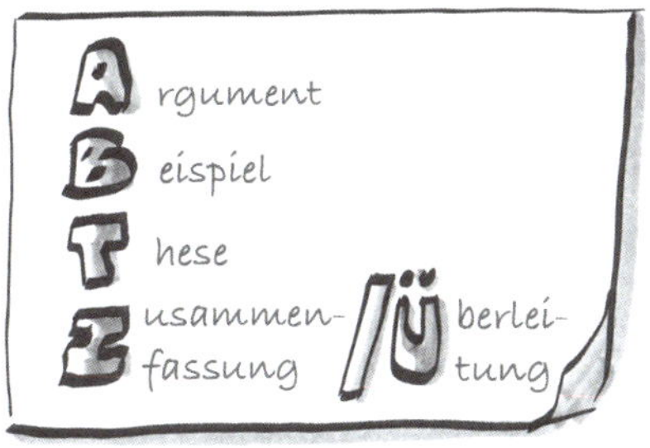

Feinstrukturieren im Textabschnitt

Martin übt also, Textabschnitte nach bestimmten Mustern zu planen. Er muss sich regelrecht dazu zwingen, denn das Innehalten fällt ihm schwer. Er merkt jedoch mit der Zeit immer deutlicher, dass seine Texte dadurch gewinnen und er sie schneller fertig stellt. In der Übung 18 – „Textpfad" – finden Sie weitere Anregungen für die Planung von Textabschnitten.

Bei Texten, die bereits unübersichtlich geraten sind, versucht Martin es mit dem Rückstrukturieren, das Sie in der gleichnamigen Übung 32 in diesem Buch kennen lernen: Er versieht Textblöcke nachträglich mit provisorischen Überschriften, die ihm den Überblick und das Umstrukturieren und Verschieben von Text erleichtern.

Die Tipps im Überblick

- Denken Sie an den Leitsatz des Zeitmanagement-Experten Lothar Seiwert: „Wenn du es eilig hast, gehe langsam."
- Planen Sie den Aufbau eines Abschnittes, bevor Sie ihn schreiben: entweder im Kopf, im Gespräch oder schriftlich mit ein paar Stichworten.
- Bewerten Sie alles, was Sie planen, höher als bisher.
- Arbeiten Sie mit dem Rückstrukturieren als Alternative zur Vorab-Planung.

Zum Weiterarbeiten

Checklisten: Sind Sie ein Planer?; Sind Sie ein Drauflosschreiber?
Beispiele: Marianne fühlt sich überschwemmt; Katrin strukturiert endlos um
Übungen: Schreibstrecke, Denkbilder, Leserorientierung, Denkskizze, Wortsprints, Cluster, Gedanken- und Fokussprint, Kerne, Gedankenlandkarten, Der rote Faden, Textpfad, Überschriften, Textinspektion, Rückstrukturieren

Kompakt: Immer mehr Menschen schreiben heute drauflos, anstatt gründlich und in Ruhe zu planen. Lernen Sie Strukturierungsmuster kennen und nehmen Sie sich zum Planen etwas Zeit – die Sie beim Schreiben wieder einsparen.

7 Marianne fühlt sich überschwemmt

Bei Marianne sieht man schon auf den ersten Blick, dass sie schier birst vor guten Ideen und Arbeitslust. Sie wirkt viel beschäftigt und hat wenig Zeit. Ihr Blick ist unstet, im Gespräch springt sie manchmal unvermittelt von einem Thema zum nächsten, so dass ich gedanklich kaum folgen kann. Sie ist leicht zu begeistern und würde am liebsten alles auf einmal tun. Als erfolgreiche Speakerin – Vortragsrednerin auf größeren Bühnen – passt das auch ganz gut in ihr Leben. Sie sagt von sich selbst, dass ihr das Adrenalin den Kick verschafft, den sie für motiviertes Arbeiten braucht. Sie ist dann hochkonzentriert, in gutem Kontakt mit Menschen, ihre Ideen sprudeln und intuitiv sagt sie genau das, was die Zuhörer am meisten inspiriert und ihnen weiterhilft. Nun ist es für einen Speaker fast ein Muss, sich auch schriftlich zu Wort zu melden, etwa mit Artikeln in Fachmagazinen. Beim Schreiben wirkt sich jedoch ihr Ideenstrom anders aus. Hier überschwemmt er sie, ohne dass sie ihn kanalisieren kann. Sie tippt zwar mit dem Zehnfingersystem beinah so schnell wie sie spricht, aber dennoch: Während sie einen Satz schreibt, warten schon sieben andere in ihrem Kopf, die nicht zum Zuge kommen und ihr Denken verwirren. Sie versucht, diese Parallelideen nebenher auf Notizzetteln festzuhalten, aber dann verliert sie den Faden für ihren Haupttext. Auch das Diktieren scheint keine Alternative darzustellen. Sie redet sich dabei erst recht auf Abwege. So wird beim Schreiben aus der konstruktiven Ideenflut eine destruktive, schreibhemmende Ideen-Überschwemmung. Marianne verfolgt dadurch weder während des Schreibens noch beim Überarbeiten einem roten Faden. Auch wenn sie versucht, Text zu kürzen, entstehen nur noch mehr Erweiterungsideen. Sie ärgert sich darüber, denn sie ist es gewohnt, im Fluss und leichtgängig zu arbeiten. Stattdessen fühlt sie sich zunehmend belastet und vermeidet das Schreiben weitgehend. Ihr Wunsch: Wie sie bei fremden Texten Wert auf Klarheit und Prägnanz legt, so will sie auch selbst konzentriert auf die zentralen Aussagen schreiben.

Kommentar

Menschen wie Marianne sind dermaßen kreativ, dass Ideenflut und Assoziationsfülle problematisch für das Schreiben werden können: Marianne kann beim Schreiben nicht mehr auswählen, was das Wichtigste zum Aufschreiben ist. Gute Ideen auch einmal vorbeiziehen zu lassen, gelingt ihr ebenso wenig. Das erlebe ich häufig bei inspirierten Menschen: Sie verfügen über wenig Abwehrmechanismen, um die kreativen Einfälle einzudämmen. Einerseits ist das ihre Stärke, die sie so inspirierend erscheinen lässt und die sie nicht missen wollen. Die Kehrseite der Überschwemmung ist der Preis, den sie für diese Stärke zahlen. Doch so hoch muss der Preis nicht sein, dass jemand wie Marianne deshalb beim Schreiben gleich vollkommen blockiert. Eingrenzungstechniken, die auf das Schreiben beschränkt sind, können ihr helfen, ohne dass beim Reden ihre kreative Kraft versiegt.

Bei Marianne kommt hinzu, dass sie an einer Idealvorstellung der genialen Autorin festhält, die ihre Ideen in Windeseile mit inspiriertem Geist aufs Papier bringt. Denn sie ist es gewöhnt, dass ihr alles spielend gelingt. Schreiben, das heißt für sie geniale Würfe zu produzieren. Das ist eine Größenphantasie, die hemmen kann, weil sie in der Realität auf die Niederungen des harten Schreiballtags trifft und zu Frustration führt.

Fragen, die sich Marianne stellen könnte

- Welche zentrale Botschaft will ich meinen Lesern vermitteln?
- Wie kann ich meine Ideen anders verfolgen, als sie alle im Text unterzubringen?
- Was interessiert meine Leser besonders?
- Durch welche Inhalte ziehen meine Leser den größten Nutzen aus meinem Text?
- Was würde passieren, wenn ich nur ganz normale und nicht geniale Texte hervorbringe?
- Wer bin ich *ohne* meine vielen guten Ideen?

Zum Wesentlichen finden

Für Marianne passt es zwar nicht zu ihrem Selbstbild der genial kreativen Schriftstellerin, dennoch lässt sie sich mit der Zeit auf den handwerklichen und nicht immer kreativen Teil des Schreibens ein. Sie steigt von ihren Höhenflügen hinab in die Niederungen des Fleißes und der Durchhaltekraft. Sie begreift Schreiben mehr als Handwerk denn als Kunst. Das hilft ihr nicht nur, ihre Selbstüberschätzung zu korrigieren, sondern sie fokussiert sich beim Schreiben auch mehr auf das Wesentliche: Wer handwerkliche Arbeit leistet, muss kein kunstfertiges und verzweigtes Gedankengebäude bauen. Der schreibt klar heraus, worum es geht.

Alle folgenden Hinweise zielen in dieselbe Richtung: Fokussieren Sie sich so klar wie möglich auf die zentralen Aussagen. Üben Sie dadurch, das für Sie Wesentliche zu betonen und anderes konsequent zu vernachlässigen. Planen Sie zum Beispiel vor Beginn des Schreibens akribisch Ihre Schreibstrecke mit der Seiten- oder Zeichenzahl Ihres Textes: Wie lang darf der Text werden, um für Ihre Leser den passenden Umfang zu haben? Sie können diese Vorgabe beim Rohtexten natürlich auch überschreiten, wenn Sie wissen, dass Ihnen später das Kürzen leicht von der Hand geht. Bedeutet Kürzen für Sie jedoch harte Arbeit, so halten Sie sich lieber von vornherein stur an Ihre Seitenbegrenzung: Alle Ideen, die nicht mehr in diesen Seitenumfang passen, haben Pech gehabt. Dieses pragmatische Vorgehen gelingt leichter, wenn Sie sich und Ihre guten Ideen weniger wichtig nehmen: Es sind eben Ideen, die – mit etwas Abstand betrachtet – nicht alle so bedeutsam sind, wie sie im ersten Moment scheinen.

Eine andere Möglichkeit, sich selbst zu begrenzen, ist ein restriktiver Umgang mit Zeit. Oft gehen Schreibende mit ihrer Zeit recht sorglos um. Zu spät bemerken sie, dass die Zeit knapp wird für das, was sie schaffen wollten. Begrenzen Sie sich in Ihrer Ideenflut, indem Sie Ihre Schreibzeit begrenzen: Den vielen guten Ideen nachzugehen – dafür haben Sie schlicht keine Zeit. Stellen Sie beispielsweise einen Wecker für eine viertelstündige Schreibzeit. Machen Sie anschließend eine kurze Pause, in der Sie Ihren Arbeitsplatz verlassen und sich fragen, ob Sie noch auf dem richtigen Weg sind und was Ihre Leser über das gerade Geschriebene denken würden. Damit lernen Sie auch, innezuhalten und jede neue Idee mit möglichst viel Abstand zu betrachten, etwa so: „Aha, eine interessante Idee, aber ist sie wirklich so wichtig? Passt sie zu dem, was ich gerade schreibe, oder reicht es, wenn ich dazu einen Stichpunkt in mein Notizbuch schreibe?" Danach schreiben Sie innerlich fokussiert weiter.

Und überaus wichtig, um zum Wesentlichen zu finden: Denken Sie darüber nach, was Ihr Textziel und der Lesernutzen ist: Wollen Sie lediglich Ihr Wissen und ihre großartigen Ideen vorzeigen oder möchten Sie Ihren Lesern das für sie Wichtigste mitgeben? Welchen Nutzen können Sie Ihren Lesern vermitteln?

Die Tipps im Überblick

- Planen Sie Textlänge und Schreibzeiten besonders streng.
- Halten Sie beim Schreiben öfter inne, spätestens, wenn Sie sich von Ideen überschwemmt fühlen. Das kann ein Durchatmer oder eine Minipause mit Ortswechsel sein.
- Erinnern Sie sich immer wieder an Ihr Textziel und den Nutzen für Ihre Leser.

Zum Weiterarbeiten

Beispiele: Sigrun glaubt, alles muss rein; Martin schreibt ohne Plan
Übungen: Schreibstrecke, Zeitstrahl, Schreibeinstimmer, Leserkontakt, Leserorientierung, Kerne, Gedankenlandkarten, Der rote Faden, Textpfad, Partitur, Sprechschreiben, Scheuklappen, Pausieren, Textinspektion, Kürzen

Kompakt: Wer sich gedanklich überschwemmt und von Ideen überflutet fühlt, kann das durch restriktive Planung und Leserorientierung in den Griff bekommen. Sie lernen dadurch, sich mehr auf das Wesentliche zu konzentrieren, nicht nur beim Schreiben.

8 Noah denkt in Bildern

Das Projekt ist bald abgeschlossen, ein halbes Jahr harter Arbeit liegt bereits hinter Noah. Er beschreibt mit einer vierzigseitigen Projektdokumentation ein neues Softwareprodukt. Noah hat den Kopf voller Bilder. Er liebt es, Bilder zu finden, um damit den Inhalt besser verständlich zu machen, als es ihm mit Sprache möglich scheint. Mit dieser Vorliebe hat er auch voller Begeisterung das Projekt geleitet. „Ein Bild sagt mehr als tausend Worte“, ist sein Leitspruch. Für die Dokumentation hat er eine komplexe Landkarte erstellt, die vielfältig verzweigt und mit diversen Hyperlinks zu anderen Dateien, Anwendungen und Internetseiten das gesamte Projekt abbildet. Lange hat er daran gebastelt. Doch jetzt muss er den Text schreiben – und da kommt er nicht voran. Seine Fragen zur Darstellung im Text scheinen ihm unlösbar: Wie kann er dermaßen komplexe Inhalte in eine gewöhnliche Gliederung einpassen? Wie soll er die einzelnen Gliederungspunkte abarbeiten, ohne dabei ständig auf andere Bereiche zu verweisen? Schließlich hängt alles zusammen. Welches ist die richtige Reihenfolge – und was heißt überhaupt „richtig“ bei diesem umfangreichen Projekt? Noah beginnt schließlich an einer beliebigen Stelle seiner Projektlandkarte zu schreiben, wenn auch halbherzig, weil er daran zweifelt, dass ihn jemand verstehen kann, ohne den Gesamtzusammenhang schon zu überblicken. „Das gehört doch auch an zwei andere Stellen, wo schreibe ich es denn nun hin?“, fragt er sich und versucht, mit zahlreichen Fußnoten auf andere Textstellen zu verweisen. Nach einiger Zeit merkt er, dass er längst bei anderen Punkten seiner Gliederung gelandet ist und vergessen hat, was er eigentlich schreiben wollte. Er wird lustlos und vertagt das Schreiben auf später. Stattdessen baut er seine Projektlandkarte aus.

Kommentar

Erinnern Sie sich noch an die Checkliste zu der Frage, ob Tippen, Diktieren oder handschriftliches Schreiben besser geeignet für Sie sind? Viele von uns denken überwiegend in Bildern. Worte und Sätze zu bilden ist für sie erst der zweite Schritt. Diese Verarbeitungsweise wird vermutlich in Zukunft immer mehr zunehmen – analog zur immer stärkeren Nutzung des Internets. Dagegen wäre auch nichts einzuwenden, wenn nicht auf der anderen Seite unsere Fähigkeit abnehmen würde, konzentriert und aufmerksam einen Gedanken zu Ende zu verfolgen. Ob wir das nun mögen oder nicht – Surfen im Internet wirkt sich aus. Umso wichtiger ist es, gegenzusteuern, wenn wir nicht unser tiefgründiges und durchdachtes Denken verlieren wollen. Noah hat keine Lust zum Schreiben. Doch er muss. Letztlich ist das Schreiben dieses längeren Berichtes eine hervorragende Möglichkeit für ihn, eben dies zu üben: Das konsequente Denken, bei dem ein Schritt auf den nächsten folgt und sich zu einer Kette von Argumenten und Gedankengängen verbindet. Das ist lineares Denken. Und das brauchen wir fürs Reden ebenso wie fürs Schreiben. Denn beides funktioniert eben nur Wort für Wort und Satz für Satz.

Fragen, die sich Noah stellen könnte

- Wie rede ich mit anderen Menschen?
- Wie ist es um meine Freude an der Sprache bestellt?
- Wie könnte ich zum Beispiel meine Freude am Lesen kultivieren?
- Wie kann ich mehr Lust und Interesse daran entwickeln, linear zu denken?
- Wie würde ich einem Kind Schritt für Schritt das erklären, was ich aufschreiben will?

Linear planen

Für Noah führt kein Weg daran vorbei: Er muss den Schritt vom ganzheitlich visuellen Denken zum linearen Wort-für-Wort- und Satz-für-Satz-Schreiben machen. Das ist aufwendiger für ihn, als wenn er ohnehin linear und in Worten und Sätzen denken würde. So muss er an der Schwelle zum Text komplett umdenken. Dass er sich dieser Herausforderung zunehmend bewusst wird, hilft ihm für die Planung weiterer Texte. In der folgenden Abbildung sehen Sie die Schnittstelle zwischen bildhafter Gedankenlandkarte und linearem Text.

Der Schritt zum linearen Schreiben

Drei Vorschläge habe ich für Sie, damit der Schritt vom Denkbild zum Text leichter wird:

Planen Sie so strukturiert wie möglich die Abfolge Ihrer Gedanken. Dafür eignet sich ein Werkzeug, das sich Textpfad nennt, beschrieben in der Übung 18 „Textpfad“. Formulieren Sie dann erst Ihren Fließtext in ganzen Sätzen. Der Vorteil: Sie müssen lediglich so oft wie möglich auf Ihren Textpfad schauen und die Stichworte in der zuvor geplanten Reihenfolge ausformulieren. Der Haken an diesem Vorgehen: Es klappt nicht immer, zum Beispiel, wenn der Inhalt Ihres Textes noch unklar ist oder nicht einem bestimmten Gliederungspunkt zuordenbar ist. Dann können Sie eine Alternative testen:

Schreiben Sie freie Texte, mit denen Sie zuerst Ihr Vorgehen beim Schreiben klären. Notieren Sie zwei Minuten lang so rasch wie möglich Ihre Ideen: Womit könnte ich einsteigen? Welches Argument sollte an erster, welches an letzter Stelle stehen? Wäre ein illustrierendes Beispiel sinnvoll?

Und Noah hilft noch etwas anderes: Er denkt beim Schreiben an seinen Sohn. Der ist noch klein und mit seinen fünf Jahren auf schrittweise Erklärungen angewiesen. Ihm gefällt dieses Vorgehen sogar so gut, dass er kleine Briefe an seinen Sohn schreibt und daraus schlichte Formulierungen, vor allem jedoch einen roten Faden für seinen Rohtext gewinnt. Genauso gut können Sie sich jede andere Person vorstellen, die auf schrittweise Erklärungen angewiesen ist.

Die Tipps im Überblick

- Planen Sie Ihr Vorgehen in jedem einzelnen Textabschnitt so genau wie möglich.
- Denken Sie schreibend darüber nach, wie Sie im Text vorgehen werden. Denken Sie in dem Moment *über* Ihr Schreiben nach – anstatt es zu tun.
- Denken Sie möglichst konkret an einen fachfremden Leser, dem Sie Ihr Thema Schritt für Schritt erläutern.

Zum Weiterarbeiten

Checkliste: Tippen, diktieren oder handschriftlich schreiben?
Übungen: Leserorientierung, Gedanken- und Fokussprint, Der rote Faden, Schreibstaffel, Textpfad, Perspektivenwechsel, Rückstrukturieren

Kompakt: Das Beispiel von Noah zeigt, wie schwer sich eine bildhafte Vorstellung des Themas in eine lineare Reihenfolge bringen lässt. Planen Sie die Reihenfolge Ihrer Punkte für jeden Textabschnitt.

9 Katrin strukturiert endlos um

„Ich brauche immer noch ewig für meine Texte, das können Sie sich nicht vorstellen." Die Stimme von Katrin klingt verzweifelt und genervt zugleich. Mit einem Telefoncoaching arbeiten wir seit ein paar Wochen an ihrem Buchmanuskript. Wir haben vereinbart, dass sie mir jede Woche zehn neue Textseiten per E-Mail zusendet. So viel muss sie schreiben, damit in anderthalb Monaten der Rohtext steht und weitere zwei Monate später das Manuskript fristgerecht an den Verlag gehen kann. Dass meine Klienten finden, die Erstellung ihrer Texte dauere zu lange, kenne ich schon: Fast alle meinen, sie müssten zügiger vorankommen – das heißt, sie wünschen es sich und vergessen ihre bisherigen Schreiberfahrungen. Doch bei Katrin scheint das Problem einen anderen Hintergrund zu haben. Sie formuliert ihre Rohtexte zwar recht zügig, zerstückelt sie jedoch anschließend regelrecht. Sie schiebt Passagen hin und her, kann sich nicht entscheiden und verschiebt weiter. Anfangs hat sie ihre Struktur konsequent geplant, im Zuge des Schreibprozesses verliert sie sie aber wieder. „Woher kommt es, dass Sie einen passablen Text dermaßen zerlegen, mit dem Sie wunderbar weiterarbeiten könnten?" Es entsteht eine Pause in unserem Gespräch. Dann sagt Katrin: „Ich kann mich einfach nicht entscheiden. Ich habe Angst davor, mich festzulegen." „Kennen Sie das auch aus anderen Situationen in Ihrem Leben?" Diesmal ist die Gesprächspause noch länger. „Ja", sagt Katrin schließlich. „Es fiel mir schon immer schwer, einen festen Standpunkt einzunehmen. Denn dadurch bin ich angreifbar. Ich halte mir lieber alles offen, und das geht ja sonst auch ganz gut. Wenn meine Chefin mir nicht zustimmt, schwenke ich eben mit meiner Meinung um. Wie ein Blatt im Wind fühle ich mich manchmal." Katrin wirkt bedrückt.

Kommentar

Wir sind durch ein Schreibproblem – endloses Umstrukturieren – auf ein Lebensthema von Katrin gestoßen: ihr Problem, einen eigenen Standpunkt zu vertreten. Katrin hat sich recht komfortabel eingerichtet in einem Leben, in dem sie nicht angreifbar, aber auch nicht greifbar ist. Sie kennt sich selbst sehr gut und stellt sofort den Zusammenhang zwischen Schreibverhalten und ihrem Handeln in anderen Lebenssituationen her. Das Problem bedrückt sie seit Langem, bisher hat sie jedoch keinen Weg gefunden, es zu lösen. Ich erlebe das häufig beim Schreibcoaching: Das Schreibproblem spiegelt ein Lebensproblem wider und die Beschäftigung damit ist eine gute Gelegenheit, sich auch persönlich weiterzuentwickeln. Wer sein aktuelles Schreibproblem löst, geht einen Entwicklungsschritt, der sich auch in anderen Arbeits- und Lebensbereichen auswirken wird. Katrin ist offen für diese Möglichkeit und kann deshalb den größtmöglichen Nutzen aus dem Schreibcoaching ziehen.

Fragen, die sich Katrin stellen könnte

- Wie sehr schätze ich, was ich selbst hervorbringe? Was ist mir meine Zeit, meine Mühe, meine Denk- und Schreibarbeit wert?
- Welches Bild habe ich von mir, wenn ich einen eigenwilligen Standpunkt vertrete?
- Wie würde ich mich fühlen, wenn ich meine Meinung gegen die aller anderen durchsetze?
- Was könnte schlimmstenfalls geschehen?

Den eigenen Standpunkt vertreten

Katrin hat in ihrem Strukturierungsproblem ihre allgemeine Schwierigkeit, sich festzulegen, erkannt. Sie könnte nun versuchen, noch disziplinierter als ohnehin schon an ihrer Publikation zu arbeiten und sich das Umstrukturieren radikal zu verbieten. Doch sie will mehr. Deshalb üben wir unter anderem das Standpunkt-Spiel: Ich als Schreibcoach übernehme die Rolle der Infragestellerin, sie bleibt in ihrer Rolle, rechnet aber innerlich mit Gegenwind. Nun beginne ich, ihre Thesen infrage zu stellen: konfrontativ, zweifelnd, überkritisch. Sie antwortet darauf, indem sie ihren ursprünglichen Standpunkt beibehält und auf keinen Fall einlenkt. Formulierungen wie „Ja, da haben Sie Recht", oder „Stimmt eigentlich, das könnte man wirklich anders sehen", sind tabu. Wir üben dieses Standpunktspiel mehrmals und ihr wird bewusst, wie schwer ihr das Gegenhalten fällt. Sie fühlt sich als nervige Störerin, die nur Aufmerksamkeit erregen will, deren Argumente es aber nicht wert sind, ernst genommen zu werden. Dahinter taucht ihre Angst auf, als Störenfried abgewertet zu werden. Daran arbeite ich mit ihr weiter: Woher stammt dieses Selbstbild? Gab es in ihrer Lebensgeschichte jemanden, der ihr vermittelt hat, sie sei ein Störenfried, wenn sie ihre Meinung unverblümt kundtut? Ihr wird durch die Nachfragen klar, wie sehr sie alte Einschränkungen und Rollenfestlegungen einengen. Wir beginnen, mit weiteren Coachingmethoden diese Hemmnisse aufzulösen.

Bei Katrin war die Ursachensuche der richtige Weg, um unbesorgter bei der einmal entworfenen Gliederung zu bleiben und dadurch viel schneller zu schreiben. Sie hielt sich weniger mit nachträglichen Umstrukturierungen auf. Unsere Verabredungen für eine feststehende Struktur taten das Ihrige, um sie weiter davon abzuhalten. Auch Sie können entweder für sich allein mit einem fiktiven Gegenüber oder mit einer Person Ihres Vertrauens das Standpunktspiel üben. Es hilft nicht nur bei Strukturierungsproblemen, sondern auch, wenn Sie Ihre Thesen und Argumente selbstbewusst formulieren möchten.

Ein andere Lösungsvariante sind verbindliche Verabredungen zur Struktur, am besten mit einer Autoritätsperson. Haben Sie mit dem Verlagslektor, Ihrem Gutachter, Ihrer Chefin oder Ihrem Schreibcoach eine Struktur verbindlich vereinbart, so lässt diese sich meist leichter einhalten.

Wie auch immer Sie Ihr Strukturierungsproblem angehen möchten – schreibtechnisch oder psychologisch –, prüfen Sie in jedem Fall, ob inhaltliche Entscheidungsfragen die Ursache sind oder ob es ihnen lediglich an konsequenter Strukturierungstechnik mangelt. Und bedenken Sie immer: Umstrukturierungen nach der Rohtextphase sind normal, sie sind ein Überarbeitungsschritt, für den Sie Zeit einrechnen sollten. Erst wenn das Umstrukturieren so umfangreich wird, dass Sie immer wieder von vorn beginnen, weist das auf ein echtes Schreibproblem hin.

Die Tipps im Überblick

- Prüfen Sie, ob Ihre Umstrukturierungen über das für die Textqualität notwendige Maß hinausgehen.
- Fragen Sie sich, ob das nicht enden wollende Umstrukturieren auf ein psychologisches Problem hindeutet, etwa eine Entscheidungsschwäche oder die Angst, sich festzulegen.
- Verabreden Sie mit einer Autoritätsperson eine verbindliche Struktur.

Zum Weiterarbeiten

Beispiele: Jens wird nie fertig; Sigrun glaubt, alles muss rein; Martin schreibt ohne Plan
Übungen: Denkbilder, Leserkontakt, Kerne, Gedankenlandkarten, Der rote Faden, Textpfad, Überschriften, Perspektivenwechsel, Ursachensuche, Vier-Schritt-Überarbeiten, Rückstrukturieren

Kompakt: Katrins Beispiel zeigt, worauf ein Strukturierungsproblem hindeuten *kann*: auf die Angst vor einem eigenen Standpunkt. Ebenso kann sich daran aber zeigen, dass der Denkprozess noch nicht ausgereift ist.

10 Larissa bleibt ständig stecken

Larissa tippt fast so rasch wie sie spricht. Doch statt eines gleichmäßigen Dahinklackerns höre ich salvenartige Tippsequenzen, die von langen Pausen unterbrochen sind. An Länge und Häufigkeit der Unterbrechungen lässt sich ablesen, wie sie ihre Rohtextphase gestaltet: Sie unterbricht viel zu häufig und schreibt dadurch nicht im Fluss. Im Schreibcoaching ist klar geworden, dass ihre Schreibprobleme mit der konkreten Schreibhandlung zu tun haben. Ich besuche sie an ihrem Arbeitsplatz und beobachte dort, wie sie schreibt. Sie berichtet mir parallel, welche Gedanken ihr während des Schreibens durch den Kopf gehen. „Was schreibe ich denn da für einen komischen Satz?" [Es folgt eine Pause, in der Larissa den Satz, den sie gerade schreibt, noch einmal durchliest.] „Nein, den kann ich nicht so lassen." [Sie markiert einen Satzteil und verschiebt ihn an den Satzanfang.] „So, weiter geht's." [Bevor sie weiterschreibt, hält sie inne und ersetzt ein Wort durch ein anderes. Anschließend schreibt sie ein paar Wörter, doch bevor sie mit dem Satz fertig ist, hält sie bereits wieder inne.] „Ich muss kurz überlegen." [Sie ersetzt ein Wort.] „So, jetzt kann ich endlich weiterschreiben, der Satz ist jedenfalls einigermaßen in Ordnung. Aber, was wollte ich als Nächstes sagen?" [Sie liest die letzten drei Sätze des Abschnitts und nickt verstehend. Sie scheint den Anschluss an ihren Gedankengang wieder gefunden zu haben.] „Jetzt schreibe ich einmal ein bisschen mehr hintereinander weg, ich komme viel zu langsam voran." [Larissa schreibt zwei Sätze. Aber zu Beginn des dritten Satzes hält sie wieder inne – und springt von ihrem Bürostuhl auf.] „Ich muss in einem Artikel nachschauen, der passt super zu dem, was ich schreiben will, das stützt meine Argumentation." [Es folgt eine lange Pause, in der Larissa im Bücherregal herumkramt und nach dem Zeitschriftenartikel sucht. Sieben Minuten später tippt sie das Zitat ab.] „Wie war der Zusammenhang?" [Sie schließt die Augen; eine Minute später schreibt sie weiter.] „Ach ja, jetzt weiß ich es wieder." Nach und nach füllt sich eine halbe Seite mit Rohtext. Larissa hat währenddessen ständig innegehalten, Geschriebenes geprüft, verbessert und nie mehr als ein paar Wörter flüssig vorangeschrieben. Ab und zu hat sie sogar Formatierungen geändert und ist im Text zu einem anderen Textabschnitt gescrollt. Ich fühle mich schon vom Zuschauen ziemlich erledigt und Larissas Zustand scheint auch nicht besser zu sein.

Kommentar

Larissa macht *den* Kardinalfehler beim Schreiben: Sie vermischt Rohtext- und Überarbeitungsphase. Während sie rohtextet, überarbeitet sie bereits Wortwahl und Satzbau. Darauf zu achten gehört jedoch eindeutig in die Überarbeitungsphase. Die meisten von uns schreiben mit einem bestimmten Anspruch: Ein Satz soll schön gebaut und einigermaßen fertig aus der Rohtextphase hervorgehen – bloß keine unpassenden Wörter oder fehlenden Zitate, keine falsche Grammatik. Das ist zwar ein hehres Ziel, doch es überfordert jeden Schreiber. Wer auf diese Art schreibt, verliert sich in zweitrangigen Details und verfolgt nicht mehr die erste Priorität für die Rohtextphase: Beim Schreiben dem Denk- und Schreibfluss zu folgen. Alles andere, das richtige Wort, der perfekte Beleg, der elegante Satzbau, gehören an den Schluss und nicht in die Kernphase des Rohtextens. Das Computerschreiben ist dabei wenig förderlich: es verlockt umso mehr zum sofortigen Überarbeiten, weil das Basteln an Wortwahl und Stil technisch problemlos gelingt.

Fragen, die sich Larissa stellen könnte

- Warum ist es für mich wichtig, sofort einen perfekten Satz zu haben?
- Was wurde zu meiner Schulzeit vor allem bewertet? Rechtschreibung, Zeichensetzung, Grammatik, Wortwahl und Satzbau? Oder auch Inhalt, Ideenreichtum, kluge Gedanken?
- Neige ich insgesamt zu einem an Details orientierten Arbeitsstil?
- Wie könnte ich meine Gedankengänge mehr wertschätzen, anstatt sie zugunsten wohlformulierter Sätze aus den Augen zu verlieren?

Voranschreiben

Als wir den Vor-Ort-Termin nachbesprechen, wird Larissa ihr Vorgehen erst richtig bewusst: Sie will und muss in kurzer Zeit große Textmengen produzieren und scheitert daran regelmäßig aufgrund ihres Überarbeitungszwangs. Da sie in anderen Arbeitsbereichen nicht zu zwanghaft detailorientiertem Verhalten neigt, handelt es sich bei ihrem Schreibverhalten vermutlich um eine Angewohnheit, die sich durch diszipliniertes Training verändern lässt. Larissa wird in Zukunft trainieren, während des Schreibens beständig voranzuschreiben. Immer, wenn sie innehalten will, weil ihr ein Wort, ein Zitat oder ein Argument fehlen, tippt sie Satz- oder Sonderzeichen in ihren Text, etwa Sterne oder Rauten. Diese Zeichen weisen ihr später – beim Überarbeiten – den Weg, der ihr eine gründliche Überarbeitung erleichtert. Manchmal schreibt sie auch ihre Nebengedanken in den Text, etwa so: „Hier fehlt noch ein Zitat, muss Jonas anrufen, er soll mir den Artikel schicken." Dieses Vorgehen, Schwachstellen und Lücken im Text zwar zu kennzeichnen, sie aber nicht sofort mit dem richtigen Inhalt zu füllen, finden Sie bei der Übung 21 – „Partitur" – ausführlicher erläutert.

Wie Larissa reicht es den meisten Schreibenden bereits zu wissen, wie man die Rohtextphase angeht. Es ist ein Aha-Erlebnis. Dann braucht es oft nur noch Disziplin, um fortan zügig voranzuschreiben. Die Gliederung, der rote Faden oder zumindest einige inhaltliche Stichpunkte helfen über Denkflauten hinweg. Und der Blick auf die Uhr und ein gewisser Zeitdruck unterstützen zusätzlich, das zügige Tempo beizubehalten.

Falls Sie mit diesem Vorgehen nicht erfolgreich sind, könnte es lohnen, über einen Hang zum Perfektionismus nachzudenken. Fragen Sie sich dann, warum Ihnen der perfekte Satz mehr bedeutet als Ihre Ideen: Haben Sie vielleicht gelernt, dass die äußere Form als wichtiger eingestuft wird als der Inhalt? Wurden zum Beispiel in der Schule in erster Linie Ausdruck, Rechtschreibung und Grammatik bewertet – und nicht Ihr Einfallsreichtum?

Die Tipps im Überblick

- Verbieten Sie sich beim Rohtexten das Innehalten und schreiben Sie diszipliniert voran.
- Wenden Sie die Übung 21 – „Partitur" – an: Markieren Sie mit Zeichen die Stellen im Text, zu denen Sie später in der Überarbeitungsphase zurückkehren und nacharbeiten wollen.
- Trainieren Sie alle Schreibsprint-Techniken, um sich an das zügige Voranschreiben zu gewöhnen: Wort- und Gedankensprint, Fokussprint, Schreibstaffel, Der rote Faden.
- Legen Sie inhaltliche Wegweiser in Form von Stichpunkten bereit, die Ihnen bei Grübeltendenzen weiterhelfen.
- Denken Sie darüber nach, warum Ihnen perfekt gebaute Sätze so wichtig sind.

Zum Weiterarbeiten

Checklisten: Sind Sie ein Planer?; Sind Sie ein Drauflosschreiber?
Übungen: Wortsprints, Gedanken- und Fokussprint, Schreibstaffel, Notizstrategien, Schreibgespräche, Inkshedding, Der rote Faden, Textpfad, Scheuklappen, Partitur, Die eigene Schreibstimme, Sprechschreiben, Vier-Schritt-Überarbeiten

Kompakt: Das Beispiel von Larissa führt Ihnen den wichtigsten Fehler beim Rohtexten vor Augen: das gleichzeitige Formulieren und Überarbeiten, das zwar zu gut gebauten Sätzen führt, zugleich aber etwas viel Wichtigeres verhindert: im Denk- und Schreibfluss zu bleiben.

BEISPIEL

11 Max meint, er kann nicht schreiben

Mir gegenüber sitzt der PR-Referent eines Wirtschaftsverbandes. Weder seine Kollegen noch sein Chef wissen, dass er seit kurzem bei mir ein Coaching in Anspruch nimmt. Er möchte bessere Texte schneller schreiben. Das schaffen wir gut, habe ich mir zu Beginn des Coachings gedacht. Doch da habe ich noch nicht gewusst, dass sich hinter diesem Anliegen ein weiteres verbarg, das Max selbst anfänglich nur halb bewusst ist: Er will freier, authentischer, produktiver und kreativer schreiben und der Hintergrund für dieses Anliegen zeigt sich in der heutigen Sitzung: Max beugt sich vor, stützt den Kopf in die Hände und spricht leise: „Ich kann eigentlich gar nicht schreiben. Ich habe immer nur so getan, als ob. Damit habe ich es weit gebracht. Aber so unglaublich langsam und so verkrampft, wie bei mir ein Text entsteht, weiß ich inzwischen, dass ich ein unbegabter Schreiber bin. Ich schreibe viel mit Copy and Paste, auch wenn ich danach alles so stark verändere, dass es keine Plagiate sind. Und das, obwohl ich in einem Beruf arbeite, in dem überwiegend geschrieben wird. Also, eigentlich bin ich ein Hochstapler." Damit habe ich nicht gerechnet. Die Texte, die ich bisher gesehen habe, sind gut. Sicher, es lässt sich immer noch etwas verbessern. Aber ich wäre nie auf die Idee gekommen, dass Max sich als inkompetenter Schreiber einschätzen würde. Im folgenden Gespräch wird denn auch schnell klar, dass sein geringes Schreiber-Selbstwertgefühl nicht auf der Textgüte gründet: Nachdem er mir seine Hochstaplertheorie erzählt hat, äußere ich, wie verblüfft ich bin. Es entspinnt sich ein aufschlussreiches Gespräch darüber, wie extrem entmutigend seine Schreiberbiografie verlaufen ist. Mit diesen neuen Informationen bin ich nicht mehr erstaunt über seine negative Selbsteinschätzung. Stattdessen gewinne ich größte Achtung davor, dass er überhaupt eine akademische Laufbahn und zudem eine solch erfolgreiche einschlagen konnte. Max kommt nämlich aus einer Familie ohne Bildungshintergrund und ohne jegliche heimische Unterstützung seiner schulischen Leistungen. Und das mindert bekanntlich die Chancen auf eine erfolgreiche Bildungskarriere. Seine Mutter ist Analphabetin und findet Schule und erst recht ein Studium völlig überflüssig. Sein Vater war Fischer und redete zu Hause von „Anzugpinkeln", wenn er von Akademikern sprach. Er vermittelte seinen Kindern, dass Intelligenz angeboren und in seiner Familie noch nie vorhanden, aber im Leben auch nicht notwendig wäre. Max wuchs in dem Glauben auf, dass er höchstens mit Fleiß etwas erreichen könne. In der Schule wurde im Fach Deutsch vor allem auf korrekte Rechtschreibung geachtet. Er litt unter einer Lese-Rechtschreibschwäche. Seine Aufsätze waren stets über und über rot markiert. Und dann sagte seine Grundschullehrerin einen entscheidenden Satz zu ihm: „Max, das wird nichts bei dir mit dem Schreiben. Konzentrier' dich lieber aufs Rechnen." Der Satz blieb hängen. Zugleich machte er ihn so wütend, dass ihn diese Wut die gesamte Schulzeit hindurch antrieb. „Jetzt erst recht", war sein Motto geworden. Und er schaffte es: bis zum Abitur, bis zum Diplom, bis in seine jetzige berufliche Position.

Kommentar

Der Fall von Max zeigt, wie sehr frühe Entmutigungen ein ohnehin schwaches Selbstwertgefühl verstärken können. Sie sind oft durch mehr oder weniger auffällige Bemerkungen eines Lehrers oder Elternteils ausgelöst. Es zeigt aber auch, wie weit man es dennoch bringen kann. Max ist das beste Beispiel dafür, dass man Schreiben lernen kann, auch wenn die Bedingungen ungünstig sind. Doch er hat bis heute kein gutes Schreiber-Selbstwertgefühl entwickeln können, sondern lediglich daran gearbeitet, mit seinen Texten nicht negativ aufzufallen. Schreiben ist für ihn beinharte Arbeit, unter Druck, ohne Freude und immer in dem Gefühl, damit zwar einen passablen Text zu erzeugen, doch nie einen wichtigen oder gar herausragenden.

Fragen, die sich Max stellen könnte

- Wie habe ich es geschafft, trotz meines Minderwertigkeitsgefühls so weit zu kommen? Was ganz *genau* hat mir dabei geholfen?
- Was würde ich zu meinem Vater und zu meiner Mutter heute sagen?
- Was würde ich der Lehrerin heute erwidern?
- Was ist das Eigene in meinen Texten?
- Wie könnte mir Schreiben auch Freude bereiten?

Schreiber-Selbstwertgefühl aufbauen

Mit Max arbeite ich in den folgenden Coachingsitzungen in erster Linie an seiner Hochstapler-Vorstellung. Denn wie gesagt: Seine Texte sind gut. Wenn es darum geht, biografischen Entmutigungen ihre Kraft zu nehmen, so ist der erste Schritt, diese erst einmal bewusst zu machen – mit allen Gefühlen, die damals dazugehörten und es in der Regel noch heute tun. Max erzählt beispielsweise von dem Kommentar der Lehrerin in einem beiläufig geäußerten Halbsatz. Erst als ich nachhake, offenbart sich die Situation als Schlüsselszene seiner späteren Entwicklung: Die Lehrerin hat den entmutigenden Kommentar – „Das wird nichts bei dir mit dem Schreiben" – vor der ganzen Klasse geäußert. Max erlebt schließlich die Scham und Wut noch einmal und kann sich anschließend leichter davon distanzieren. Er versteht den Zusammenhang mit seinen heutigen Schreibproblemen und kann mit seinem erwachsenen Verstand der Aussage ihre Macht nehmen. Er zieht sogar eine andere Bedeutung in Betracht: Vielleicht wollte seine Lehrerin ihn nicht entmutigen, sondern nur darin bestärken, seine Rechenkompetenz auszubauen. Damals hatte er nur die abwertende Komponente des Satzes gehört. Über die Schlüsselszene zu sprechen und sie zu verstehen, ist für Max ein wichtiger Schritt auf dem Weg zu einem besseren Schreiber-Selbstwertgefühl.

Destruktive und entmutigende Glaubenssätze sind häufig der Grund für Schreibprobleme. In vielfältigen Varianten habe ich sie beim Schreibcoaching schon zu hören bekommen. Diese Sätze klingen oft absurd, sind aber deshalb nicht weniger belastend und wirksam: „Ich kann nicht schreiben", „Was ich tue, ist nie gut genug" oder „Was ich schreibe, ist banal, ich habe eigentlich nichts zu sagen". Damit kann man weiterarbeiten, indem man diese Sätze nochmals hinterfragt. Wie zum Beispiel im Gespräch mit Max: „Und was passiert, wenn herauskommt, das Sie nicht schreiben können?" – „Dann kommt heraus, dass ich eigentlich ein armes Hilfsarbeiterkind bin." – „Und dann?" – „Dann lassen meine Kollegen mich fallen." – „Und dann ..." – „Dann bin ich allein." Der letzte Satz schließlich war bei Max der zugrunde liegende Glaubenssatz. Die Verbindung von Nicht-schreiben-Können und seiner Angst, allein dazustehen, konnte er schließlich voneinander trennen. Seitdem schreibt er entspannter.

Die Tipps im Überblick

- Finden Sie heraus, was Sie beim Schreiben hemmt: Sind es zum Beispiel Erinnerungen an entmutigende Äußerungen oder Situationen?
- Finden Sie heraus, welche Glaubenssätze einem schwachen Schreiber-Selbstwertgefühl zugrunde liegen.
- Wo die Gefühle am stärksten sind – häufig also: wo es am meisten schmerzt –, da geht es weiter. Allein, im Gespräch mit vertrauten Personen oder mit einem psychologisch und/oder therapeutisch ausgebildeten Coach.

Zum Weiterarbeiten

Checkliste: Welche Stimmung brauchen Sie zum Schreiben?
Übungen: Schreibeinstimmer, Leserkontakt, Gedanken- und Fokussprint, Schreibstaffel, Schreibgespräche, Partitur, Die eigene Schreibstimme, Sprechschreiben, Perspektivenwechsel, Ursachensuche, Schreibressourcen, Textinspektion

Kompakt: Entmutigungen in der Schreiberbiografie und destruktive Glaubenssätze können sich zu einem negativen Schreiber-Selbstwertgefühl verfestigen, das das freie und produktive Schreiben hemmt.

12 Tanja kopiert, anstatt zu schreiben

Tanjas Texte klingen hölzern und monoton. Beim Lesen bemerke ich, dass ich kaum einen Bezug zur Autorin und zu den Inhalten aufbauen kann. Die Texte sprechen keine eigene Sprache. Oft fehlt auch der Zusammenhang zwischen den Textabschnitten. Kleine Lesehäppchen stehen unverbunden nebeneinander, alles scheint nicht so recht zusammenzupassen. Im Gespräch schildert Tanja dann ehrlich und detailliert, wie ihre Texte entstehen: Als Meisterin der Copy-and-Paste-Technik öffnet sie erst einmal die Google-Startseite, ein paar eigene Textdokumente und die Dateien der Konkurrenz, die sie sich über einen früheren Kollegen beschafft hat. Und dann beginnt das große Kopieren. Nach ungefähr einer halben Stunde hat Tanja 15 Seiten mit Textfragmenten in den verschiedensten Schrifttypen und -größen kopiert. Jetzt beginnt der zweite Teil der Arbeit, den Tanja ebenfalls perfektioniert hat: Sie markiert alle Texte gelb. Sie schiebt Sätze, Abschnitte und Halbsätze hin und her, löscht und formuliert die kopierten Sätze um. Sobald ein Satz fertig umformuliert ist, löscht sie die gelbe Markierung zum Zeichen, dass dieser Satz plagiatsbereinigt ist. Abschließend fügt sie noch Übergänge zwischen den einzelnen Textabschnitten ein und greift zum Teil auch dabei auf Textbausteine zurück. Das Ganze bewerkstelligt Tanja mit einer besonderen Mischung aus Gefühlen: Heimlichkeit und Scham mischen sich mit Trotz und einer diebischen Freude, etwas Verbotenes zu tun. Zugleich merkt sie, dass sie sich nach den Kopiervorgängen innerlich leer fühlt. Ob sie Stolz auf den Text empfinden könne? Sie zuckt mit den Schultern. Stolz ist ihr – zu Recht – fremd, denn die Umformulierungsarbeiten sind nicht weitreichend genug, um den Text als eigenen zu empfinden. Tanja erscheint ihre Arbeit recht sinnlos, zumal sie als wissenschaftliche Mitarbeiterin hochqualifiziert ist und weit hinter ihren intellektuellen Möglichkeiten zurückbleibt. Sie erhofft sich durch das Schreibcoaching einen Zugang zu einer produktiven Art des Schreibens. Dabei ahnt sie auch, dass sie ihre Texte schneller fertig stellen könnte, wenn sie sie selbst formulieren würde.

Kommentar

Tanja hat ihre Produktivität und Kreativität fast komplett aufgegeben. Sie meint, durch Kopieren könne sie Zeit sparen. Sie erhofft sich aber auch, die mühsame Rohtextphase zu vermeiden und ihre Schreibprobleme zu umgehen. Das stellt eine ständige Verlockung dar, der nachzugehen ihr leichter erscheint als etwas Eigenes zu produzieren. Sie hat lange nicht realisiert, dass sie damit ein neues Problem schafft. Hinter ihrer Absicht, durch Kopieren Zeit zu sparen, verbirgt sich nämlich noch ein anderes Problem, das dem von Max aus dem vorherigen Beispiel ähnelt: Auch Tanja kämpft mit einem schwachen Schreiber-Selbstwertgefühl. Sie traut sich wenig zu, was eigenes Schreiben betrifft. Wie auch – ist sie doch zeit ihres Lebens ans Kopieren gewöhnt. Einer Generation angehörig, die von klein auf im Internet surft, ist ihr das „echte" Schreiben weitaus weniger vertraut als das Kopieren und Zusammenflicken fremden Textmaterials. So hat sie die Hausarbeiten ihrer Schulzeit bewältigt, so hat sie ihr Studium erfolgreich abgeschlossen. Dass sie dabei geschickter vorgeht als viele ihrer Altersgenossen, verdankt sie ihrer Intelligenz.

Fragen, die sich Tanja stellen könnte

- Wo bleibt meine Produktivität und Kreativität, wenn ich Text kopiere?
- Was ist mir das Gefühl wert, etwas Eigenes zu schaffen?
- Warum traue ich meiner eigenen Denk- und Schreibkompetenz so wenig zu?
- Produziere ich Copy-and-Paste-Texte in Summe wirklich schneller als selbstgeschriebene Texte?

Das Eigene entwickeln

Tanja ist nicht freiwillig, sondern auf Initiative ihrer Chefin zu dem Schreibcoaching bei mir gekommen. Als sie sich jedoch sicher ist, dass ich mich über ihre besondere Schreibtechnik ausschweigen werde, ist sie äußerst interessiert, eine andere Art des Schreibens kennen zu lernen. Wir beginnen mit einem Interview. Ich frage sie nach ihrer Meinung zum nächsten Gutachten, das sie schreiben muss. Anschließend soll sie das Geäußerte wiederholen, um es mir zu diktieren. Beides gelingt. Ich lese ihr ihre eigenen Formulierungen vor. Sie ist zufrieden. Somit hat sie einen wichtigen Schritt zum selbst formulierten Text problemlos bewältigt: eigene Gedanken wahrzunehmen und mündlich zu äußern. Dann der nächste Schritt: Ich bitte sie, einen ihrer Gedanken aufschreiben. Das ist problematisch: Sie benötigt viel Zeit und schließlich lesen wir einen aufgeblähten, kompliziert formulierten, mit Einschüben gespickten Satz, der ihren zuvor geäußerten Gedanken in nichts mehr ähnelt. Ein Phänomen, das in der Schreibforschung „Performanz statt Kompetenz" genannt wird: Schreibende ahmen einen bestimmten Schreibstil nach, anstatt an ihre innere Sprache anzuknüpfen. So entstehen Texte, die keine Resonanz beim Leser erzeugen. Dieses nachahmende Schreiben funktioniert ähnlich wie Copy and Paste: Man „hört" innerlich einen bestimmten Schreibstil, den man aus fremden Texten kennt, und kopiert ihn. Die eigene innere Sprache ist davon überdeckt und kommt nicht zu Wort.

Tanjas Ziel steht nach dieser Übung fest: Sie will eine eigene Schreibstimme entwickeln. Und das gelingt ihr mit der Zeit immer besser, indem sie das Schnellschreiben übt– erst gemeinsam mit mir, später allein. Je schneller und unzensierter sie schreibt, desto deutlicher können wir ihre Schreibstimme im Text erkennen. Sobald Tanja ihre ersten selbst formulierten Texte produziert, bitte ich sie, die Zeit zu stoppen und mit der zu vergleichen, die sie sonst bei der Copy-and-Paste-Technik benötigt hat. Der Unterschied ist minimal. Und das, obwohl sie noch ungeübt im Selbstformulieren ist.

Die Tipps im Überblick

- Achten Sie zuerst auf Ihre eigenen Gedanken zum Thema.
- Diktieren Sie sich selbst Ihre Texte – als Zwischenschritt zum eigenen Text.
- Schreiben Sie so schnell wie möglich Ihre eigenen Gedanken auf.
- Versuchen Sie nie, einen fremden Stil zu kopieren.
- Stoppen Sie die Zeit und vergleichen Sie die Schreibzeit für Ihre früheren Texte mit der jetzigen Schreibzeit: Benötigen Sie für einen selbst formulierten Text tatsächlich viel mehr Zeit?

Zum Weiterarbeiten

Beispiele: Jana kommt nicht ins Spiel; Max meint, er kann nicht schreiben
Übungen: Gedanken- und Fokussprint, Schreibstaffel, Die eigene Schreibstimme, Sprechschreiben, Textinspektion, Vier-Schritt-Überarbeiten, Veröffentlichen

Kompakt: Das Beispiel von Tanja zeigt, wie es gelingen kann, Copy-and-Paste-Texte durch selbst formulierte zu ersetzen. So schreiben Sie letztlich zeitsparender, authentischer, kreativer – und damit befriedigender.

13 Norbert schreibt zu knapp

Norbert hat gerade einen fünfseitigen Fachartikel fertiggestellt. Der Experte für IT-Security ist dafür vom Herausgeber einer Fachzeitschrift angefragt worden. Die Zeitschrift wird von allen Interessierten der Branche gelesen, und das sind viele: IT-Security ist inzwischen nicht nur in großen Konzernen ein hochbrisantes Thema. Der Bedarf nach Informationsaustausch unter den Fachleuten ist hoch. Wochenlang hat Norbert an jedem Satz gefeilt. Nun wartet er seit drei Monaten auf ein Feedback vom Herausgeber. Als das Feedback endlich eintrifft, verschiebt Norbert die E-Mail wütend aus dem Posteingang. Der Herausgeber, den er persönlich kennt, erklärt ihm mit einer kurzen Nachricht, er – Norbert – müsse den Artikel grundlegend überarbeiten. Der Artikel sei zu verknappt und dadurch zu schwer verständlich geschrieben. Die Leser seien zwar fachlich versiert, jedoch nicht an wissenschaftlichen Details interessiert. Das Feedback wurmt Norbert, er fühlt sich gekränkt. Nicht *er* will schließlich den Artikel schreiben, sondern der Herausgeber hat ihn darum gebeten. Er hat keine Lust, sich wieder damit zu beschäftigen. Doch eines Nachts kann er nicht schlafen und liest den Artikelentwurf noch einmal durch. Er versucht beim Lesen, sich in einen Leser der Fachzeitschrift zu versetzen. Dabei wird ihm heiß und kalt. Er realisiert, dass der Herausgeber Recht hat: Er versteht den Text beim Lesen selbst kaum noch. An manchen Stellen hat er – in der Rolle des Lesers – den Eindruck, der Autor wolle ihm zeigen, wie viel besser als andere er sich mit dem Thema auskennt. Norbert stellt sich den Autor als einen vor, der mit seinem Detailwissen auftrumpft. Da Norbert selbstkritisch sein kann, erinnert er sich jetzt daran, wie er sich beim Schreiben gefühlt hat: ziemlich arrogant. „Die Leser sollen sich ruhig ein wenig bemühen, mich und meine Texte zu verstehen“, hat er gedacht. „Schließlich bin ich nicht irgendjemand, sondern einer der wichtigsten Experten meines Fachgebietes.“ Diese Erkenntnis lässt ihn rasch entscheiden: Der Kritik des Herausgebers wird er die Basis entziehen. Norbert wird nochmals seine Freizeit investieren und den Artikel überarbeiten.

Kommentar

Was Norbert fehlt, ist das Gespür für seine Leser. Er stellt sich nicht auf das Niveau der Leser ein und traut ihnen zu viel zu. Wie viel Vorwissen haben sie? Was brauchen sie, um seinen Gedankengängen folgen zu können? Was interessiert sie? Ihm fehlt beim Schreiben eine freundliche und didaktische Haltung. Er schreibt so knapp, dass man kaum mehr folgen kann. Vielmehr scheint er vermitteln zu wollen, wie großartig er ist. Er zeigt, was er weiß, anstatt dem Leser zu vermitteln, was dieser braucht, um den Text mit Gewinn zu lesen. Das ist ein feiner, aber in der Leserwirkung entscheidender Unterschied. Kurz: Er schreibt schreiberorientiert statt leserorientiert – eine Haltung, die viele ungeübte Schreiber kennzeichnet.

Fragen, die sich Norbert stellen könnte

- Wie will ich durch meinen Text in der Öffentlichkeit wirken?
- Wer liest meinen Text?
- Was interessiert meine Leser?
- Wie würde mein Leser meinen Text kommentieren?
- Mit welchen Worten würde er ihn seinen Kollegen empfehlen?
- Mit welchen Worten würde er ihn seinen Kollegen *nicht* empfehlen?
- Was möchte ich meinen Lesern mit meinem Text geben?

Den Leser mitnehmen

Norbert hat beschlossen, den Artikel noch einmal neu zu schreiben, anstatt in dem bisherigen herumzuwerken. Doch zuerst telefoniert er mit einem früheren Kollegen. Der freut sich über den Anruf. Ein paar Tage später tauschen sie bei einem Bier die neuesten Informationen aus. Beide arbeiten noch immer in derselben Branche und zum selben Thema. Norbert erzählt von dem Artikel und spricht offen über sein Problem. Ob der Kollege sich vorstellen könne, seinen Artikel zu lesen und ihm ein Feedback zu geben? Er wolle wissen, ob der Text für andere Fachleute gut lesbar und verständlich sei. Der andere sagt sofort zu. Er freut sich darüber, dass er um Hilfe gebeten wird. Und es ist für ihn ein willkommener Anlass für einen fachlichen Input, denn im Alltag kommt er kaum zum Lesen. Vor dem Wochenende wird Norbert ihm den Artikel zusenden, eine Woche später wollen sie für ein Feedback telefonieren.

Diesmal schreibt Norbert vollkommen anders: Er freut sich darauf, dem Kollegen von seiner Arbeit zu berichten und ihm sein Know-how mitzuteilen. Vielleicht kann sein Kollege wirklich von dem profitieren, was Norbert zu sagen hat? Er hofft es jedenfalls und bemüht sich darum, diesen Nutzen zu vermitteln. Er denkt beim Schreiben öfter mit einem freundlichen Gefühl an den Kollegen und stellt sich vor, wie dieser seinen Text lesen wird: am Wochenende im Liegestuhl liegend, während seine Frau und die Kinder im Garten spielen. Er erklärt Zusammenhänge, die er beim ersten Versuch beim Leser voraussetzte. Nach jeder der Zwischenüberschriften, die er diesmal zusätzlich eingefügt hat, motiviert er den Leser kurz zum Weiterlesen. Er erklärt, in welchem Zusammenhang das Folgende steht und warum es interessant für ihn sein könnte. Der Artikel wird schließlich anderthalb Seiten länger als die ursprüngliche Version, aber damit bleibt er im Rahmen der Vorgaben.

Norberts Vorgehen ist vorbildlich, um einen leserorientierten Schreibstil zu entwickeln, und Sie können dies ebenso gut für jede andere Textgattung anwenden. Denn wie lässt sich die Kluft zwischen Autor und Leser am besten überwinden? Indem Sie mit den Lesern Kontakt aufnehmen. Indem Sie um ein Feedback bitten. Versuchen Sie, diesen Abstand zu überbrücken, *bevor* Ihr Text offiziell veröffentlicht ist. Sie können aber auch innerlich mit einem Leser Kontakt aufnehmen und zum Beispiel einen fiktiven Dialog mit ihm führen.

Die Tipps im Überblick

- Wechseln Sie die Perspektive: Stellen Sie sich vor, Sie sind einer Ihrer Leser.
- Setzen Sie sich in der Vorstellung einen typischen und wohlwollenden Leser auf die Tischkante Ihres Arbeitsplatzes.
- Strukturieren Sie klar und wecken Sie Interesse mit Überschriften.
- Führen Sie Ihren Leser durch den Text: Erklären Sie ihm, warum er den nächsten Abschnitt, das nächste Kapitel lesen sollte. Werben Sie dadurch für Ihren Text.
- Erwarten Sie nicht zu viel von Ihren Lesern: Erinnern Sie sich immer wieder daran, dass Sie selbst tiefer im Thema stecken als fast jeder Ihrer Leser.

Zum Weiterarbeiten

Übungen: Denkbilder, Schreibeinstimmer, Leserkontakt, Leserorientierung, Schreibgespräche, Inkshedding, Kerne, Überschriften, Sprechschreiben, Sinnvoll schreiben, Vier-Schritt-Überarbeiten

Kompakt: Der Fall von Norbert zeigt, wie wichtig eine freundliche innere Haltung zum Leser ist. Vermitteln Sie dem Leser Ihr Wissen, anstatt es vorzuzeigen. Sonst entstehen schwer verständliche Texte, die an den Leserinteressen vorbei oder nicht auf Augenhöhe geschrieben sind.

BEISPIEL

14 HANNAH SCHREIBT SCHLECHTE TEXTE

Das Konzept, das Hannah für die Bewerbung einreicht, irritiert die Fachabteilung des mittelständischen Betriebes: Inhaltliche Unstimmigkeiten, holpriger Stil, orthografische und grammatikalische Schnitzer en masse. Zudem fehlt eine Überschrift und manche Überleitungen zwischen den einzelnen Punkten passen nicht. Hat Hannah aus Versehen die vorletzte statt der Endversion eingereicht? So fragt sich der Leiter der Abteilung. Die Bewerberin wird dennoch zum Gespräch eingeladen, ihre Zeugnisse und ihre Erfahrung sprechen für sie. Im Gespräch fragt der Abteilungsleiter sofort nach, ob eine Panne die Ursache für diesen Text gewesen sein könnte. Hannah ist erstaunt und reagiert sogar etwas unwirsch. Schließlich hat sie sich viel Mühe mit dem Konzept gegeben und die letzten Nächte daran gearbeitet. Ihr Gesprächspartner nimmt sich die Zeit, ihr zu erläutern, woran es diesem Text mangelt. Bei anderen Kompetenzen ist er begeistert von ihr. Sie würde hervorragend ins Team passen, wenn da nicht dieser Text wäre: Hannah würde im Rahmen ihrer Aufgaben immer wieder Texte schreiben müssen – wichtige E-Mails an Kunden, aber auch Angebote, Berichte, interne Informationsschreiben und ab und zu PR-Texte und Pressemeldungen.

Vier Tage später erhält Hannah einen Anruf der Assistentin. Sie würden sich freuen, sie in ihrem Team zu begrüßen. Unter einer Voraussetzung: dass Hannah bereit ist, ihre Schreibkompetenz innerhalb des Probehalbjahrs durch geeignete Weiterbildungsmaßnahmen grundlegend zu verbessern. Spätestens in sechs Monaten sollte sie Texte abliefern, die ohne große Korrekturvorgänge veröffentlicht werden können. Hannah stimmt sofort zu.

Kommentar

Hannah fehlt eine kritische Selbsteinschätzung in Bezug auf den eigenen Text und ihre Schreibkompetenz. Sie ist angewiesen auf das Feedback anderer. Man braucht nicht darum herumzureden: Ja, es gibt schlechte Texte. Und wer einen nachlässig überarbeiteten und chaotischen Text veröffentlicht, muss sich damit auseinandersetzen, wie der Text auf die Leser wirkt: nämlich als Zumutung. Die meisten Leser fühlen sich schlecht behandelt und nicht genügend wertgeschätzt. Nicht anders wäre es bei einem Vortrag, bei dem der Vortragende unvorbereitet und konfus auftritt, sich ständig verspricht und stottert. Bei Hannah stelle ich mir viele Fragen: Warum reicht sie einen solch mangelhaften Text ein? Vordergründig scheint sie sich ihrer mangelnden Schreibkompetenz nicht bewusst zu sein. Doch warum ist sie sich eigentlich dessen so wenig bewusst, kann man weiter fragen. Als gut ausgebildete Akademikerin wird sie doch nicht das erste Mal ein Feedback auf einen Text erhalten haben. Hat sie dieses Feedback bisher nicht ernst genommen? Wenn ja, warum nicht? Möglicherweise haben die Feedback-Leser sie bisher auch geschont. Vielleicht hat sie sich auch solche ausgesucht, von denen sie keine Kritik zu befürchten hatte. Die Gründe können vielfältig sein. Sich lediglich über ihren schlechten Text zu mokieren, ist aber in jedem Fall zu kurz gedacht.

Fragen, die sich Hannah stellen könnte

- Warum bemühe ich mich nicht um ein Vorab-Feedback auf meine Texte?
- Wer gibt mir kompetentes, ehrliches und unverblümtes Feedback?
- Was denken meine Leser über mich als Autorin, wenn sie einen schlechten Text von mir lesen?
- Was kann ich tun, um meine Schreibkompetenz zu verbessern?

Überarbeiten lernen

Es mag banal klingen, aber Hannah muss überarbeiten lernen. Bei ihr geht es nicht um das erste Formulieren eines Rohtextes – das fällt ihr leicht. Da ihr Wissen und Know-how zum Verfassen guter Texte fehlen, liest sie zuerst einen Schreibratgeber, der zeigt, wie man stilistisch souverän formuliert. Anschließend liest sie ein zweites Buch, in dem es um Formulierungsirrtümer geht. Dieses Buch zu lesen, bereitet ihr Freude. Zugleich wird ihr dadurch deutlicher bewusst, wie sehr ihre Texte unter stilistischen Mängeln gelitten haben. Als Nächstes besucht sie ein zweitägiges Schreibseminar zum leserorientierten Schreiben. Danach nimmt sie auf Kosten ihres neuen Arbeitgebers ein Schreibcoaching bei mir in Anspruch, im Umfang von sechs Sitzungen verteilt auf vier Monate. Währenddessen schreibt sie vor jedem Termin einen zweiseitigen Text, den sie mir eine Woche vor dem nächsten Coachingtermin zusendet. Ich kommentiere in der Datei im Hinblick auf Struktur, Stil und Leserwirkung. Bis zum nächsten Termin hat sie dann Zeit, mit etwas Abstand ihren Text neu einzuschätzen und meine Hinweise umzusetzen. Beim Termin besprechen wir das jeweilige Lernthema, das sich im Text gezeigt hat. Für das Überarbeiten ihrer Texte haben wir folgendes Vorgehen in vier Schritten besprochen: Erst druckt sie ihren Text aus und liest ihn in Ruhe durch. Sie achtet dabei auf den Gesamteindruck und ihr Gefühl zum Text und hält sich nicht mit Detailänderungen auf. Dann liest sie den Text gleich noch einmal und achtet jetzt auf Struktur und Inhalt: Ist der Aufbau schlüssig? Überzeugen die Argumente? Wo bin ich inhaltlich irritiert? Alles, was ihr dabei auffällt, notiert sie am Rand der Textseiten und ändert es anschließend in der Datei. Beim dritten Überarbeitungsschritt achtet sie auf einen leserorientierten und zeitgemäßen Stil, also auf Textverständlichkeit, Wortwahl und Satzbau und ändert sofort in der Datei. Für den vierten Überarbeitungsschritt druckt sie ihren Text aus und korrigiert Rechtschreibung und Zeichensetzung. Hannah ist motiviert und lernt schnell, ihre Texte sind bald weit entfernt von dem, was ich zu Beginn des Coaching von ihr sah.

Die Tipps im Überblick

- Nehmen Sie sich Zeit, um Ihren Rohtext ruhen und reifen zu lassen. So ist beim nächsten Durchlesen Ihr Blick frei auf die Schwächen Ihres Textes.
- Beziehen Sie einen oder mehrere Feedbackleser in Ihren Schreibprozess mit ein. Diese sollten Texte realistisch einschätzen können und kein Blatt vor den Mund nehmen.
- Verabreden Sie einen Termin für das Feedback, so dass Sie sicher sein können, rechtzeitig die Rückmeldungen zu bekommen, um Ihren Text in Ruhe verbessern zu können.
- Überarbeiten Sie in mehreren Schritten – vom Überblick bis hin zu den Details.

Zum Weiterarbeiten

Beispiel: Norbert schreibt zu knapp
Übungen: Leserkontakt, Leserorientierung, Gedankenlandkarten, Der rote Faden, Textpfad, Die eigene Schreibstimme, Perspektivenwechsel, Ursachensuche, Textinspektion, Vier-Schritt-Überarbeiten, Rückstrukturieren

Kompakt: In diesem Beispiel kommt ein Problem zur Sprache, das viele – Schreiber wie Feedback-Leser – nur zu gerne unter den Teppich kehren würden: Es gibt schlechte Texte und Autoren brauchen ehrliches Feedback, um sich weiterentwickeln zu können.

15 Jonas ist müde

Jonas promoviert seit zwei Jahren mit einem komfortablen Stipendium. Es ermöglicht ihm, sich vollständig seiner Forschungstätigkeit zu widmen, ohne parallel Studierende zu unterrichten. Seit fünf Monaten versucht er, seine Forschungsergebnisse aufzuschreiben, bisher weitgehend erfolglos. Wenn er nach stundenlangen Ablenkungsmanövern endlich am Schreibtisch sitzt, schaltet er den Computer bereits mit der Ahnung an, dass heute wieder ein schwerer Tag werden wird. Er öffnet sein 90-seitiges Dokument, das er komplett neu aufbereiten müsste, um es als Rohtext für seine Dissertation zu verwenden. Bisher besteht es aus Stichwortansammlungen, chaotischen Zitatesammlungen und Abbildungen. Und schon geht es wieder los: Sobald er zu schreiben beginnt, wird eine schier unüberwindliche Müdigkeit so stark, dass er sich sofort schlafen legen könnte. Seine Augen können kaum die Textzeilen am Bildschirm fixieren, die Lider und sein ganzer Körper werden schwer. Nur noch träge und zusammenhanglos ziehen einzelne Gedanken durch seinen Kopf. Er versucht, sich zu klarem Denken zu zwingen, knüpft an bereits Geschriebenes an und formuliert mühsam einige neue Sätze. Er fährt verbissen damit fort, denn er weiß: Er wird es sich übel nehmen, wenn er auch heute wieder kaum etwas zu Papier bringt. Zwischendurch starrt er ins Leere und denkt an gar nichts oder lässt seine Gedanken durch pessimistische Vorstellungswelten schweifen. Nach spätestens anderthalb Stunden ist er so erschöpft, dass er eine Pause einlegen müsste. Das tut er nicht. Stattdessen beginnt er mit seiner Haupt-Vermeidungsstrategie: Er klickt sich durch diverse Online-Nachrichtenseiten. Das betreibt er weitere drei Stunden lang und beschimpft sich dabei innerlich aufs Heftigste für sein undiszipliniertes Verhalten. Dann folgt eine dreistündige Mittagszeit mit Essen und Lesen. Er liest währenddessen zwar wissenschaftliche Texte, wertet sie aber nicht aus: Er schreibt keine Stichworte dazu auf, markiert den Text nicht und liest somit lediglich passiv. Danach geht es weiter mit Internet-Surfen und schließlich – am späten Abend – einer weiteren einstündigen Arbeitseinheit. Völlig erledigt sinkt Jonas nachts ins Bett.

Kommentar

Jonas leidet unter übermäßiger Müdigkeit. Sie ist nicht allein auf den üblichen Abfall der Leistungskurve zurückzuführen. Er ist durch seine Unterforderung in einen quälenden Zustand der Unproduktivität und Selbstdestruktivität geraten. Bei ihm ist die Müdigkeit so konditioniert, dass sie regelmäßig sofort einsetzt, wenn er sich einer Schreibaufgabe widmet. Bei anderen sitzenden Tätigkeiten am Computer bleibt er dagegen wach und beim Surfen auf den Nachrichtenseiten fühlt er sich einigermaßen konzentriert. Das weist auf ein Schreibproblem hin, für das die Müdigkeit lediglich das Symptom ist.

Während bei Jonas die Unterforderung ein wichtiger Stressauslöser ist, zeigen viele Schreibende die gleichen Symptome bei anders gelagertem Zeitkonto: Chronisch Zeitknappe mögen beim Lesen von Jonas' Tagesablauf nur bitter an ihr Schlafdefizit aufgrund von Überarbeitung denken. Viele wissenschaftliche Mitarbeiter etwa schreiben heute ihre Dissertation in den Abendstunden und am Wochenende. Werden die Schreibeinheiten über längere Zeit überfrachtet und wird ständig an Pausen gespart, kann sich jemand ebenso wie Jonas in eine müdigkeitsbedingte Schreibblockade manövrieren.

Fragen, die sich müde Schreibende stellen könnten

- Brauche ich mehr oder weniger Zeit fürs Schreiben?
- Würden begrenzte Schreib-Zeitfenster mich besser aktivieren?
- Wie kommentiere ich meine Müdigkeit innerlich?
- Was würde geschehen, wenn ich mich kurz ausruhe oder sogar ein wenig döse, wenn ich müde werde?
- Welche Funktion erfüllt bei mir Müdigkeit? Sie will mich hinweisen auf ...

Nachhaltig arbeiten

Ich frage Jonas im Schreibcoaching, wovor er mit seiner Müdigkeit sprichwörtlich die Augen verschließt. Er stellt fest, dass er sich nie mit voller Verantwortung dafür entschieden hat, seine Dissertation abzuschließen. Dafür gibt es einen bedeutsamen Grund: Die wissenschaftliche Karriere entspricht weniger seinen eigenen beruflichen Ambitionen, sondern ist vielmehr der Wunsch seines Vaters. Er führt also einen Auftrag aus – und verhält sich dementsprechend ambivalent. Er klärt dann für sich, dass er zwar die Promotion erfolgreich abschließen, danach aber praktisch tätig werden will. Durch diese klare Positionierung hat er eine attraktive Zukunftsperspektive. Er gewinnt neue Kraft und seine Müdigkeit lässt nach.

Nicht bei jedem muss die Müdigkeit gleich ein Anlass sein, um nach Verdrängtem Ausschau zu halten. Viele Menschen leiden beispielsweise unter chronischen Schlafstörungen, die zu Tagesmüdigkeit führen; und auch Menschen ohne Schlafstörung kommen nicht ohne Abfall der Leistungskurve im Tagesverlauf aus: Wohl jeder kennt das Suppenkoma – die Müdigkeit nach dem Mittagessen. Sie ist normal. Begegnen Sie dieser Müdigkeit mit einer Pause oder gar einem Minischlaf, anstatt mit Kaffee oder Durchhalteparolen dagegen anzuarbeiten. So nutzen Sie die Zeiten ohnehin geringer Leistungsfähigkeit, um zu regenerieren, und gehen *mit* Ihrer Leistungskurve anstatt gegen sie.

In Zeiten hoher Arbeitsanforderungen ist es Ihnen jedoch möglicherweise wichtiger, eine Schreibaufgabe zügig abzuschließen, als die eigene Müdigkeit zu respektieren. Das ist natürlich in Ordnung – es geht mir nicht darum, unrealistische Regeln zur Regeneration aufzustellen. Nur für den ganz normalen Schreiballtag halte ich es für sinnvoll, Schreibpausen fest einzuplanen und für das Rohtexten nicht mehr als vier Stunden aufzuwenden. Hochkonzentrierte Arbeit ist kaum länger möglich. Nach den vier Stunden können Sie weniger anspruchsvolle Routinearbeiten erledigen: etwa Quellenangaben überprüfen oder recherchieren.

Ein Aspekt der Pausengestaltung ist die Bewegung. Schreiben ist eine wenig bewegte Tätigkeit, der größte Teil des Körpers verharrt unbeweglich und lediglich die Haltemuskulatur etwa des Rückens wird beansprucht. Während des Schreibens könnten Sie deshalb auf einem bewegungsfördernden Stuhl sitzen. Aber auch Augenblinzeln, ein kurzes Dehnen der Nackenmuskulatur oder der Blick aus dem Fenster sind müdigkeitsmindernde Bewegungen. Selbst Kaugummikauen soll die Denkleistung steigern. Bauen Sie in Ihren Schreibpausen kurze Gymnastikübungen oder Zimmerjogging ein. Und wie wäre es mit Ihrem Lieblingssport nach getaner Schreibarbeit?

Die Tipps im Überblick

- Schreiben Sie nicht mehr als vier Stunden pro Tag hochkonzentriert.
- Legen Sie genug echte Erholungspausen ein. Dazu gehören *nicht* das Surfen und E-Mail-Checken.
- Gehen Sie *mit* Ihrer Müdigkeit, anstatt gegen Ihre natürliche Leistungskurve anzuarbeiten.
- Bewegen Sie sich so viel wie möglich: während des Schreibens, in den Pausen und danach.
- Fragen Sie sich bei hartnäckiger und scheinbar grundloser Müdigkeit, worauf die Müdigkeit Sie hinweist bzw. vor welcher inneren Auseinandersetzung sie Sie schützt.

Zum Weiterarbeiten

Checklisten: Welche Schreibzeiten passen zu Ihnen?; Welcher Pausentyp sind Sie?
Beispiel: Jana kommt nicht ins Spiel
Übungen: Schreibstrecke, Zeitstrahl, Schreibeinstimmer, Scheuklappen, Pausieren, Perspektivenwechsel, Ursachensuche, Sich selbst motivieren, Sinnvoll schreiben, Textinspektion, Die ideale Schreibwoche

Kompakt: Jonas' Beispiel zeigt, dass Müdigkeit sowohl ein körperliches Signal überschrittener Kraftgrenzen als auch ein psychisches Signal einer Verdrängungsreaktion darstellen kann.

3. 35 Übungen für Schreiben im Fluss

Die Eigenheiten seines Schreibens erkennen und sehen, wie andere es machen: wichtige Schritte auf dem Weg zum erfolgreichen Schreiben. Das ist wie Einatmen. Doch ohne Ausprobieren und Trainieren bleibt es flüchtige Erkenntnis. Das Ausatmen gehört dazu: Gelesenes anwenden, testen und anpassen. Deshalb finden Sie in diesem Teil der Schreibfitness-Mappe 35 Übungen, die Sie sich für Ihren eigenen Bedarf zusammenstellen und bei denen Sie Ihre eigenen Themen verfolgen können.

Einige Übungen sind Klassiker, sie werden von Schreibpädagogen seit Jahrzehnten eingesetzt. Manche finden Sie auch ähnlich in meinem Buch „Wer reden kann, macht Eindruck – wer schreiben kann, macht Karriere", sie haben jetzt allerdings immer andere Schwerpunkte und sind erweitert.

Regeln für eleganten Stil sind nur ein Element guten Schreibens – neben dem Schreibprozess als Ganzem, der emotionalen und geistigen Verfassung und einer Vielfalt an Schreibtechniken. Ich stehe für ein psychologisches Schreibcoaching, denn ich erlebe immer und immer wieder, wie stark sich in den Schreibproblemen meiner Klienten ihre Lebens- und Arbeitsthemen widerspiegeln. Mit inneren Vorstellungen etwa können Sie lernen, sich selbst zu coachen. Sie motivieren sich selbst, Sie fokussieren sich auf die für Sie wichtigen Dinge und erreichen Ihre Ziele.

Aus meiner Erfahrung heraus möchte ich Ihnen ans Herz legen: Schreiben ist mehr, als nur einen öffentlichen Text zu schreiben. Sie können Schreiben zum Weiterdenken nutzen. Dann erst entfalten Sie das volle Potenzial, das im Schreiben liegt: Indem Sie schreibdenken, finden Sie zu vollkommen neuen Ideen, für die fachliche Arbeit, aber auch für persönliche Fragen. Schreibdenken hilft wie kaum eine andere Methode effektiv und zugleich simpel, sich selbst zu coachen. So entwickeln Sie sich ganzheitlich: fachlich-beruflich und emotional-persönlich.

Mit den Übungen möchte ich Sie zu einer leichthändigen, neuen Art zu schreiben verlocken. Ich wünsche Ihnen viel Freude beim Ausprobieren. Und jetzt: Los geht's!

1 Schreibstrecke

Jeder Projektmanager plant vorab den Zeitaufwand für sein Projekt. Jeder Sportler weiß, über wie viel Zeit er für seine Trainingsphasen verfügt. Jeder gute Vortragsredner vermeidet die peinliche Situation, vom Moderator mittendrin unterbrochen zu werden: „Sie haben nur noch drei Minuten!“ Nur viele Schreibende planen ihre Zeit nicht sorgfältig. Ich erlebe häufig, wie sorglos sie den Zeit- und Arbeitsaufwand ignorieren, der auf sie zukommt. Ich habe den Schreibstreckenplaner entwickelt, um Sie bei einer realistischen Zeitplanung zu unterstützen. Weil Zeitprobleme beim Schreiben eben Standard sind.

Schreibstrecken eignen sich für Schreibende, die

- umfangreichere Schreibprojekte vor sich haben,
- öfter in Zeitnot geraten oder die Abgabefristen nicht einhalten – die also nicht gut einschätzen können, mit welchem Zeitaufwand sie für ihr Schreibprojekt rechnen müssen,
- gerne mit einer klaren Zeitstruktur arbeiten, zum Beispiel, weil sie sich dadurch motivieren,
- unrealistisch planen, weil sie verdrängen, wie viel Zeit das Schreiben in Anspruch nimmt,
- unausgereifte und nachlässig überarbeitete Texte abliefern.

Los geht's!

ca. 10 Minuten

Um ein Schreibprojekt gut zu planen, sind drei Größen wichtig: Die Textlänge, die Frist für die Fertigstellung, – in Seiten, Wörtern, Zeichen – und die Schreibzeit, die von Ihrem Schreibtempo abhängt. Mit dem Schreibstreckenplaner, den Sie auf der gegenüberliegenden Seite sehen, können Sie diese Größen planen.

Rekapitulieren Sie mit Hilfe der Checkliste „Wie verläuft Ihr Schreibprozess?“, wie viel Zeit Sie erfahrungsgemäß pro Schreibphase einplanen müssen. Zeichnen Sie dafür eine Zeitleiste, die die gesamte Schreibzeit darstellt, und teilen Sie sie in die Schreibphasen ein.

Wählen Sie die Reihenfolge der folgenden Schritte selbst:

Schätzen Sie die Textlänge: Wie lang soll Ihr Text insgesamt werden? Falls schon eine Gliederung vorhanden ist, können Sie bereits die Textlänge der einzelnen Kapitel und Abschnitte planen. Falls die Gliederung noch nicht steht, sollten Sie dies später nachholen.

Bedenken Sie, bis wann Sie Ihren Text fertig stellen müssen oder wollen.

Um die Schreibzeit auszurechnen, schätzen Sie zuerst Ihr Schreibtempo: Wie viel Rohtext bewältigen Sie erfahrungsgemäß pro Stunde? Sie können auch einen Probetext schreiben und dabei die Zeit stoppen. Das Schreibtempo unterscheidet sich stark von Person zu Person.

Errechnen Sie Ihre Schreibzeit für den Rohtext, indem Sie die Textlänge durch Ihr Schreibtempo teilen, wie im Beispiel auf der gegenüberliegenden Seite. Sie erhalten die ungefähre Stundenzahl, die Sie für den Rohtext benötigen.

Berechnen Sie nun die Zeiten für die anderen Schreibphasen auf Grundlage der Zeitleiste, die Sie zu Beginn gezeichnet haben. Reicht Ihre Zeit nicht, um den Text rechtzeitig fertigzustellen, so müssen Sie gegensteuern: die Frist verschieben, den Text kürzen oder mehr Zeit einplanen.

Kontrollieren Sie nach dem Schreibprojekt, wie viel Zeit Sie tatsächlich benötigt haben, und integrieren Sie diese Erfahrung in Ihre nächste Schreibstrecke.

Blättern Sie nach dieser Übung am besten gleich zur nächsten. Dort knüpfen Sie perfekt an, denn Sie visualisieren mit einem Zeitstrahl, wie sich Ihr Schreibprojekt in Ihr Leben einpassen lässt.

Tipp

Wer nur kurze Texte schreibt oder für seine Schreibstrecke nicht lange rechnen möchte, kann eine Daumenregel anwenden: Planen Sie höchstens die Hälfte Ihrer gesamten Schreibzeit bis zum Ende des Rohtextes.

Im folgenden Beispiel sehen Sie, wie Marianne aus dem fünften Beispiel, die von ihren kreativen Ideen regelrecht überflutet wird, ihre Schreibstrecke für einen 18-seitigen Fachartikel plant: Zuerst mit einer Zeitleiste, auf der sie ihre Schreibphasen abbildet: Ideen muss sie für den Artikel nicht mehr entwickeln und auch recherchiertes Material liegt bereits vor. Sie ist Drauflosschreiberin und strukturiert anschließend. Für den Rohtext benötigt sie denn auch eher wenig Zeit, für das Strukturieren vergleichsweise viel. Das Überarbeiten ist bei ihr ein umfangreicher Prozess des Umstrukturierens und nochmaligen Umschreibens.

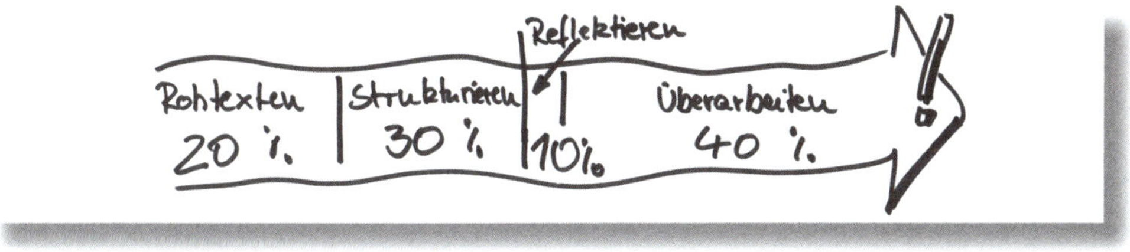

Zeitleiste – Beispiel

Anschließend füllt sie den Schreibstreckenplaner aus. Ihre Textlänge liegt bei 18 Seiten, sie schätzt ihr Schreibtempo mit drei Seiten Rohtext pro Stunde ein, also benötigt sie für den Rohtext voraussichtlich sechs Stunden.

Schreibstreckenplaner

Schreibprojekt: Fachartikel		Textqualität: 1	Textumfang (Seiten, Zeichen): 18 Seiten		
Schreibtempo (Rohtextseiten pro Stunde) 3 Seiten/h		Schreibzeit Rohtext (Textumfang : Schreibtempo) 18 : 3 = 6	Schreibzeit gesamt (Schreibzeit Rohtext + Zeitanteil für die weiteren Schreibphasen):		
Schreibphase, Prozent der gesamten Schreibzeit	Rohtexten 20 %	Strukturieren 30 %	Reflektieren 10%	Überarbeiten 40 %	
Zeitumfang	6 h	9 h	3 h	12 h	30

Fertig am: 17. 11.!

Schreibstreckenplaner – Beispiel

Das Ergebnis ihrer Schreibstreckenplanung erstaunt sie. Zuvor hat sie ungefähr zweieinhalb Arbeitstage Zeitaufwand geschätzt, nicht aber knapp vier. Jetzt erinnert sie sich daran, dass sie in der Vergangenheit meist noch unbezahlte Überstunden für ihre Schreibprojekte geleistet hat. Weil sie sich jedes Mal über die zusätzlichen Arbeitsstunden geärgert hat, hat sie das einfach verdrängt.

Ihr Nutzen

- Sie sind beim Schreiben orientiert und abgesichert, weil Sie sich in einem klaren Zeitrahmen bewegen.
- Sie planen realistisch und ersparen sich dadurch jede Menge Stress gegen Ende Ihres Schreibprojektes.
- Ihr Text hat die Chance, perfekt zu werden, weil Sie ihn in Ruhe reflektieren und mit genug Zeit überarbeiten.
- Durch selbstgesetzte Fristen schreiben Sie motiviert von Anfang an.

Download

„Schreibstreckenplaner“ als Word-Dokument zum Anpassen und als pdf-Dokument zum Ausdrucken

Kompakt: Mit dem Schreibstreckenplaner planen Sie die Zeit für Ihr gesamtes Schreibprojekt, orientiert an Ihrem persönlichen Schreibprozess und Ihrem Schreibtempo beim Rohtexten.

2 Zeitstrahl

Kaum ein Seminar, in dem nicht ein Teilnehmer äußert, er wolle schneller schreiben. Auch wenn da meist noch einiges herauszuholen ist: Schreiben braucht seine Zeit. Ich arbeite im Coaching und bei Seminaren ständig daran, meinen Klienten zu vermitteln, dass das normal ist. Würden Schreiber endlich akzeptieren, dass sie mehr Zeit zum Schreiben benötigen, als sie denken, würden unzählige Schreibprojekte befriedigender umgesetzt werden.

Der Zeitstrahl bildet Ihre persönliche Vorstellung zum zeitlichen Verlauf Ihres Schreibprojektes ab. Jeder hat zum Zeitverlauf sein eigenes Bild. Bei der einen ist es eine spiralförmig gewundene Bahn, markiert mit Jahreszahlen in Zehnerschritten; bei dem anderen ist es eine Gerade mit Bildern wichtiger Lebensereignisse. Der Zeitstrahl korrespondiert mit der vorhergehenden Übung, der Schreibstrecke.

Der Zeitstrahl eignet sich für Schreibende, die

- große Schreibprojekte vor sich haben,
- ihre Schreibprojekte in vollem zeitlichem Umfang vor Augen haben wollen,
- einen visuellen Zugang bevorzugen – auch für ihre Zeitplanung,
- ihr Schreibprojekt auch bildhaft und intuitiv erfassen und überblicken wollen,
- schwer einschätzen können, mit welchem Zeitaufwand sie für ihr Schreibprojekt rechnen müssen.

Sie benötigen

ein Blatt Papier am besten im Format DIN A3 oder größer, Stifte in mehreren Farben und Ihren Zeitplaner.

Los geht's!

ca. 15–20 Minuten

Wie sieht Ihr persönlicher Zeitstrahl aus? Schließen Sie die Augen und vergegenwärtigen Sie sich, wie Sie den Verlauf Ihrer Zeit in der Vorstellung abbilden – von der Vergangenheit bis in die Zukunft.

Fügen Sie auf Ihrem Zukunfts-Zeitstrahl Ihr Schreibprojekt sowie weitere Aufgaben und Bereiche hinzu, die Zeit in Anspruch nehmen; zum Beispiel Arbeitsaufgaben, gesellschaftliche Anlässe, Ihre durchschnittlichen Krankheitszeiten: Wann haben Sie für Ihr Schreibprojekt in Relation zu den anderen Aufgaben mehr, wann weniger Zeit? Wann soll das Projekt fertig sein?

Malen Sie nun mit Farbstiften auf einem großen Blatt Papier Ihren Zukunfts-Zeitstrahl auf. Zeichnen Sie die einzelnen Aufgabenbereiche verschiedenfarbig ein. Orientieren Sie sich an der errechneten Schreibstrecke aus der vorherigen Übung.

Rechnen Sie möglichst stundengenau aus, wie viel Zeit Sie wann für das Schreiben pro Tag oder pro Woche reservieren müssen. Meist zeigt sich, dass viel weniger Zeit zur Verfügung steht, als man meinte und hoffte. Wichtige andere Arbeitsprojekte, Auslandsaufenthalte, aber auch Urlaube oder die eigene Hochzeit – all das kann Löcher in die vormals lückenlos angenommene Schreibzeitenplanung reißen.

Tragen Sie Ihre Schreibzeiten als feste Termine in Ihren Zeitplaner ein. Bearbeiten Sie dafür auch die Übung 34 – „Die ideale Schreibwoche".

Tipp

Befestigen Sie Ihren Zeitstrahl gut sichtbar an einer Wand und prüfen Sie ab und zu, ob Sie noch gut in der Zeit liegen, bzw. falls nicht, passen Sie Ihre gesamte Zeitplanung an. Vielleicht müssen Sie reagieren und zum Beispiel mehr Zeit für das Schreiben einplanen, den Fertigstellungstermin nach hinten schieben, Ihren Perfektionismus drosseln oder den Textumfang verringern.

Im folgenden Beispiel sehen Sie, wie Marianne, die mit der vorherigen Übung schon ihre Schreibstrecke für den 18-seitigen Artikel geplant hat, nun ihren Zeitstrahl gestaltet. Sie hat für ihren Bericht neun Stunden eingeplant. Erst beim Zeichnen ihres Zeitstrahls realisiert sie, dass diese Stunden auf einen recht großen Zeitraum verteilt sind. Sie erschrickt, als sie realisiert, wie viel Zeit bis zur Fertigstellung verstreichen wird. Vorher hat sie – wie so viele Schreiber – gedacht, sie würde das Schreiben „schon irgendwo am Tag unterbringen".

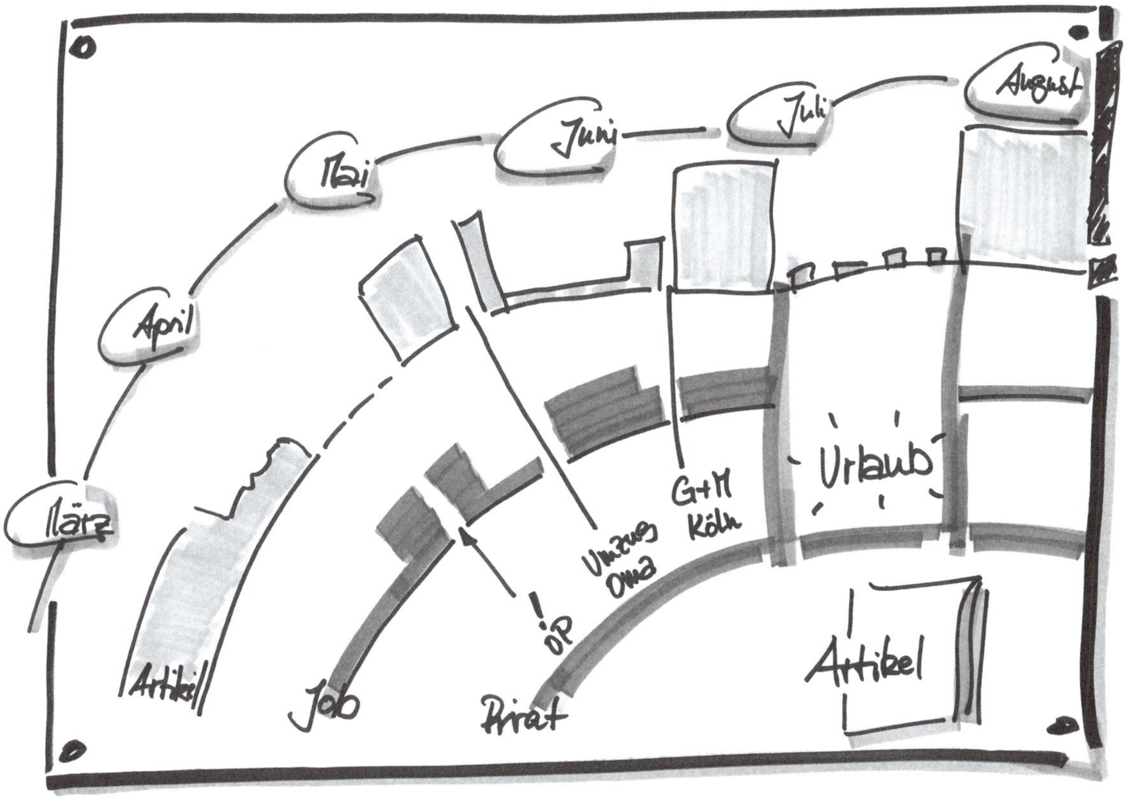

Zeitstrahl – Beispiel

Anschließend macht Marianne die Übung 34 – „Die ideale Schreibwoche". Dabei fällt ihr erst ein, dass sie so manche Fahrtzeit mit dem ICE zum Schreiben nutzen kann, da sie erfahrungsgemäß beim Bahnfahren gut schreiben kann. Darauf freut sie sich und blockt Schreibzeiten in ihrem Terminplaner.

Mit ihrer neuen Perspektive hat Marianne ein realistisches Zeitgefühl für ihre Schreibaufgabe entwickelt. Sie nennt dem Verlag einen Termin für die Fertigstellung und kann dadurch mit weniger Zeitdruck schreiben.

Ihr Nutzen

- Mit dem Zeitstrahl gewinnen Sie einen Überblick über Ihre Zeitbudgets in verschiedenen Lebensbereichen.
- Sie erkennen realistisch, wie viel – bzw. wie wenig – Zeit Sie für das Schreiben erübrigen können.
- Sie können Ihre Schreibzeiten auf längere Sicht konkret planen.
- Sie können Ihre Schreibaufgabe als normale Arbeitsaufgabe in den Arbeitsalltag einpassen und beugen dadurch gleich der Aufschieberitis vor.

Kompakt: Der Zeitstrahl ist ein Visualisierungswerkzeug, um Zeiten fürs Schreiben realistisch zu planen. Er ergänzt die Schreibstrecke um einen eher intuitiven Zugang. Sie können damit auch große Schreibprojekte überblicken, die sich über mehrere Jahre hinziehen.

3 Denkbilder

Ob als Standbild in Schwarz-Weiß, in Farbe oder als Filmsequenz: Ein eindrückliches Bild prägt sich tief in unsere Erinnerung ein. Innere Bilder wirken stark, sie bestimmen unser Denken, Handeln und unsere Gefühle mehr, als wir erst einmal meinen. Heute arbeiten Psychologen in der medizinischen Prävention und Therapie, aber zum Beispiel auch beim Leistungssport mit inneren Bildern, um erfolgreiches, gesundes oder angstfreies Handeln vorwegzunehmen und die Realität dadurch positiv zu beeinflussen. Mit inneren Bildern können wir unser Handeln wie von selbst in die gewünschte Richtung lenken. Dieses Potenzial nutzen Sie mit der folgenden Übung: Sie formen positive Denkbilder vor Ihrem inneren Auge, die so klar sind, dass sie sich in Ihrem Denken verankern und fortan beliebig abrufbar sind. Selbst Menschen, die sonst nicht in Bildern denken, gelingt das mit der Zeit, denn diese Art des Denkens lässt sich trainieren.

Denkbilder eignen sich für Schreibende, die

- ohnehin gerne in Bildern denken,
- ein Leitbild für ihr Schreibprojekt haben möchten,
- einen ganzheitlichen, bildhaften, intuitiven und kreativen Zugang zu (Schreib-)Projekten entwickeln wollen,
- ihre Ziele auch ohne Disziplin erreichen wollen.

Los geht's! — ca. 3–5 Minuten

Schließen Sie die Augen, um sich auf Ihre Innenwelt zu konzentrieren und sich zu entspannen. Damit geben Sie dem Unbewussten mehr Möglichkeiten zu wirken. Beobachten Sie drei Atemzüge lang Ihren Atem, wie er ein- und ausströmt, ohne ihn zu beeinflussen. Wandern Sie dann mit Ihrer Aufmerksamkeit durch Ihren Körper und nehmen Sie wahr, wie er sich anfühlt, angefangen bei den Füßen bis hinauf zum Kopf.

Sobald Sie sich ruhig und aufnahmebereit fühlen, wenden Sie sich dem zu, wozu Sie ein positives Denkbild entwickeln wollen. Das kann das Schreibthema sein, das Ihnen mit einem Mal klar vor Augen steht. Das kann die friedliche Stimmung sein, in der Sie schreiben möchten. Das kann der zukünftige Erfolg sein, den Sie mit Ihrem Text erreichen möchten. Das kann eine begeisterte Leserreaktion sein.

Beobachten Sie nun in eher abwartend passiver Haltung, ob und welche Bilder vor Ihrem inneren Auge auftauchen. Helfen Sie höchstens ein wenig nach, indem Sie die Bilder in einem bestimmten Setting entstehen lassen: etwa auf einer vormals weißen Kinoleinwand oder aus der Vogelperspektive.

Wenn Sie genug gesehen haben, prägen Sie sich die besten, beeindruckendsten, sympathischsten Bilder ein und kehren mit Ihrer Aufmerksamkeit wieder in den Alltag zurück. Öffnen Sie die Augen und rekapitulieren Sie die Bilder noch einmal, um sie auch im Alltagsdenken zu verankern.

Wenn Sie mögen, skizzieren Sie Ihr Denkbild rasch und ohne jeden künstlerischen Anspruch. Mit der Übung 7 – „Denkskizzen“ – können Sie dann insbesondere zu Ihrem Schreibthema weiterarbeiten.

Tipp

Denkbilder funktionieren auch ohne den Vorlauf mit einer kurzen Entspannung. Manchmal erscheinen einem schon ein paar Minuten als zu umfangreiche Unterbrechung der Arbeit. Probieren Sie in diesem Fall aus, ob Sie sofort nach dem Augenschließen – oder sogar ohne – Denkbilder sehen und anschließend nutzen können. Wenn Sie das trainieren, dauert es bald nur noch ein paar Sekunden.

Ich habe Ihnen die Anleitung für die Entwicklung eines Denkbildes aufgeschrieben. So ähnlich sage ich sie auch in meinen Seminaren oder Coachingsitzungen. Denn manchmal ist es gar nicht so leicht, sich aus dem Stegreif auf sein Innenleben zu konzentrieren. Dann kann es hilfreich sein, eine Anleitung zu haben: Sie können die Anleitung von mir durchlesen und anschließend aus dem Gedächtnis sinngemäß rekapitulieren. Sie können sich auch die Hördatei von meiner Website herunterladen und während der Übung abspielen. Oder Sie nehmen eine eigene Hördatei auf, indem Sie sich diesen oder einen an Ihre Bedürfnisse angepassten Text vorlesen.

„Setzen Sie sich bequem hin.

Beobachten Sie drei Atemzüge lang Ihren Atem, wie er ein- und ausströmt, ohne ihn zu beeinflussen.

Spüren Sie dann Ihre Füße. Wie fühlen sie sich im Kontakt zum Boden an? Wie fühlen sich Ihre Knöchel an, Ihre Unterschenkel?

Wandern Sie mit Ihrer Aufmerksamkeit auf diese Weise nach und nach durch Ihren gesamten Körper.

Spüren Sie auch Ihr Gesicht, entspannen Sie die Gesichts- und Kiefermuskulatur und die Augenlider.

Nun trägt Ihr nächster Atemzug Sie aus dem Raum hinaus, auf ein Flug- oder Fahrzeug, einen fliegenden Teppich oder ein Tier, das mit Ihnen davonfliegt. Sie fliegen höher hinauf und an den Ort, der für das Thema Ihres Denkbildes genau der Richtige ist: etwa ein Ort der Kraft, ein Ort der Ideenfindung, ein Ort für Ihre Leser – je nachdem, wozu Sie ein Denkbild entwickeln möchten.

Verweilen Sie dort und warten Sie ab, ob Denkbilder auftauchen. Lassen Sie die eventuell erscheinenden Denkbilder auf sich wirken.

Nehmen Sie auch mit den anderen Sinnen wahr: Was fühlen, hören, schmecken und riechen Sie?

Achten Sie darauf, dass Sie Bilder positiven Inhalts sehen, die sich an Ihren Zielen und Wünschen orientieren. Wenn doch negative Gedanken auftauchen, lassen Sie sie ebenfalls da sein, aber dann auch wieder ziehen.

Wenn Sie genug Zeit am Ort Ihres Denkbildes verbracht haben, lassen Sie sich mit dem nächsten Atemzug wieder auf Ihr Transportmittel tragen und fliegen zurück.

Sie kommen wieder im Hier und Jetzt an.

Atmen Sie tief durch und öffnen Sie die Augen."

Ihr Nutzen

- Sie fördern Ihr ganzheitliches Denken, indem Sie nicht nur die Sprache, sondern auch Bilder für Ihr Schreibprojekt einsetzen.
- Durch Denkbilder lenken Sie Ihr Handeln und Ihre Entwicklung in die Richtung, die Sie sich wünschen.
- Sie üben das Denken in Bildern und werden dadurch automatisch kreativer.

Download

Hördatei „Denkbilder"

Kompakt: Denkbilder sind innere Bilder, die Sie jederzeit einsetzen können, um im Zusammenhang mit Ihrem Schreibprojekt besser voranzukommen, sich auf Erfolg zu programmieren, Ihre Stimmung zu beeinflussen und die Inhalte klar vor Augen zu sehen.

4 Schreibeinstimmer

Viele Menschen schreiben nicht gerade in bester Stimmung: Sie fühlen sich beim Schreiben unablässig unter Zeitdruck, sind von überkritischen Gedanken gequält oder leben in ständiger Angst vor der Leserreaktion. Sicher, Schreiben ist manchmal anstrengend, schwerfällig oder sogar eine Quälerei. Die Stimmung sackt ab, wenn Formulierungen im Kopf stecken bleiben, wenn spät noch schier unlösbare Gliederungsprobleme auftauchen, wenn man meint, die fiktiven Leser mäkeln zu hören. Aber muss diese Stimmung wirklich den größten Teil des Schreibens prägen?

Die eigene Schreibstimmung lässt sich positiv beeinflussen. Das steigert die Motivation, gerade Vielschreiber gewinnen beträchtlich an Lebensqualität und es entstehen wie von selbst stimmigere Texte. Dies wiederum prägt die zukünftige Schreibstimmung – eine Positivspirale setzt ein.

Der Schreibeinstimmer eignet sich für Schreibende, die

- gerne mit Ritualen, also immer gleichen Abläufen vor oder während des Schreibens, arbeiten,
- gerne Tabellen ausfüllen,
- im Schreiballtag vergessen, sich auf das Schreiben einzustimmen und auf ihre Schreibstimmung zu achten,
- beim Schreiben nicht weiterkommen und durch das Ausfüllen des Schreibeinstimmers dranbleiben wollen, obwohl sie gerade nicht am Inhalt arbeiten,
- eine Art Stimmungstagebuch zu ihrem Schreibprojekt führen wollen.

Sie benötigen

den Schreibeinstimmer als Formular – entweder ausgedruckt auf Papier oder als Datei zum Ausfüllen am Bildschirm.

Los geht's! ca. 5–10 Minuten

Legen Sie eine leere Version des Schreibeinstimmers bereit.

Halten Sie kurz inne und besinnen Sie sich auf sich selbst.

Füllen Sie den ersten Abschnitt des Schreibeinstimmers aus. Dort frage ich Sie zu Ihrer momentanen Stimmung und motiviere Sie dazu, sich auf das Schreiben einzustimmen. Beginnen Sie sofort danach mit dem Schreiben.

Legen Sie mitten in einer Schreibphase eine Pause ein. Verlassen Sie Ihren Schreibort und nehmen Sie eine Metaperspektive ein: Sie blicken auf sich selbst und denken darüber nach, was gerade während des Schreibens geschieht. Sie kommentieren sich quasi selbst. Füllen Sie dazu die Fragen im zweiten Abschnitt des Schreibeinstimmers aus.

Wenn Sie das Schreiben beenden, so werten Sie die Schreibeinheit aus – mit dem dritten Abschnitt des Schreibeinstimmers. So können Sie Schlüsse aus Ihrem Vorgehen ziehen und die nächste Schreibeinheit möglicherweise noch erfolgreicher angehen.

Tipp

Passen Sie den Schreibeinstimmer bei Bedarf an Ihre Vorlieben an. Sie können sich dafür die Word-Datei von meiner Website herunterladen: Welche Fragen sind Ihnen wichtiger für Ihre Schreibstimmung als die, die ich gestellt habe? Formulieren Sie um. Was fehlt aus Ihrer Sicht? – Ergänzen Sie. Welche Fragen überspringen Sie jedes Mal? – Löschen Sie.

Im folgenden Beispiel sehen Sie einen ausgefüllten Schreibeinstimmer: einen Ausschnitt aus der Stimmungslage einer Klientin, die zwar nicht gerade in bester Stimmung geschrieben hat, damit aber nach meiner Einschätzung eher im Durchschnitt liegt.

Schreibeinstimmer	
Fragen	**Meine Antworten**
Vor dem Schreiben:	
Wie geht es mir heute?	Naja, geht so ... eigentlich bin ich ziemlich erledigt
Auf welche Schreibtätigkeit freue ich mich?	Die Gliederung weiter auszuarbeiten
Was tue ich dafür, um mich beim Schreiben wohl zu fühlen?	Okay, ich mache Musik an
Einer meiner Leser: Wer ist das? Wozu liest er meinen Text?	Eine Frau, zu Hause im Sessel. Könnte jemand sein, die Angebote lieber ohne Arbeitsstress in Ruhe liest
Was will ich meinen Lesern geben?	Ein sicheres Gefühl: Da ist der Auftrag in guten Händen
Was ist meine Kernaussage? In einem Satz: ...	Wir arbeiten zuverlässig und ... na klar: superkompetent
Während des Schreibens:	
Wie geht es mir jetzt?	Mir reicht's, ich bin müde
Woran liegt es, dass es mir jetzt so geht?	Ich habe vorher schon zu lange gearbeitet
Wie kommentiere ich mein Schreiben gerade innerlich? Als Satz: ...	„Das wird hier nicht gut"
Wie kann ich es ggf. verändern?	Ich höre für heute auf, schreibe morgen früh weiter
Nach dem Schreiben:	
Wodurch wurde das Schreiben an diesem Tag freudvoll?	Musik dabei gehört: Louis Armstrong: „What a Wonderful World" - !
Was nehme ich mir für das nächste Mal vor?	Früher am Tag schreiben: morgens!!

Schreibeinstimmer – Beispiel

Ihr Nutzen

- Sie stimmen sich mit strukturierten Fragen aufs Schreiben ein.
- Sie beeinflussen Ihre Schreibstimmung positiv.
- Sie erhalten bei regelmäßigem Ausfüllen ein Stimmungsbild zu Ihrem gesamten Schreibprojekt, das Sie später auswerten können.
- Sie sind motiviert, auch während einer Schreibeinheit kurz auf der Metaebene zu reflektieren, warum das Schreiben sich problematisch entwickelt.
- Sie werten jede Schreibeinheit aus – und nutzen die Erkenntnisse für die nächste Schreibgelegenheit.

Download

Tabelle „Schreibeinstimmer" als pdf-Dokument zum Ausdrucken und als Word-Dokument zum Anpassen

Kompakt: Der Schreibeinstimmer ist eine Tabelle mit Fragen, mit denen Sie sich auf das Schreiben vorbereiten und über Ihre Schreibstimmung nachdenken.

5 Leserkontakt

Haben Sie Angst vor dem Urteil Ihrer Leser oder sind Sie einfach gespannt, wie sie reagieren werden? Haben Sie Ihre Leser während des Schreibens innerlich „dabei"? Der Leserkontakt entscheidet über Gelingen oder Scheitern von Schreibprojekten. Fehlt Ihnen ein guter innerer Kontakt, so fördern Sie unrealistische Selbsteinschätzungen und Schreibblockaden. Der Text kommt nicht beim Leser an. Fühlen Sie sich dagegen interessiert, freigiebig und angstfrei, wenn Sie an Ihre Leser denken, so werden Sie sie mit Ihrem Text leichter erreichen, interessieren und inspirieren. Bei dieser Übung gestalten Sie Ihre innere Beziehungslandschaft mit einem positiven Gefühl zu Ihren Lesern. Ich habe diese Übung auf Grundlage eines Konzeptes von Lukas Derks zur Gestaltung sozialer Beziehungen entwickelt, des sozialen Panoramas.

Leserkontakt eignet sich für Schreibende, die

- bemerken, dass sie unter Druck geraten, wenn sie an ihre Leser denken,
- damit rechnen, dass die Leser ihren Text negativ bewerten,
- direktes Feedback bei der Kommunikation benötigen, um nicht unsicher zu werden,
- ihre Leser passend ansprechen, sie inspirieren und begeistern wollen.

Sie benötigen

ein Blatt Blanko-Papier im Format DIN A4, besser DIN A3.

Los geht's! — ca. 5–10 Minuten

Überlegen Sie sich, welche Leser für Ihren Text von Bedeutung sind: zum Beispiel die Kollegen, ein bestimmter Kunde, ein Gutachter, „die Fachwelt" oder „die Leserschaft".

Schließen Sie die Augen und besinnen Sie sich auf Ihr Innenleben, wie in der Übung 3 – „Denkbilder" – angeleitet. Stellen Sie sich einen Ort vor, an dem alle diese Personen oder Personengruppen versammelt sind: eine innere Beziehungslandschaft. Ein Beispiel: Die Kollegen befinden sich möglicherweise im Blickfeld links hinten etwas erhöht und tuscheln untereinander und „die Leserschaft" sitzt weiter hinten auf einer Empore und schaut auf Sie herunter.

Versuchen Sie nun, die Personen so deutlich wie möglich zu erkennen: Stellen Sie Ihren inneren Blick scharf wie mit einer Spiegelreflexkamera. Wie wirkt diese Beziehungslandschaft auf Sie? Wo fühlen Sie sich wohl mit der Anordnung der Personen? Wo nicht?

Verändern Sie in der Vorstellung alles, was Ihnen nicht angenehm ist: Wie könnten Sie die Personen anders aufstellen? Welcher Abstand, welcher Höhenunterschied sollte verändert werden? Welche Personen sollten kleiner oder größer sein oder ganz aus Ihrer Beziehungslandschaft verschwinden? Ändern Sie so lange, bis alles Ihrem Leser-Idealbild entspricht. Lassen Sie das Bild mit allen Gefühlen auf sich wirken und verankern Sie es als Erinnerung im Gedächtnis.

Öffnen Sie die Augen wieder. Wenn Sie möchten, skizzieren Sie die neue Beziehungslandschaft und kennzeichnen, welche Beziehungen von Beginn an positiv, inspirierend, komplikationsfrei waren, welche nicht und wie Sie bei konfliktträchtigen Beziehungen umpositioniert haben.

Tipp

Sie können mit dieser Übung jede Beziehung neu zu gestalten versuchen: Haben Sie Angst vor jemandem, so platzieren Sie die Person in Ihrer Vorstellung ein Stück unterhalb Ihrer selbst und weiter weg. Sie werden der realen Person mit einem veränderten Gefühl gegenübertreten. Nimmt eine Person in Ihrem Leben zu viel Raum ein, so rücken Sie sie in Ihrer inneren Beziehungslandschaft mehr an den Rand.

Einer meiner Klienten, ein wissenschaftlicher Mitarbeiter, quält sich beim Schreiben seiner Habilitation mit massiven Zweifeln. Sie halten ihn vom Schreiben ab. Er zeichnet in einer Coachingsitzung auf, wie er seinen Gutachter in Beziehung zu sich selbst erlebt. Das Problem zeigt sich deutlich in der Zeichnung: Der Gutachter wirkt durch Position, Größe und Aussehen mehr wie ein gestrenger Übervater denn ein unterstützender Betreuer. Nun rückt mein Klient den Gutachter in seiner Vorstellung ein Stück nach unten und verkleinert die Figur. Er stellt stattdessen drei wohlgesonnene Kollegen in den Vordergrund.

Leserkontakt

Als er ein paar Tage später seinen Gutachter auf dem Flur trifft, kann er die neue Beziehungsvorstellung gleich anwenden. Er verwickelt den Gutachter in ein Gespräch über eine inhaltliche Frage und fühlt sich dabei mit ihm auf Augenhöhe. Sein Gegenüber ist interessiert und sie unterhalten sich ein paar Minuten. Mein Klient profitiert davon für seine wissenschaftliche Arbeit: Er kann seine Argumentation in dem Punkt schärfen. Vor allem jedoch fühlt er mehr als zuvor das Interesse des Gutachters an seiner Fragestellung.

Ihr Nutzen

- Sie fühlen sich besser im Kontakt mit Ihren Lesern.
- Sie gewinnen eine klare Vorstellung davon, wer Ihre Leser sind und wie sie zu Ihnen stehen.
- Ihre Texte kommen besser bei den Lesern an, diese fühlen sich angeregt und inspiriert – und das ist das Beste, was Sie mit einem Text bewirken können.
- Sie sprechen Ihre Leser auf Augenhöhe an, also weder unterlegen noch überlegen. Das spüren und honorieren die Leser.
- Sie verlieren die Angst vor Ihren Lesern und beugen Schreibhemmungen und -blockaden vor.

Kompakt: Der Leserkontakt entscheidet oft über Erfolg oder Misserfolg von Schreibprojekten. Durch die Gestaltung von Beziehungslandschaften haben Sie ein wirksames Instrument der Beziehungsgestaltung in der Hand.

6 Leserorientierung

Erinnern Sie sich noch an Norbert aus dem dreizehnten Beispiel? Norbert hat am Leser vorbeigeschrieben. Sein Artikel sei zu kompliziert und schwer verständlich, so das Feedback des Zeitschriftenherausgebers. Norbert hat sich *über* seine Leser gestellt, statt sich auf sie einzustellen. Mit mehr Leserorientierung hätte er gute Chancen gehabt, schon im ersten Anlauf angemessen zu schreiben. Die vorherige Übung „Leserkontakt" hilft Ihnen, eine gute innere Beziehung zu Ihren Lesern aufzubauen. Durch die jetzt folgende Übung erfahren Sie mehr über die Bedürfnisse Ihrer Leser. Sie versetzen sich in Ihren Leser und erfahren, was er braucht. Sie klären Ihr Textziel und formulieren erste leserorientierte Sätze.

Leserorientierung eignet sich für Schreibende, die

- nur eine vage Vorstellung davon haben, welche Interessen und Bedürfnisse ihre Leser haben,
- von früheren Text-Feedbacks wissen, dass ihre Texte nicht leserorientiert verfasst sind: unverständlich, zu knapp, zu lang, zu kompliziert oder zu einfach,
- ihren Lesern mehr vermitteln und geben wollen als bisher.

Sie benötigen

die Fragenlisten zu dieser Übung – ausgedruckt oder als Datei zum Ausfüllen am Bildschirm.

Los geht's! ca. 10 Minuten

Denken Sie an Ihr Schreibprojekt. Vergegenwärtigen Sie sich dann einen fiktiven Leser Ihres Textes. Wechseln Sie die Perspektive und versetzen Sie sich in diesen Leser hinein. Vervollständigen Sie möglichst spontan die folgenden Satzanfänge *in der Rolle Ihres Lesers*, ohne lange nachzudenken:

- Ich lese den Text ja nicht zum Spaß, sondern in meiner Funktion als …
- Über dieses Thema weiß ich schon jetzt – vor dem Lesen – einiges, nämlich, …
- Ich möchte durchs Lesen vor allem herausfinden, …
- Bei diesem Text finde ich herausragend, wie der Autor …
- Was mich an dem Text stört: …
- Wenn ich dieses Argument lese, muss ich sofort dagegen einwenden, dass …
- Jetzt, wo ich diesen Text gerade lese, denke ich …

Wechseln Sie nun wieder zurück zu Ihrer Autorenperspektive. Vervollständigen Sie die Satzanfänge, mit denen Sie für sich klären, was Sie bei Ihren Lesern erreichen möchten:

- Ich möchte bei meinen Lesern erreichen, dass sie …
- Ich wünsche mir, dass meine Leser den Eindruck von mir bekommen, dass ich …

Formulieren Sie anschließend einzelne Sätze, in denen Sie um Ihre Leser werben, sie führen und zum Lesen Ihres Textes motivieren. Sie zeigen ihnen, warum sie den folgenden Abschnitt mit welchem Nutzen lesen sollen.

- Im Folgenden erfahren Sie, wie Sie…
- Wenn Sie diesen Text gelesen haben, dann haben Sie …
- Ich zeige nicht nur, wie …, sondern auch …

Tipp

Wenn Sie die Möglichkeit haben, wie Norbert mit einem „echten" Leser in Kontakt zu treten und mit ihm über seine Anliegen zu sprechen, so ist das die perfekte Ergänzung zu dieser Übung. Stellen Sie diesem potenziellen Leser einfach die Fragen aus dem ersten Übungsschritt.

Norbert weiß durch das Feedback des Herausgebers um seine arrogante Haltung gegenüber seinen Lesern. Er begegnet ihr inzwischen konsequent. Für ihn ist vor allem der erste Teil der Übung wichtig, um sich mit der Perspektive seiner Leser vertraut zu machen und sie nicht von oben herab zu behandeln. Er spricht zudem weiterhin vorher mit potenziellen Lesern. Hier sehen Sie einen Ausschnitt aus seiner Vorarbeit.

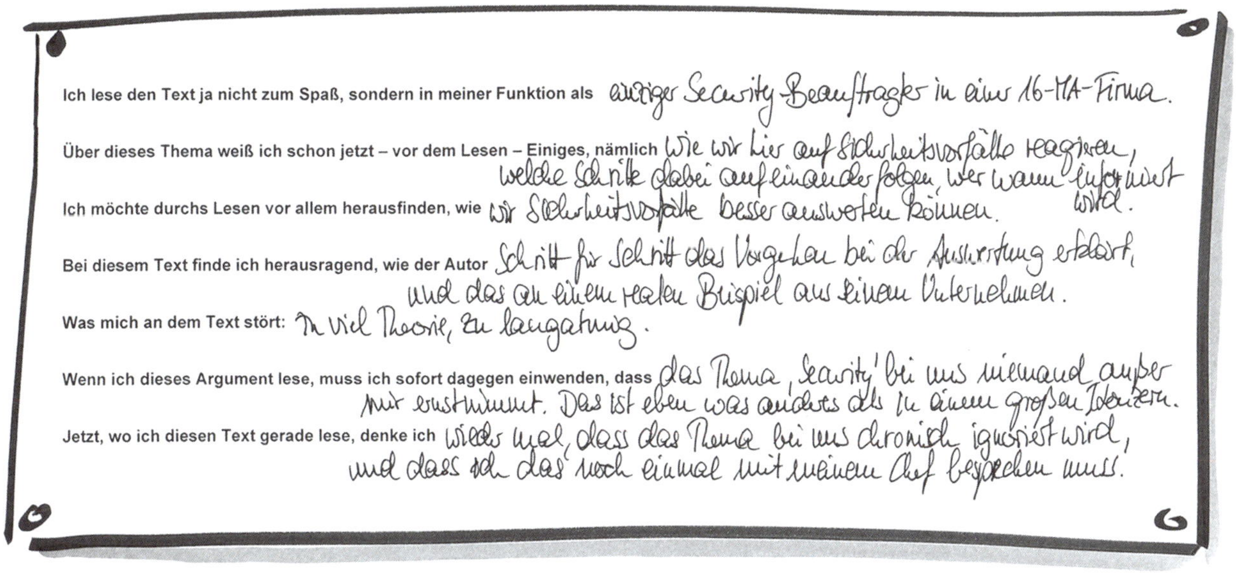

Was der Leser denkt – Beispiel

Ihr Nutzen

- Durch den Perspektivenwechsel fühlen Sie sich innerlich verbunden und vertraut mit Ihren Lesern.
- Sie erfahren, was Ihre Leser interessiert und was sie brauchen, um Ihren Text mit Gewinn zu lesen.
- Sie klären für sich, was Sie bei Ihren Lesern erreichen wollen.
- Ihre Leser bekommen zudem ganz konkret gesagt, welchen Nutzen sie von Ihrem Text haben.
- Ihre Leser lesen Ihren Text mit Gewinn und werden es Ihnen danken.

Download

„Leserorientierung" als Word-Dokument zum Anpassen und als pdf-Dokument zum Ausdrucken

Kompakt: Mit Leserorientierung nehmen Sie die Perspektive Ihrer Leser ein. Sie klären, was die Leser brauchen und was sie interessiert, aber auch, was Sie selbst bei Ihren Lesern erreichen wollen. Zudem formulieren Sie erste Sätze zum Inhalt und zum Lesernutzen und üben sich dadurch in Leserführung.

7 Denkskizze

Die Denkskizze ist eine meiner Lieblingsübungen zum Schreibdenken. Sie skizzieren dabei ein inneres Bild und beschriften es. Viele geniale Denker haben das Denken in Bildern genutzt, um sich Klarheit zu verschaffen. Denken Sie an Leonardo da Vinci: Bei seinen Skizzen ergänzen sich immer wieder Zeichnungen und begleitender Text. Oder die Notizseite aus Charles Darwins „Notebook B“ aus dem Jahr 1837. Sie zeigt die perfekte Synthese von Text und Bild. Die Seite beginnt mit den Worten „I think“, dann folgt ein kleiner Stammbaum, der seitlich mit einer umrandeten Notiz beschriftet ist, danach sieht man ausformulierten Text. Als Leitmotiv seiner gesamten späteren Evolutionstheorie erlangte diese Notizbuchseite Berühmtheit, zumindest in wissenschaftshistorischen Kreisen.

Auch Sie können Ihre Denkleistung um ein Vielfaches steigern, wenn Sie mehr als nur den Teil des Gehirns benutzen, der mit Sprache denkt.

Diese Übung ist das beste Beispiel dafür, dass Sie viel gewinnen, wenn Sie auch handschriftlich arbeiten, gleich ob auf Papier oder zum Beispiel mit einem Tablet-PC. Wenn Sie einen geeigneten Computer und eine Software nutzen, die dazu motiviert, Skizzen und Handschriftliches digital anzulegen, merken Sie, wie gering der Unterschied zwischen Computer und Papier inzwischen ist.

Denkskizzen eignen sich für Schreibende, die

- mehr als bisher einen kreativen und bildhaften Zugang zu ihren Gedanken kultivieren möchten,
- die volle Denkleistung ihres Gehirns aktivieren möchten,
- ohnehin leicht Bilder vor ihrem inneren Auge sehen und diese besser nutzen möchten.

Sie benötigen

Blanko-Papier im Format DIN A4 oder DIN A3, Zeichenstift und Farbstifte oder eine für Skizzen geeignete Computer- und Softwarelösung.

Los geht's! ca. 10–15 Minuten

Greifen Sie bei Bedarf auf die Anleitung aus der Übung 3 – „Denkbilder“ – zurück, um sich auf innere Bilder einzustellen.

Schließen Sie die Augen und lassen Sie ein Denkbild Ihres Schreibthemas vor Ihrem inneren Auge entstehen, wie Sie es eventuell schon bei der Übung „Denkbilder“ getan haben: Eine Szene, eine Filmsequenz oder eine Abfolge von Bildern, die Ihr Schreibthema repräsentieren. Vielleicht sehen Sie auch Text vor Ihrem inneren Auge – eine Überschrift oder einzelne Wörter.

Öffnen Sie die Augen wieder und skizzieren Sie dieses innere Bild als schnellen Entwurf – ohne jeglichen künstlerischen Anspruch. Wenn Sie möchten, gerne auch farbig.

Beschriften Sie das Bild mit Wörtern und Sätzen, wo immer Ihnen etwas dazu einfällt. Das können Stichwörter, Bildbeschreibungen, Kommentare und Ausrufe sein. So verbinden Sie Bild und Text miteinander und erzielen die optimale Denkleistung.

Tipp

Sie kennen bestimmt auch diese Sternstunden – Momente, in denen ein genialer Wurf entsteht, bei dem Sie sofort wissen: Hier stimmt alles, das ist perfekt. Sollte Ihnen ein Denkbild begegnen, das Ihr Schreibthema besonders gelungen verbildlicht, so nehmen Sie sich die Zeit, dieses sorgfältiger auszuarbeiten und gut sichtbar an einer Wand aufzuhängen. Es kann wie ein Leitbild Ihr Schreiben begleiten und Ihnen bei der Orientierung helfen, um sich immer wieder an Ihre zentrale Textidee zu erinnern und nahe am roten Faden zu schreiben.

Das folgende Beispiel zeigt die Denkskizze einer Sprachwissenschaftlerin, die zu der Frage promovierte, wie Kleinkinder in ihrer Sprachentwicklung gefördert werden können, und zwar dadurch, dass sie von Erwachsenen auf eine bestimmte Art angesprochen werden. Die nachträgliche Beschriftung war für die Seminarteilnehmerin besonders interessant, weil sie dadurch einen neuen Aspekt der Beziehungsgestaltung zwischen Kind und Bezugsperson entdeckte.

Denkskizze – Beispiel

Ihr Nutzen

- Ihr Denken wird durch die Kombination von Bild und Text innovativer und facettenreicher.
- Sie entdecken neue Zugänge zu einem Thema.
- Sie können ein besonders gut passendes Bild Ihres Schreibthemas als Leitbild für Ihr gesamtes Schreibprojekt verwenden.
- Mit einer Denkskizze können Sie sich über Ideenflauten hinweghelfen: Bilder lassen sich leicht abrufen und erklären dem rein sprachlichen Denken, wie es mit dem Schreiben weitergehen kann.

Kompakt: Bei Denkskizzen gehen Bild und Text die perfekte Verbindung für Höchstleistungen des kreativen Denkens ein. Schon immer haben geniale Denker Denkskizzen eingesetzt – mit dieser einfachen Technik kann jeder an diese Tradition anknüpfen.

8 Wortsprints

Wortsprints sind schnelle und kurze Übungen, die wegen ihres hohen Tempos „Sprints“ heißen. Später lernen Sie noch weitere Schreibsprints kennen, etwa die Gedanken- und Fokussprints, die Schreibstaffel und das Schreibsprinten im Austausch mit anderen. Für die Wortsprints sammeln Sie auf zwei verschiedene Arten Stichworte zu einem Thema.

Wortsprints eignen sich für Schreibende, die

- schnell und unaufwendig auf neue Ideen kommen wollen,
- mit dem seriellen Wortsprint auch auf abseitigere Einfälle kommen möchten,
- sich für eine Schreibeinheit aufwärmen wollen,
- während anspruchsvoller Schreibtätigkeiten ihre Schreibmuskeln lockern wollen,

Sie benötigen

Ihr bevorzugtes Medium für handschriftliches Schreiben.

Los geht's!

jeweils ca. 3 Minuten

Vielleicht kennen Sie die Kreativtechnik des Brainstorming? Da werden in einer Gruppe alle auftauchenden Einfälle zu einer Überschrift gesammelt. Ein Wortsprint funktioniert ähnlich, doch Sie sammeln Ihre Ideen allein.

Legen Sie ein Blatt Papier im Querformat bereit. Schreiben Sie in die Mitte des Blattes ein Wort, zu dem Sie etwas Neues herausfinden wollen. Schalten Sie Ihre Zensur aus, indem Sie sich vergegenwärtigen, dass niemand außer Ihnen selbst jemals diesen Wortsprint lesen wird, und indem Sie gleich möglichst schnell assoziieren. Fahren Sie mit einer der beiden Varianten fort:

Zentrierter Wortsprint – Sie sammeln Ihre Assoziationen direkt zu Ihrem Ausgangswort: Füllen Sie um diese Mitte herum das Blatt Papier mit Stichpunkten, die Ihnen spontan zu dem Wort einfallen. Hören Sie nach dem ersten Ideensturm nicht gleich auf, denn nach der Flaute kommt meist eine weitere Schicht Einfälle.

Serieller Wortsprint – Sie spinnen einen Assoziationsfaden, der sich weit von dem Ausgangswort entfernt: Notieren Sie von dem ersten Wort ausgehend einen Einfall. Schreiben Sie dazu Ihren nächsten Einfall auf und verbinden Sie ihn mit dem ersten durch eine Linie. Notieren Sie dazu wiederum den nächsten Einfall und verbinden ihn mit einer Linie usw. Es entsteht eine Assoziationskette. Sie können die Wörter zusätzlich umkreisen. Haben Sie den Unterschied zum zentrierten Wortsprint bemerkt? Sie entfernen sich hier zunehmend vom Ausgangswort, das nur den ersten Anstoß gibt. Sie kommen auf weiter entfernte Einfälle und trainieren so eine andere Art des Ideensammelns.

Werten Sie Ihre Wortsprints aus: Markieren Sie die für Sie interessantesten Punkte, stellen Sie Verbindungslinien zwischen verwandten Begriffen her und ergänzen Sie Begriffe, die Ihnen nachträglich einfallen. So können Sie Ihre Wortsprints ebenso wie alle anderen Schreibdenktexte als Ideenpool nutzen und in späteren Schreibphasen darauf zurückgreifen.

Tipp

Arbeiten Sie lieber am Computer? Dann schreiben Sie eine Überschrift in ein Dokument und listen alle Einfälle unter der Überschrift auf. Dabei sehen beide Wortsprints gleich aus, Sie müssen also darauf achten, dass Sie entweder zur Überschrift oder zum jeweils vorhergehenden Wort assoziieren. Markieren Sie deshalb für den zentrierten Wortsprint Ihre Überschrift farbig, damit sie Ihnen mehr ins Auge fällt.

Hier sehen Sie zwei Beispiele für Wortsprints. Das Erste ist ein zentrierter Wortsprint. Die Klientin hat zu Beginn einer Coachingsitzung zwei Minuten lang zu ihrer Schreibunlust geschrieben. Danach waren wir im Gespräch schon einen Schritt weiter, näher an ihren wichtigsten Unlustfaktoren.

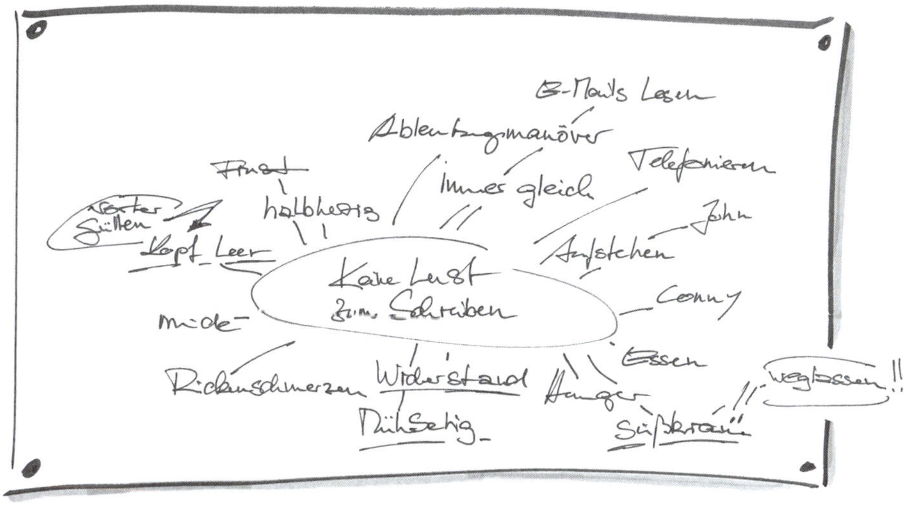

Zentrierter Wortsprint – Beispiel

Der zweite – serielle – Wortsprint stammt von einer Seminarteilnehmerin, die erste Ideen für ihr neues Sachbuch über Frauen in hochrangigen Führungspositionen sammelt. Gegen Ende der Assoziationskette taucht quasi der Gegensatz zu den ersten Einfällen auf, damit will die Autorin später die zwiespältigen Bestrebungen beschreiben, mit denen diese Frauen kämpfen.

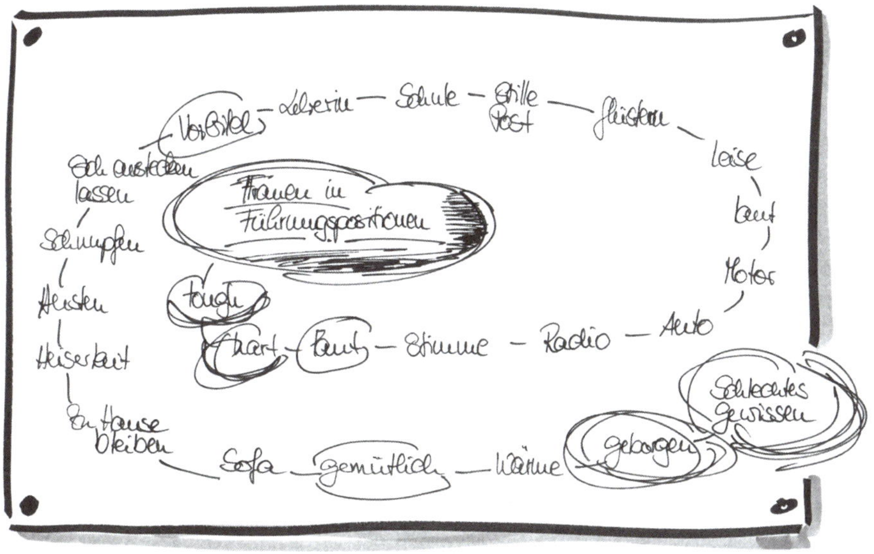

Serieller Wortsprint – Beispiel

Ihr Nutzen

- Sie trainieren, schnell, beweglich und ohne Schere im Kopf zu schreiben und zu denken.
- Sie denken auch während anspruchsvoller Schreibtätigkeiten locker und frei.
- Sie sammeln Assoziationen, die Sie weit vom ursprünglichen Thema wegtragen.
- In kürzester Zeit gewinnen Sie zahlreiche neue Ideen für Ihre Texte.

Kompakt: Wortsprints sind eine Basis-Übung des Schreibdenkens. Der Aufwand ist gering und Sie gewinnen damit besonders schnell interessante neue Ideen.

9 Cluster

Mit dem Cluster erweitern Sie den seriellen Wortsprint aus der vorherigen Übung. Jetzt spinnen Sie ein komplettes Ideennetz. Die Schreibdidaktikerin Gabriele Rico hat die Technik in den frühen 1970er-Jahren entwickelt; seitdem hat sie ihren Siegeszug durch die Welt des kreativen Schreibens angetreten. Unzählige Schreibende nutzen sie, um ihre Ideen kreativ zu entwickeln. Wenn Sie mit dem Clustern bereits vertraut sind, können Sie mit einem Doppel- oder Multicluster experimentieren und damit noch komplexer schreibdenken.

Cluster eignen sich für Schreibende, die

- schnell und kreativ viele Ideen sammeln wollen,
- ihre Einfälle gerne bildhaft darstellen,
- gerne in Form von Stichworten assoziieren,
- eine Aufwärmphase fürs Schreiben brauchen,
- gerne zwischendurch handschriftlich arbeiten,
- den Überblick über eine Fülle von Einfällen behalten und sie aufeinander beziehen wollen.

Sie benötigen

ein Blatt Blanko-Papier im Format DIN A4 oder DIN A3.

Los geht's! — ca. 7 Minuten

Schreiben Sie in die Mitte eines Blattes Papier im Querformat ein Ausgangswort, zu dem Sie Einfälle sammeln möchten. Kreisen Sie es ein.

Notieren Sie von diesem Wort ausgehend Ihren ersten Einfall. Kreisen Sie auch diesen ein und verbinden Sie Ausgangswort und ersten Einfall mit einer Linie. Daran schließt sich der nächste Einfall an und so weiter. Sie führen die Assoziationskette so lange fort, bis Sie das Gefühl haben, es reicht. Bis hierher gleicht das Vorgehen dem beim seriellen Wortsprint.

Nun aber kehren Sie zum Ausgangswort zurück und starten eine neue Assoziationskette. Haben Sie zu einem Wort in der Kette gleich mehrere Einfälle, schreiben Sie erst eine Kette zu Ende und wechseln anschließend zu dem weiteren Einfall, so dass ein Abzweig entsteht.

Clustern Sie nur so lange, wie Ihre Einfälle automatisch oder nach kurzer Pause weiterfließen. Bevor das Clustern mühsam wird, hören Sie lieber auf.

Eines ist mir beim Schreibdenken besonders wichtig: Wie auch bei allen anderen Schreibdenkübungen ist das eigentliche Clustern nur der erste Teil der Arbeit. Der zweite Teil besteht in der Auswertung: Lassen Sie den Cluster als Ganzes auf sich wirken: Markieren Sie wichtige Wörter und ergänzen Sie sie um weitere. Kreisen Sie die Bereiche des Clusters ein, bei denen sich interessante Wörter häufen, und schreiben Sie eine Überschrift dazu. Markieren Sie Zusammenhänge. Erst so entsteht ein Gesamtwerk, das weit über das erste Notieren hinausgeht.

Tipp

Probieren Sie auch einen Doppelcluster oder einen Multicluster aus. Wenn Sie beispielsweise zwei gegensätzliche oder drei Begriffe haben, so können Sie diese ebenfalls in einem einzigen Cluster verarbeiten – indem Sie die Begriffe in der Mitte des Blattes anordnen und Ihre Einfälle jeweils in verschiedene Richtungen ausstrahlen lassen. Papier im DIN-A3-Format ist für umfangreiche Cluster besser geeignet.

Norbert aus dem dreizehnten Beispiel schreibt zu knapp. Er setzt zu viel Wissen bei seinen Lesern voraus. Das Clustern nutzt er nun, um auf Ideen zu kommen, wie er seine Leser wortreicher durch den Text führen kann. Die Technik gefällt ihm, weil er ohne langes Grübeln mit Stichworten drauflosassoziieren kann.

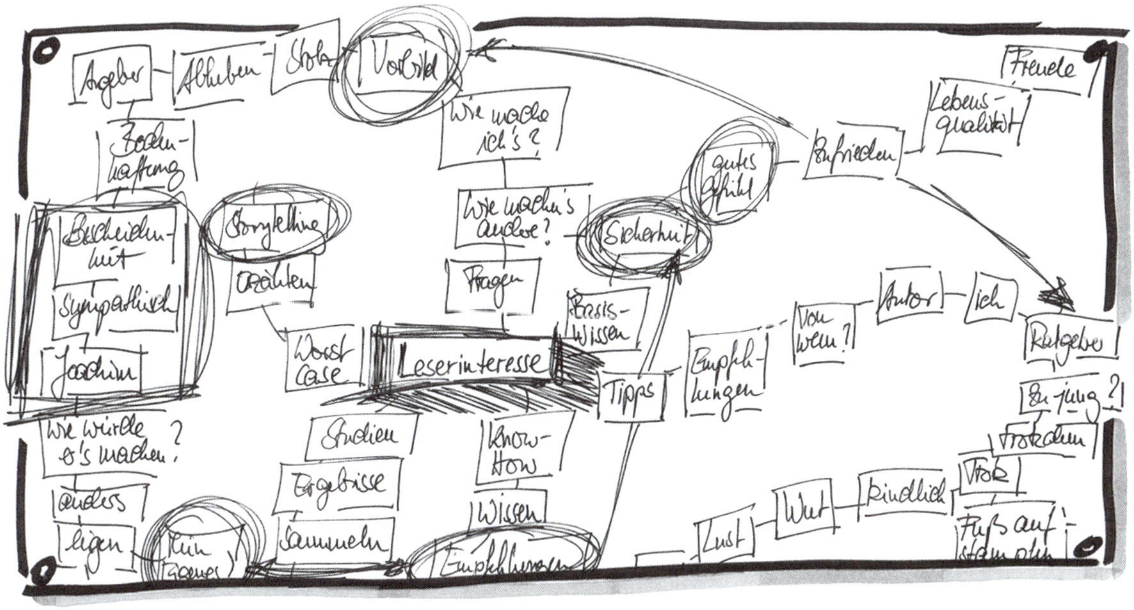

Cluster – Beispiel

Im folgenden Schaubild sehen Sie einen Multicluster, mit dem Sie auf neue Ideen kommen, wie verschiedene Themen – in diesem Fall drei – miteinander zusammenhängen. Markieren Sie etwa verwandte Begriffe in den unterschiedlichen Assoziationsketten und kommentieren Sie sie. Notieren Sie zusätzliche Ideen bei den jeweiligen Clusterketten zum Beispiel in einer anderen Farbe.

Multicluster

Ihr Nutzen

- Sie aktivieren viele Gehirnbereiche gleichzeitig, weil Sie sprachlich und bildhaft arbeiten.
- Sie schreiben einmal anders als linear. Das lockert und entspannt das Denken.
- Sie sammeln eine Fülle von Einfällen, die auf einen Blick zu sehen sind.

Kompakt: Mit einem Cluster gewinnen Sie in kurzer Zeit eine Fülle von Einfällen. Ein Wortbild entsteht, das die Kreativität aktiviert.

ÜBUNG

10 Gedanken- und Fokussprint

Gedanken- und Fokussprints sind Basistechniken des Schreibdenkens. Diese Techniken haben Tradition. Neuere Wurzeln reichen bis zum Ende des 19. Jahrhunderts in die Psychologie zurück. Das „automatische Schreiben“ wurde schon damals angewandt, um durch freies Assoziieren Unbewusstes zu Tage zu fördern. Auch die französischen Surrealisten haben die Technik der „Écriture automatique“ eingesetzt. In den 1960er Jahren kam im Kontext der Hochschuldidaktik der Begriff des „Freewriting“ auf; für Schreibdidaktiker wie Peter Elbow in den USA oder Gerd Bräuer in Deutschland ist es eine zentrale Technik, um Schülern, Auszubildenden und Studenten das schreibende Lernen nahezubringen.

Gedanken- und Fokussprint funktionieren ähnlich: Sie bringen Ihre Gedanken möglichst eins zu eins in Schriftform. Sie schreiben zeitbegrenzt. Sie schreiben so schnell wie möglich. Und Sie wissen: Niemand außer Ihnen selbst wird diesen Text jemals lesen. Der einzige, aber entscheidende Unterschied: Beim Gedankensprint dokumentieren Sie möglichst jeden Gedanken. Beim Fokussprint fokussieren Sie sich dagegen vorab auf ein Thema, zu dem Sie etwas herausfinden wollen.

Gedanken- und Fokussprints eignen sich für Schreibende, die

- ihre innere Sprache in sprachlicher, nicht bildhafter Form notieren wollen,
- ihr Schreiben gut starten und sich zwischendurch lockern wollen,
- sich mit dem Gedankensprint von überflüssigem Gedankenwust entlasten möchten,
- mit dem Fokussprint in kürzester Zeit neue Ideen zu ihrem Thema sammeln möchten.

Los geht's!

jeweils ca. 5 Minuten

Gedankensprint: Schreiben Sie drei bis vier Minuten lang Ihre Gedanken unzensiert auf – ohne sich vorher auf ein Thema festzulegen. Schreiben Sie so schnell wie möglich, ohne innezuhalten, ohne etwas noch einmal zu lesen oder zu korrigieren. Sie hören erst auf, wenn vier Minuten vergangen sind. Wenn Ihnen gerade nichts einfällt, wiederholen Sie einfach das letzte Wort oder schreiben „Was noch?“, und schon kommt ein neuer Gedanke. Sie können in vollständigen Sätzen, Satzfragmenten, Stichwortketten oder einzelnen Wörtern schreiben.

Nach dem Sprint folgt sogleich die Auswertung: Lesen Sie Ihren Text durch. Markieren Sie Wörter und Sätze, die Ihnen wichtig erscheinen. Formulieren Sie einen Kernsatz, der einen wichtigen Gedanken aus Ihrem Gedankensprint auf den Punkt bringt.

Fokussprint: Probieren Sie nun einen Fokussprint aus. Formulieren Sie eine Überschrift zu dem Thema, zu dem Sie Ideen sammeln möchten. Diese Überschrift kann auch eine Frage sein, auf die Sie Antworten suchen, oder ein Satzanfang, den Sie weiterschreiben wollen.

Schreibdenken Sie vier Minuten lang wie beim Gedankensprint beschrieben. Registrieren Sie jedoch, wenn Sie vom Thema Ihrer Überschrift abschweifen, und kehren Sie in diesem Fall umgehend wieder zu Ihrem Fokus zurück, indem Sie zum Beispiel die Überschrift neu aufschreiben.

Lesen Sie Ihren Fokussprint anschließend durch und markieren Sie Bedeutsames. Fügen Sie an wichtigen Stellen Kommentare hinzu und schreiben Sie zum Abschluss einen Kernsatz, der eine zentrale Aussage Ihres Fokussprints herausstellt. Heben Sie den Kernsatz hervor, etwa durch eine Umrandung.

Tipp

Wenn Sie die Schreibsprints am Computer absolvieren, so kann ein Trick dabei helfen, nicht ständig das Geschriebene mitzulesen, wie wir es sonst meist tun: Stellen Sie die Schriftfarbe auf „Weiß“ oder schalten Sie Ihren Bildschirm aus. So kommen Sie gar nicht erst in Versuchung, sich zu zensieren oder zu korrigieren.

Hier sehen Sie ein Beispiel für einen Gedankensprint einer Klientin zu Beginn einer Coachingsitzung. Sie macht diese Gedankensprints regelmäßig, weil sie dadurch nach einem fordernden Arbeitstag ihre Gedanken ordnen und sich anschließend besser auf das Coaching konzentrieren kann. Der Gedankensprint ist also nicht nur eine Schreibstartübung, sondern ermöglicht auch generell einen guten Start in jegliche neue Aktivität.

Ich bin immer noch so irritiert über Nadja, was hat sie bloß vorhin damit gemeint, wenn sie sagt, ich müsste mit Gegenwind rechnen, wenn ich mit Joachim gemeinsam das Projekt starte. Was soll das, will sie mir drohen oder wie oder was, und überhaupt, sie ist wahrscheinlich nur neidisch, weil sie noch nie intensiver mit Joachim zusammengearbeitet hat, und von ihm kann man einfach eine Menge lernen, er ist ein Super-Typ, klar, ein Workaholic, aber ein angenehmer, und für mich ist er wirklich fast ein Vorbild. Das ist eigentlich wirklich richtig toll, ich werde das gleich erzählen, ich freue mich, und was Nadja dazu sagt, kann mir letztendlich auch schnurz sein, sie will halt auch lieber pünktlich gehen und jammert über jede halbe Überstunde, ist doch Peanuts, ist doch wahr.

Gedankensprint - Beispiel

Bei dem folgenden Beispiel geht es nochmals um eine Innenschau, diesmal fokussiert auf eine Lösung. Der Klient schläft drei Nächte lang kaum, wenn eine Präsentation bevorsteht. Durch den Fokussprint kam er auf eine neue Lösungsidee – ein gelungenes Beispiel für Selbstcoaching durch Schreibdenken.

Wie bekomme ich meine Aufregung vor Präsentationen in den Griff?

Also erst mal solltest du aufhören, ständig zu lamentieren, dass du so aufgeregt bist, mein Lieber. Was soll das? Andere sind auch aufgeregt. Aber es ist eine tagelange Quälerei, das ist nicht normal, was kann ich dagegen bloß tun? Vielleicht nichts, muss ich damit leben? Aber dazu habe ich zu oft Präsentationen. Die Kollegen merken es ja auch, ich habe einen dermaßen trockenen Mund, dass mir die Zunge am Gaumen klebt und man das sogar hört, wie peinlich. Ja, es ist mir so peinlich vor den anderen, das kommt zu der sonstigen Quälerei dazu, sonst bin ich der Witzbold im Team, das passt nicht! Vielleicht sind da Lösungen drin: Dass ich meinen Humor nicht verliere. Aber wie? Ich weiß es schon, ja ja, ich müsste es mit Kollegen besprechen, mich outen. Ist zwar auch wieder peinlich, aber jetzt kommt's schon nicht mehr drauf an. Sagt Kati auch – mehr auf sie hören! Sie sagt viele gute Sachen und dann wehre ich sie ab, „Das geht nicht", aber warum eigentlich nicht? Wie wäre es, wenn ich John mal davon erzähle, der lief auch mal der Schweiß, als er bei Hermeyer allein präsentieren musste. Ich könnte ihn mal fragen, ob es ihm ähnlich geht, ein bisschen von mir erzählen, kein Blatt vor den Mund nehmen und hören, was er sagt. Wäre entlastend, könnte sein. Außer, er reagiert cool, glaub ich bei ihm aber nicht. Und wie wäre es dann bei der nächsten Präsentation? Ich würde ihn da sitzen sehen und es wäre, es wäre, es wäre ja: beruhigend. Ich hätte einen Verbündeten, kein Einzelkämpfer mehr. Das wär's.

Fassade weg und mich outen – dann bin ich BEI den anderen und nicht VOR ihnen.

Fokussprint – Beispiel

Ihr Nutzen

- Sie machen sich Ihre Gedankengänge bewusst, entwickeln sie weiter und halten sie schriftlich fest.
- Sie gewöhnen sich daran, flüssig, überwiegend in vollständigen Sätzen und mit der Zeit immer schneller zu schreiben.
- Sie gewinnen Formulierungen, die Sie für öffentliche Texte nutzen können.
- Sie nähern sich Ihrer eigenen Schreibstimme immer mehr an.
- Durch Schnellschreiben lässt sich der innere Zensor besonders gut ausschalten.
- Sie helfen sich ins Schreiben hinein und aus der Schreibhemmung heraus.
- Sie schreiben inspiriert und mit Spaß.

Kompakt: Der Fokussprint ist – ergänzt durch den Gedankensprint – *die* Basistechnik für Schreibdenken. Sie dokumentieren dabei möglichst schnell und unzensiert Ihre Gedanken. Die Hemmschwelle ist niedrig, der Ertrag ist groß.

11 Schreibstaffel

Bei der Schreibstaffel kombinieren Sie mehrere Fokussprints und vertiefen dadurch Ihre Gedanken zu einem Thema. Sie schreibdenken in mehreren Staffelabschnitten: Am Ende des ersten Fokussprints übergeben Sie sich selbst den Staffelstab – den ersten Kernsatz – und fahren mit dem nächsten Fokussprint fort. Oberflächliche, nahe liegende Gedanken haben Sie schnell hinter sich gelassen und dringen Schritt für Schritt in unbekannte Weiten und Tiefen Ihres Denkens vor.

Drei Ziele können Sie mit der Schreibstaffel verfolgen: Entweder Sie entdecken weiterführende und neue Aspekte. Oder Sie kommen immer mehr zum Kern dessen, was Sie ausdrücken möchten. Das dritte Ziel: Sie formulieren Schritt für Schritt prägnanter und treffsicherer und gewinnen dadurch viele Ausdrucksvarianten, die Sie später als Steinbruch für Ihren Rohtext nutzen können.

Die Schreibstaffel eignet sich für Schreibende, die

- den Fokussprint mögen,
- sich bei länger dauernden Schreibsprints nicht zu sehr erschöpfen,
- intensiv an einem Thema arbeiten wollen,
- ohnehin Versionenschreiber sind, wie in der Checkliste „Sind Sie ein Versionenschreiber?" beschrieben,
- von sich wissen, dass sie erst mit wiederholten Schreib-Anläufen das ausdrücken können, was sie sagen wollen.

Los geht's!

ca. 15–20 Minuten

Variante 1: In die Tiefe schreiben

Beginnen Sie mit einem Fokussprint. Markieren Sie danach das Wichtigste. Notieren Sie dazu einen Kernsatz.

Übergeben Sie den Staffelstab: Schreiben Sie den Kernsatz als Überschrift für den zweiten Staffelabschnitt auf. Zu der neuen Überschrift folgt ein weiterer Fokussprint. Lesen und markieren Sie. Schreiben Sie einen Kernsatz dazu.

Diesen Kernsatz nutzen Sie wiederum als neue Überschrift, es folgt ein dritter Fokussprint mit Kernsatz.

Zum Abschluss notieren Sie einen vierten und letzten Kernsatz, der das Wichtigste aus der gesamten Schreibstaffel auf den Punkt bringt.

Variante 2: Versionen schreiben

Bei dieser Variante schreibdenken Sie mit dem Ziel, mehrere Versionen Ihrer Gedanken zu formulieren, und nicht mit dem Ziel, tiefer liegende Schichten zu erreichen. Deshalb verwenden Sie hier nicht den Kernsatz für den jeweils nächsten Fokussprint, sondern setzen mehrmals neu bei der ursprünglichen Überschrift an:

Beenden Sie den ersten Fokussprint wie gewohnt mit einem Kernsatz. Anschließend fokussieren Sie sich für den zweiten Fokussprint erneut auf Ihre ursprüngliche Überschrift. Gehen Sie auch bei weiteren Fokussprints jedes Mal von der ursprünglichen Überschrift aus.

Tipp

Achten Sie bei dieser Übung auf Erschöpfungssymptome. Die Schreibstaffel liegt an der Grenze dessen, was die meisten Schreiber noch verkraften können. Halten Sie also die einzelnen Fokussprints unbedingt kurz – nicht länger als fünf Minuten inklusive Auswertung. Brechen Sie ab, wenn Sie sich lustlos oder von Ideen überschwemmt fühlen. Sonst kann aus der inspirierenden Schreibstaffel leicht eine überfordernde Pflichtübung werden, die Sie nie wieder anwenden möchten.

Hier sehen Sie ein Schaubild zu einer Schreibstaffel, die in die Tiefe geht. Auf drei Fokussprints folgt ein abschließender Kernsatz für die gesamte Schreibstaffel. Ziel dieser Schreibstaffel ist es, Schritt für Schritt mehr in die Tiefe zu gehen und sich eine Kernaussage zu erschreiben.

Schreibstaffel – In die Tiefe schreiben

Wenn Sie mehrere Versionen zu einer Fragestellung gewinnen wollen, die Sie anschließend als Ideen- oder Formulierungssteinbruch nutzen, so setzen Sie immer wieder bei der gleichen Überschrift statt beim Kernsatz an und schreiben mehrere Versionen.

Schreibstaffel – Versionen schreiben

Ihr Nutzen

- Sie schreibdenken in die Tiefe und entdecken weiterführende, neue und überraschende Aspekte, die nicht gleich in den ersten Minuten auftauchen.
- Sie nähern sich dem Kern dessen, was Sie ausdrücken möchten.
- Sie formulieren prägnanter und treffsicherer.
- Sie drücken sich variantenreich aus und erweitern dadurch Ihr Formulierungsrepertoire.
- Sie machen sich mit Ihrer eigenen Schreibstimme vertraut.

Kompakt: Die Schreibstaffel erfordert als „Langstreckenübung" eine gute Schreibkondition. Sie können damit tiefer liegende Denkschichten erreichen sowie weniger nahe liegende Ideen und Formulierungsvarianten finden.

12 KERNE

Ob Pfirsichkern oder Erdkern: Der Kern ist das Zentrum dessen, was ihn umgibt. Mit dieser Übung finden Sie zu Ihrer Kernaussage. Ohne Kern würden Sie beim Schreiben lediglich einen Haufen Text sammeln, von dem Sie vermutlich bereits direkt nach dem Schreiben kaum noch wüssten, was darin steht. Wer prägnant schreibt, schreibt verständlich. Für sich selbst und für andere. Ich habe deshalb die Übung „Kerne" entwickelt. Sie ist ein Teil von Schreibdenken und Sie kennen das Prinzip bereits aus den vorhergehenden Übungen: Im Zuge der Auswertung kommen Sie auf den Punkt. Sie nähern sich immer mehr dem für Sie Wesentlichen in Ihrem Handeln und Wollen.

Kerne eignen sich für Schreibende, die

- gerne schreibdenken und die schreibend auf den Punkt kommen wollen,
- sich prägnantes Schreiben angewöhnen wollen,
- sich dazu motivieren wollen, ihre Schreibdenktexte später noch einmal zu lesen,
- herausfinden wollen, was das Wesentliche in ihrem Leben ist.

Sie benötigen

- Ihre Schreibdenktexte: zum Beispiel Denkskizzen, Wort-, Gedanken- und Fokussprints, Schreibstaffel, Schreibgespräch oder Inkshedding,
- je nach Vorliebe einen Farbstift, ein Notizbuch, einen Handheld, ein Diktiergerät oder ein anderes Gerät, um Kernaussagen zu dokumentieren.

Los geht's!

ca. 5+ Minuten: zusätzlich etwas Denkzeit in den nächsten Wochen

Planen Sie für diese Übung in Ihrem Alltag etwas Denkzeit ein, sagen wir erst einmal für zwei Wochen.

Nehmen Sie einen Ihrer Schreibdenktexte zur Hand, zum Beispiel einen Fokussprint.

Überall dort, wo Sie einen bedeutsamen Gedanken entdecken, schreiben Sie ein Kernwort dazu, also einen Begriff, der den Gedanken auf den Punkt bringt. Verwenden Sie dafür eine andere Schriftfarbe.

Sie können auch einen Zwischenschritt einfügen: Verdichten Sie einen Gedanken in vier Schritten: Schreiben Sie in einer Zeile vier Wörter, in der zweiten Zeile drei, in der dritten zwei und in der vierten ein Wort.

Formulieren Sie den Kern*satz* für den gesamten Text – einen griffigen, ja formelhaften Satz – und heben Sie ihn ebenfalls mit einer anderen Schriftfarbe hervor oder umkreisen Sie ihn.

Übertragen Sie dieses Vorgehen nun auf jeden anderen Text, den Sie schreiben. Stellen Sie sich immer neu die Frage: Was ist der Kern dessen, was ich gerade geschrieben habe?

Im nächsten Schritt wenden Sie dieses Vorgehen auch im Gesprächsalltag jenseits des Schreibens an: Was ist der Kern dessen, was ich gerade gesagt habe? Dokumentieren Sie das immer wieder: mit Kernwörtern, mit einer Verdichtung, mit einem Kernsatz.

Gehen Sie jetzt noch einen Schritt weiter, indem Sie überlegen und dokumentieren: Was ist der Kern dessen, was ich gerade mache, was ich heute, in der nächsten Zeit, für meine Zukunft will?

Lesen Sie alle Kernsätze durch, die Sie in den zwei Wochen aufgeschrieben haben. Welche Schlüsse ziehen Sie daraus? Wie lautet der Kernsatz, der alle anderen Kernsätze zusammenfasst?

Tipp

Notieren Sie Kernwörter und -sätze immer in der für Sie praktischsten Form, damit der Aufwand und die Schwelle niedrig bleiben: im Notizbuch oder Kalender, mit einem Diktiergerät, Notebook oder Handy.

Sie sehen hier eine Denkskizze von mir, ich habe sie im Sommer 2010 gemalt, als ich an diesem Buch schrieb. Sie können dabei verfolgen, wie ich zu meiner Kernaussage gekommen bin. Ich habe den Kern in drei Schritten entwickelt: Zuerst habe ich die Denkskizze mit Kernwörtern – in einer anderen Schriftfarbe – beschriftet. Dann habe ich eine Verdichtung hinzugefügt, wiederum mit einer anderen Schriftfarbe. Dann folgt der Kernsatz. Den Kernsatz kann ich ganz direkt für meine weitere Arbeit an dem Buch nutzen. Ich habe ihn beim Schreiben im Kopf. Er taucht übrigens so ähnlich auch in meinem Vorwort auf.

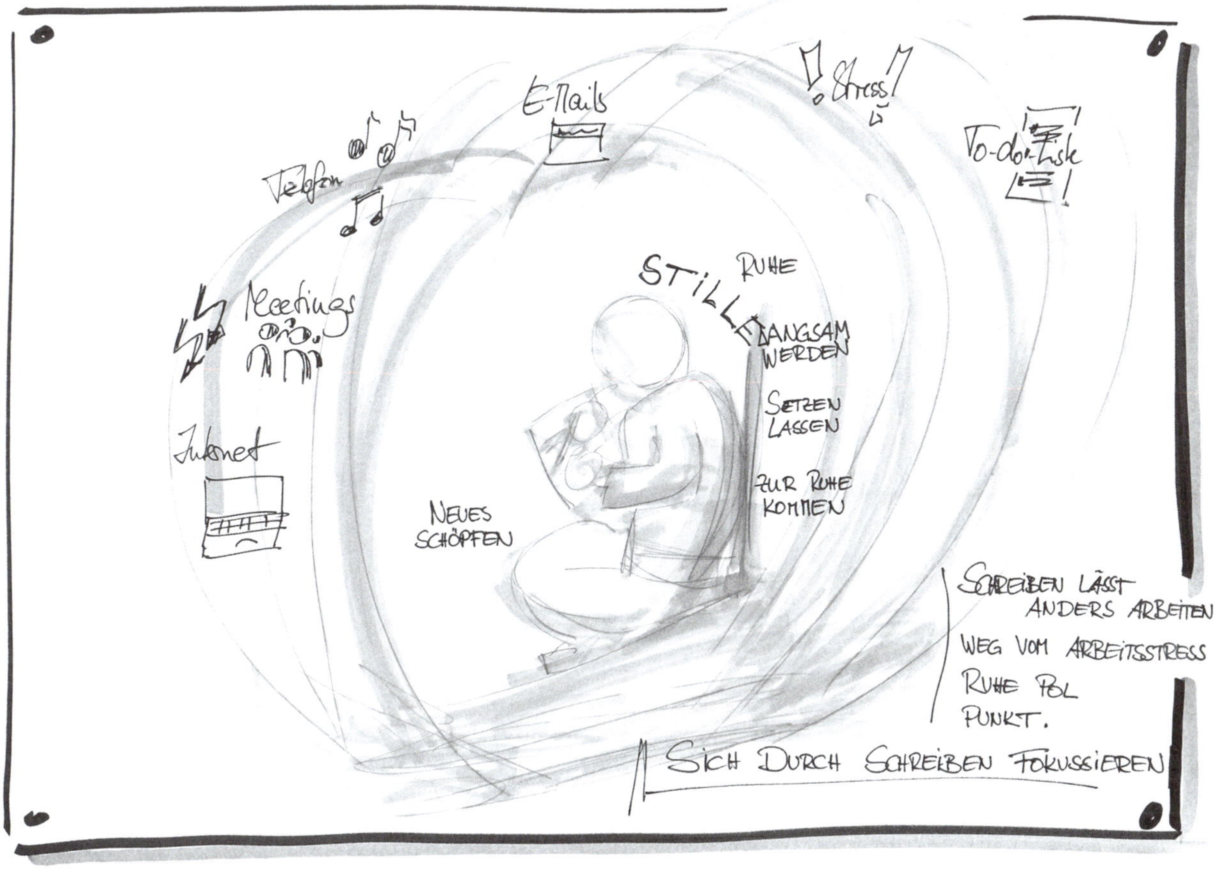

Kerne in einer Denkskizze – Beispiel

Ihr Nutzen

- Durch die optische Markierung trennen Sie die Spreu Ihrer Texte vom Weizen.
- Den Weizen – Ihre Kernaussagen – können Sie als Kraftnahrung aufheben und in die folgenden Phasen Ihres Schreibprojektes mitnehmen.
- Durch die Auswertung Ihrer Schreibdenktexte werten Sie diese vor sich selbst auf: Ein flüchtiger Gedanke wird zur bedeutungsvollen Kernaussage.
- Sie erkennen Ihre Kernaussagen auch später auf einen Blick.
- Sie trainieren auch im Alltag, auf den Punkt zu kommen.
- Sie finden immer mehr zum Wesentlichen in Ihrem Leben.

Kompakt: Kerne sind zentrale Aussagen, die Sie durch die Auswertung Ihrer Schreibdenktexte gewinnen. Das Vorgehen lässt sich auf andere Aktivitäten und Lebensbereiche übertragen: Sie können damit Ihr Denken und Handeln auf das Wesentliche fokussieren.

13 Notizstrategien

Der aus dem Portemonnaie gefischte Einkaufszettel, der Rand einer Zeitungsseite, der Bon aus dem Restaurant vom Abend zuvor: Notizen finden auf fast allen beschreibbaren Untergründen Platz. Zum Glück gibt es diese Möglichkeiten fast immer. Doch wie wäre es, wenn Sie eine eigene Notizstrategie anwenden, mit der Sie nicht nur im Ideen-Notfall Ihre Ideen systematisch fördern? Die guten Ideen zwischendurch – in Zeiten verminderter Aufmerksamkeit – kennt wohl jeder, denn dort melden sich oft die besten Einfälle. Ich habe für Menschen, die diese Einfälle fördern möchten und die gerne schreibdenken, Notizstrategien entwickelt, die Sie auf der gegenüberliegenden Seite sehen. Dadurch werten Sie Ihre Notizen auf und laden Ihr Denken ein, sich auf ungewohnte Wege zu begeben. Hintergrund für die Notizstrategien: Sie schreiben in einer vorgegebenen Form, die Ihnen ungewohnte Denkwege eröffnet.

Notizstrategien eignen sich für Schreibende, die

- gerne schreibdenken,
- sich in einer festgelegten Form besser entfalten können,
- ihre Ideenproduktion systematisch fördern möchten,
- kontinuierlich schreibdenken.

Sie benötigen

ca. 10 Minuten für die Vorbereitung

Formulare mit Seitenaufteilungen wie auf der gegenüberliegenden Seite, entweder in Ihrem Notizbuch, in einer Datei oder als ausgedruckte Formularseiten.

Los geht's!

Überlegen Sie sich, in welcher Form Sie Ihre Ideen im Alltag am liebsten aufschreiben. Was motiviert Sie am meisten zum Schreiben? Ein Notizbuch, das in die Handtasche passt? Lose Blätter, die Sie später abheften? Die Oberfläche Ihres Tablet-PC?

Lassen Sie Ihre Art des Schreibdenkens Revue passieren: Was charakterisiert Ihr Schreibdenken und was möchten Sie daran verbessern? Vielleicht würden Sie gerne mehr Denkskizzen und Bilder in Ihr Schreibdenken integrieren. Oder Sie wissen von sich, dass Sie Ihre Notizen später nicht mehr durchlesen, weil sie unleserlich, seitenlang oder zu chaotisch geschrieben sind, und würden das gerne ändern.

Wählen Sie anhand dieser Verbesserungswünsche aus den Formularseiten auf der gegenüberliegenden Seite: Welche Form würde Ihnen helfen, Ihr Schreibziel leichter zu erreichen, etwa fokussierter, bildhafter oder konzentrierter zu schreiben?

Gestalten Sie Ihre Formularseiten: Zeichnen Sie die Seitenaufteilungen zum Beispiel von Hand in Ihr Notizbuch oder drucken Sie sich die Formularseiten aus, wenn Sie ohnehin mit losen Blättern schreibdenken.

Schreibdenken Sie auf der jeweiligen Formularseite. Halten Sie am Ende jeder Seite inne und überblicken Sie kurz, welche Seitenelemente noch unausgefüllt sind. Fragen Sie sich, ob Sie sie jetzt gleich ausfüllen möchten oder ob Sie lieber nach Abschluss des Schreibdenkens zurückblättern und diesen Schritt nachholen wollen. Füllen Sie die noch unausgefüllten Seitenelemente spätestens am Ende der Schreibeinheit aus.

Tipp

Gestalten Sie die Seitenelemente farbig. Das erinnert und motiviert Sie, die Bereiche auszufüllen – und es erfreut das Auge.

Hier sehen Sie fünf Notizstrategien von mir. Bestimmte Orte auf der Seite sind reserviert für Kernsätze, schriftliche Dialoge, Verdichtungen, Um-die-Ecke-Denken oder Denkskizzen. Eine günstige Reihenfolge zum Ausfüllen habe ich durch die Nummerierung gekennzeichnet. Wie immer sind Sie eingeladen, Ihre eigenen Formulare zu entwickeln, die bestmöglich an Ihre Bedürfnisse beim Schreibdenken angepasst sind.

Die erste Notizstrategie, die Sie auf der Abbildung sehen, heißt„Roter Faden" und ist meine Basis-Notizstrategie. Dafür müssen Sie nichts anderes tun, als in Ihrem Notizbuch eine rote Linie ungefähr im unteren Siebtel einzeichnen oder in Ihrer Datei die Fußzeile durch einen roten Balken abtrennen. Sobald Sie am Ende einer Seite angekommen sind, halten Sie kurz inne und schreiben einen Kernsatz, der den Inhalt der Seite auf den Punkt bringt, in den Bereich des roten Fadens. Oder Sie schreiben erst zu Ende und blättern dann zurück. Sie könnten dafür noch einmal die vorhergehende Übung 12 – „Kerne" – lesen.

Die zweite Notizstrategie greift die Übung 25 – Perspektivenwechsel – auf. Sie schreiben dabei einen fiktiven Dialog und formulieren dazu wieder einen Kernsatz unten auf der Notizenseite.

Die dritte Strategie kennen Sie aus der vorhergehenden Übung 12 – „Kerne". Wenn Sie auf Ihrer Notizenseite unten Platz für eine Verdichtung lassen, so motivieren Sie sich selbst, Ihren Text Schritt für Schritt zu verdichten und schließlich auf andere Weise als mit einem schlichten Kernsatz auf den Punkt zu kommen.

Andere Schreibrichtung – andere Denkrichtung: Bei der vierten Strategie denken Sie sprichwörtlich um die Ecke, indem Sie das Blatt um 90 Grad drehen.

Bei der fünften Notizstrategie erstellen Sie in der Blattmitte eine Denkskizze und schreiben erst anschließend Ihren Text. Das Vorgehen ist in der Übung 7 – „Denkskizzen" – beschrieben..

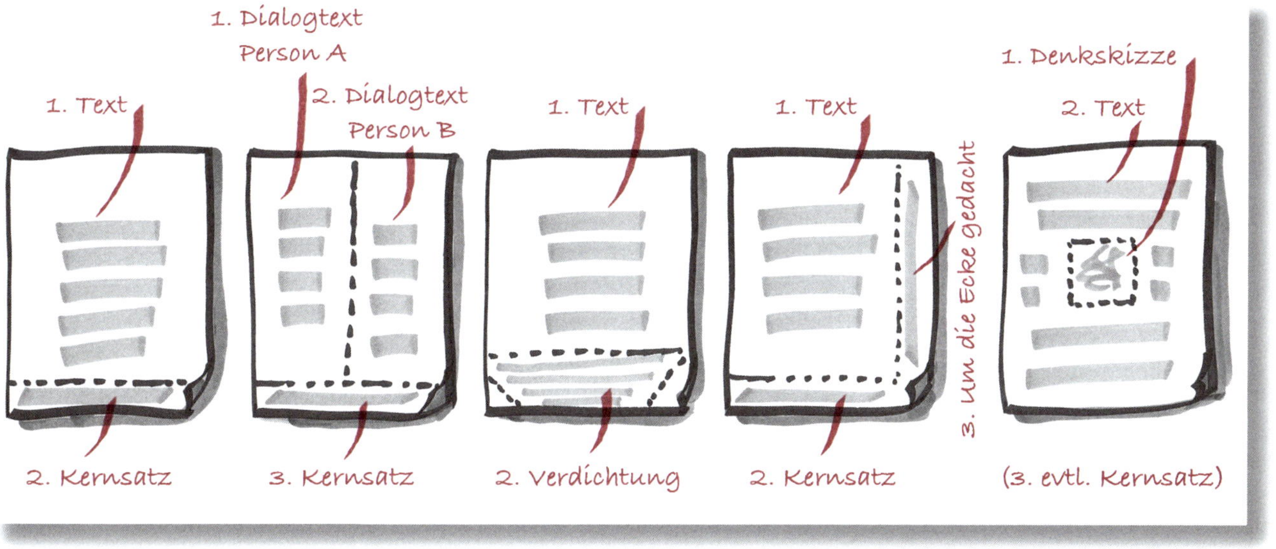

Notizstrategien

Ihr Nutzen

- Wenn Sie Ihre persönlichen Schreibformulare vorbereiten, motivieren Sie sich anders zum Schreiben.
- Sie orientieren sich durch den vorgegebenen Rahmen schon vorab auf eine bestimmte Art des Schreibdenkens.
- Sie üben sich darin, einem festgelegten Schreibmuster zu folgen.
- Sie denken ungewöhnlich.
- Sie sehen zentrale Elemente Ihres Schreibdenkens wie etwa Ihre Kernaussagen auf den ersten Blick.

Download

Leere Formularseiten „Notizstrategien" als pdf-Dokumente

Kompakt: Notizstrategien laden Sie dazu ein, Ihre Schreibdenktexte auszuwerten und mit weiteren Perspektiven zu kombinieren.

14 Schreibgespräche

Bisher haben Sie ausschließlich Übungen für Einzelpersonen kennen gelernt. Das entspricht meinem Ziel: Ich möchte Ihnen einfache Werkzeuge an die Hand geben, die Sie unaufwendig, jederzeit und für sich allein anwenden können. Doch an einigen Stellen im Schreibprozess geht es gemeinsam mit anderen Menschen besser. Für die Überarbeitung Ihres Textes sind Feedbackleser zum Beispiel eine große Hilfe. Für exzellente Texte sind sie sogar Voraussetzung. Doch auch in anderen Phasen des Schreibprozesses, etwa beim Ideen-Entwickeln, kann der Austausch mit anderen Menschen eine Bereicherung sein.

Für diese Übung führen Sie mit einem Schreibpartner ein schriftliches Gespräch zu einem vorher festgelegten Thema. Sie schreiben nicht mehr einsam. Sie werden merken, wie anders Sie dadurch schreiben.

Schreibgespräche eignen sich für Schreibende, die

- sich gerne schriftlich austauschen,
- sich mehr Austausch über ihr Thema wünschen oder ohne diesen Austausch schlechter schreiben,
- zu wenig Ideen und Inspiration beim Schreiben haben,
- sich sicherer mit ihrem Schreibthema fühlen wollen,
- motivierter schreiben, wenn sie schnell eine Antwort erhalten.

Sie benötigen

- einen Schreibpartner, mit dem Sie sich zu einem Thema schriftlich austauschen können;
- einen Computer mit der Möglichkeit, E-Mails zu senden und zu empfangen. Die Übung lässt sich natürlich auch handschriftlich durchführen.

Los geht's!

mehrmals ca. 10 Minuten

Verabreden Sie mit einem Schreibpartner ein Schreibgespräch mit folgenden Regeln: Schreiben Sie zu einem bestimmten Thema, das Sie zu Beginn vereinbaren. Senden Sie sich gegenseitig Fokussprints (Übung 10) zu, also schnell geschriebene, möglichst unzensierte Texte. Schreiben Sie jeweils nicht länger als zehn Minuten. Vereinbaren Sie zudem, bis wann Sie sich antworten: Günstig wäre etwa ein täglicher Austausch. Spätestens nach zwei Tagen sollte eine Antwort vorliegen.

Schreiben Sie das Thema fett markiert als Überschrift in eine Textdatei.

Schreiben Sie dazu einen ersten fünfminütigen Fokussprint inklusive Markierungen und Kernsatz. Unterschreiben Sie mit Ihrem Namen. Dieser Fokussprint ist kein waschechter, denn Sie wissen beim Schreiben bereits, dass Sie ihn an Ihren Schreibpartner schicken. Das ruft die Selbstzensur auf den Plan. Versuchen Sie, mit Tempo und Mut gegen diese Einschränkung anzuschreiben, und vergegenwärtigen Sie sich immer wieder Ihre Vereinbarung, unkorrigierte Texte zu verschicken.

Versenden Sie die Datei. Ihr Schreibpartner schreibt nun entweder seine eigenen Gedanken zu der Überschrift oder er greift einen Gedanken aus Ihrem Fokussprint auf und führt ihn fort. Anschließend kommentiert er eventuell noch Ihren Fokussprint, indem er Kommentare direkt an der Textstelle einfügt. Er unterschreibt mit seinem Namen.

Nun schickt er die Textdatei an Sie zurück. Sie fahren genauso fort wie zuvor Ihr Schreibpartner usw.

Tipp

Halten Sie eine hohe Antwortgeschwindigkeit während des Schreibgespräches und beenden Sie das Gespräch lieber „offiziell" als es einschlafen zu lassen. Vereinbaren Sie einen Zeitrahmen für das Schreibgespräch, zum Beispiel fünf Tage. Zu lange Gesprächspausen sind nicht nur im mündlichen Gespräch frustrierend. Für ein Schreibgespräch sind sie der Motivationskiller schlechthin.

Die folgende Abbildung veranschaulicht, wie ein Schreibgespräch ablaufen kann.

Schreibgespräch

Und dieser Text ist ein Ausschnitt aus einem Schreibgespräch zum Thema „Ghostwriting".

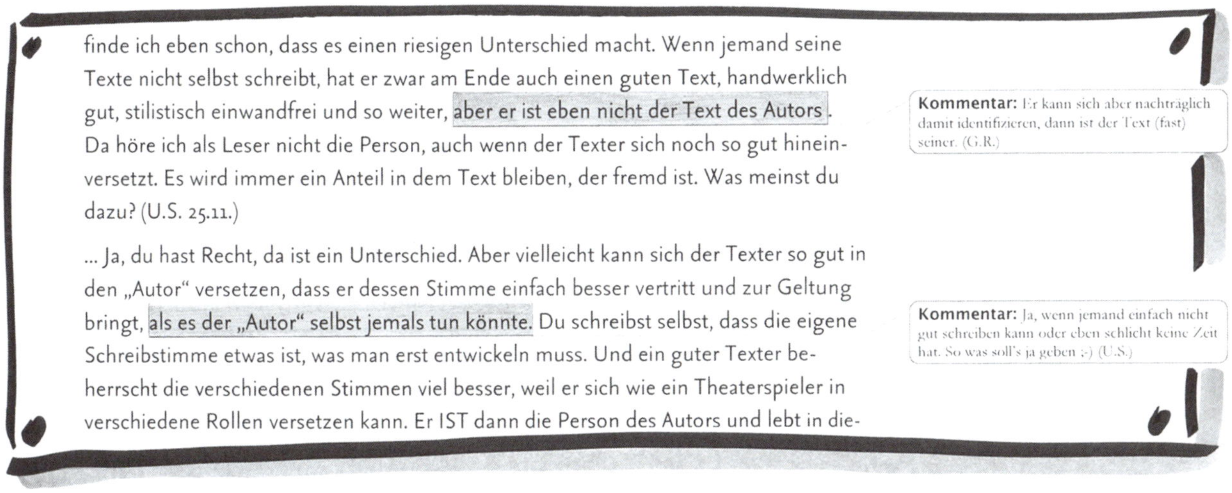
finde ich eben schon, dass es einen riesigen Unterschied macht. Wenn jemand seine Texte nicht selbst schreibt, hat er zwar am Ende auch einen guten Text, handwerklich gut, stilistisch einwandfrei und so weiter, aber er ist eben nicht der Text des Autors. Da höre ich als Leser nicht die Person, auch wenn der Texter sich noch so gut hineinversetzt. Es wird immer ein Anteil in dem Text bleiben, der fremd ist. Was meinst du dazu? (U.S. 25.11.)

Kommentar: Er kann sich aber nachträglich damit identifizieren, dann ist der Text (fast) seiner. (G.R.)

... Ja, du hast Recht, da ist ein Unterschied. Aber vielleicht kann sich der Texter so gut in den „Autor" versetzen, dass er dessen Stimme einfach besser vertritt und zur Geltung bringt, als es der „Autor" selbst jemals tun könnte. Du schreibst selbst, dass die eigene Schreibstimme etwas ist, was man erst entwickeln muss. Und ein guter Texter beherrscht die verschiedenen Stimmen viel besser, weil er sich wie ein Theaterspieler in verschiedene Rollen versetzen kann. Er IST dann die Person des Autors und lebt in die-

Kommentar: Ja, wenn jemand einfach nicht gut schreiben kann oder eben schlicht keine Zeit hat. So was soll's ja geben ;-) (U.S.)

Schreibgespräch – Beispiel

Ihr Nutzen

- Durch den unmittelbaren schriftlichen Austausch erhalten Sie neue Ideen für Ihren Text und für Ihr Vorgehen beim Schreiben.
- Sie üben sich darin, das Schreiben als Gespräch zwischen Autor und Leser zu empfinden.
- Sie kultivieren die Kontaktaufnahme zum Leser beim Schreiben. Das Schreiben wird leserorientierter.
- Sie schreiben mit mehr Spaß durch die direkte Leserresonanz.
- Sie steigen voller Interesse und Inspiration in Ihr Thema ein.

Kompakt: Mit Schreibgesprächen können Sie mit einem realen Gegenüber schreibdenken. Sie bekommen rasch eine Reaktion auf Ihre Gedanken und können inspiriert weiterschreiben.

15 Inkshedding

Wie das Schreibgespräch in der vorhergehenden Übung funktioniert auch das Inkshedding mit Schreibpartnern. Hier gehen Sie sogar noch einen Schritt weiter. Sie schreiben in der Gruppe, in der Regel bei einer Zusammenkunft der Beteiligten. Als Erfinder des Inkshedding gelten die kanadischen Professoren Russ A. Hunt und Jim Reither, die es als Form der schriftlichen Gruppen-Kommunikation in Hochschulseminaren entwickelt haben. Inkshedding bedeutet so viel wie „Tinte ausschütten". Es ist zwar Schreibdenken, bleibt aber ausnahmsweise nicht privat, sondern wird einem Kreis von interessierten Menschen mitgeteilt. Ziel des Inkshedding ist, Schreiben als Form des Gesprächs mit sich selbst *und* mit anderen zu nutzen.

Ich habe Inkshedding zuerst in Seminaren für Hochschuldozenten ausprobiert – der Effekt ist verblüffend: Die stille Schreib- und Lesephase erzeugt eine äußerst produktive Stimmung: Die Teilnehmer sind hochkonzentriert. Auch in der nachfolgenden Diskussion sind sie auffallend achtsam. Sie konzentrieren sich ganz anders auf die Beiträge anderer Teilnehmer und den Diskussionsverlauf.

Inkshedding eignet sich für Schreibende, die

- mit einer Gruppe auf ungewöhnliche Art neue Ideen zu einem Thema sammeln möchten,
- die Ideen *aller* Teilnehmer erfahren möchten – nicht nur derjenigen, die gerne reden,
- das dialogische Schreiben üben wollen,
- Meetings, Sitzungen und Tagungen anders als sonst gestalten möchten.

Sie benötigen

mindestens zwei weitere Inkshedding-Partner.

Los geht's! ◑ ca. 30–40 Minuten

Lesen Sie diese Übungsanleitung erst durch und besprechen Sie die Inkshedding-Regeln, die Sie daraus ableiten können, mit den anderen Teilnehmern. Einigen Sie sich auf ein Thema, zu dem Sie schreiben wollen.

Jeder falzt sein Blatt Papier horizontal in der Mitte und schreibt zu dem verabredeten Thema einen fünfminütigen Fokussprint (Übung 10). Entweder unterschreiben Sie den Fokussprint mit Ihrem Namen oder Sie vereinbaren anonymes Schreiben, das die Selbstzensur mäßigen kann. Man kann die Entscheidung auch dem jeweiligen Autor überlassen.

Anschließend gibt jeder seinen Text einem beliebigen anderen Gruppenmitglied zum Lesen bzw. die Texte werden eingesammelt, gemischt und wieder ausgeteilt. Jeder Teilnehmer liest dann einen fremden Text in einer gemeinsamen Lesezeit.

Der Leser markiert am Rand mit einem senkrechten Strich das, was ihm besonders interessant, neu, spannend und aufregend vorkommt. Zusätzlich kommentiert er diese Textstellen, wenn er etwas dazu mitteilen möchte. Achtung: Es geht stets nur um Inhalte und positive Kommentare, nie um den Schreibstil oder Formfragen. Alles ist auf produktive Weiterentwicklung von Inhalten und auf Inspiration ausgerichtet.

Danach werden die Texte mindestens noch einmal für eine zweite Lesephase weitergereicht.

Der Text mit den (mehrfach) markierten und kommentierten Textpassagen geht an den Autor zurück. Jeder Autor liest die markierten und kommentierten Passagen laut vor.

Tipp

Arbeiten Sie nach dem Inkshedding mit den Ergebnissen weiter. Meist entspinnt sich nach der Leserunde ein intensives Gespräch. Sie können aber auch mit einem weiteren Inkshedding anschließen. Oder die Texte werden abgeschrieben und allen zugänglich gemacht. Oder einzelne Teilnehmer arbeiten an besonders interessanten Themen bis zu einem vereinbarten Termin weiter.

Und so verläuft ein typisches Inkshedding – als Schaubild dargestellt:

Inkshedding

In einem meiner „Schreibdenken"-Seminare haben wir ein Inkshedding zu der These „Schreibprobleme sind Denkprobleme" mit drei Lesedurchgängen ausprobiert. Hier sehen Sie einen Ausschnitt aus meinem Text, markiert und kommentiert von drei Seminarteilnehmern.

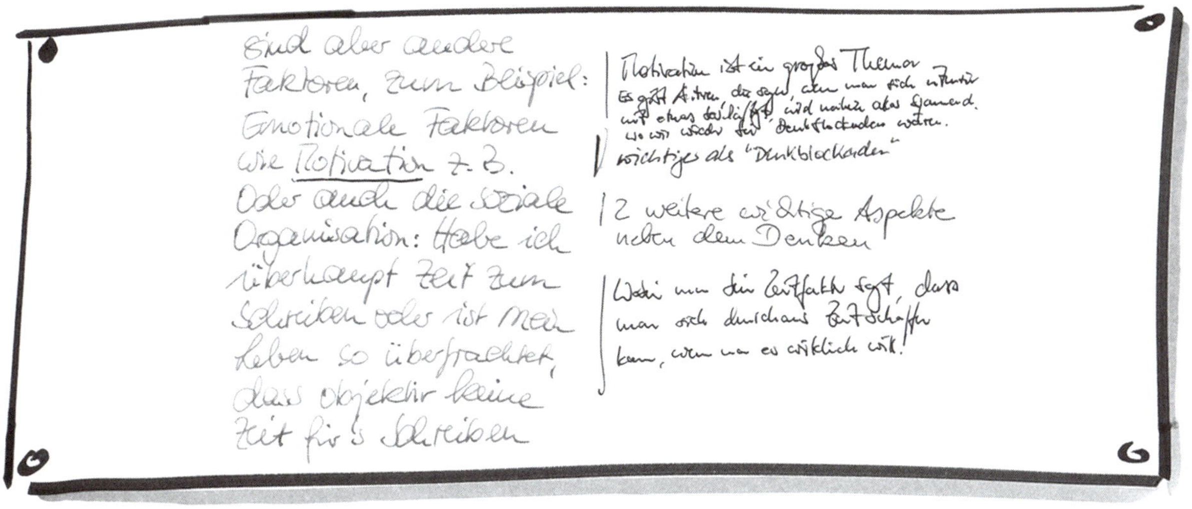

Inkshedding – Beispiel

Ihr Nutzen

- Sie erleben Schreiben nicht als einsame Tätigkeit, sondern als bereichernden Austausch.
- Das Schreiben wird leserorientierter, weil der Leser nicht fiktiv, sondern real anwesend ist.
- Jeder kommt zu Wort, anstatt dass wenige Personen, die gerne reden, die Diskussion beherrschen und beeinflussen.
- Durch laut gelesene Inkshedding-Textpassagen entfaltet sich oft eine besondere und intensive Atmosphäre, in der Gedankengängen mehr Aufmerksamkeit als sonst geschenkt wird.
- Inkshedding verlangsamt Denk- und Diskussionsprozesse, was zu mehr Tiefe führen kann.

Kompakt: Inkshedding ist Schreibdenken in der Gruppe zur Ideenentwicklung auf höchstem Niveau.

16 Gedankenlandkarten

In dieser Übung lernen Sie verschiedene Werkzeuge kennen, um Ihre Gliederung kreativer als mit einem herkömmlichen Inhaltsverzeichnis zu entwickeln. Sie nutzen Ihr Denkpotenzial besser, wenn Sie Strukturen sprachlich und zugleich bildlich darstellen. Das brauchen Sie insbesondere für komplexe und größere Schreibprojekte – einen umfangreichen Bericht, eine wissenschaftliche Arbeit, ein Buch.

Die bekannteste Alternative zum linearen Inhaltsverzeichnis ist das Mindmapping: Von einem Kernthema ausgehend werden Äste mit den wichtigsten Aspekten des Themas sternförmig angeordnet. Daran schließen Zweige und Unterzweige in den nächsten Hierarchieebenen an. Die Darstellungsform wurde von dem Gedächtnistrainer Tony Buzan entwickelt und ist der Denkweise des Gehirns nachempfunden. Doch auch mit einer gewöhnlichen Gliederung können Sie kreativer als bisher arbeiten. Und mit Karten gliedern Sie flexibel und übersichtlich. Auf der gegenüberliegenden Seite sehen Sie dazu Beispiele.

Gedankenlandkarten eignen sich für Schreibende, die

- ihre Texte ideen- und lustlos gliedern,
- eher in Bildern denken und verarbeiten,
- mit hochkomplexen und flexiblen Gliederungen arbeiten, wie z. B. Wissenschaftler.

Sie benötigen

je nach Gliederungsvariante: ein Blatt Blanko-Papier vorzugsweise im Format DIN A3 und farbige Stifte; oder eine Mindmapping-Software; oder Karteikarten im Format DIN A6 (Postkartenformat) bzw. DIN A7.

Los geht's! ca. 5–15 Minuten

Wählen Sie aus den Varianten auf der gegenüberliegenden Seite eine Gliederungstechnik für Ihr aktuelles Schreibprojekt aus, die Ihren Vorlieben entspricht und zu Ihrem Thema passt.

Mindmap: Schreiben Sie in die Mitte eines Blattes ein zentrales Wort Ihres Schreibprojektes. Zeichnen Sie dann Äste ausgehend von Ihrem Kernwort, die in verschiedene Richtungen abzweigen. Auf diesen Ästen platzieren Sie im Uhrzeigersinn Ihre Hauptüberschriften. Davon lassen Sie die zweite Gliederungsebene abzweigen: Zweige, die Sie ebenso beschriften. Sie können beliebig viele weitere Unterzweige in der jeweils nächsten Gliederungsebene anfügen. Zeichnen Sie anschließend Verbindungslinien ein, wo Sie Zusammenhänge zwischen einzelnen Gliederungspunkten erkennen. Das Gleiche machen Sie mit Aspekten, die an verschiedene Orte der Gliederung gehören könnten.

Erweiterte lineare Gliederung: Verwenden Sie für Ihre herkömmliche Gliederung verschiedenfarbige Schrift, Symbole und Bilder und zeichnen Sie auch hier Verbindungslinien ein, wenn es Bezüge zwischen den einzelnen Gliederungspunkten gibt.

Kartengliederung: Notieren Sie jeden Gliederungspunkt auf einer Karte, z. B. im Postkartenformat. Verwenden Sie verschiedene Karten- und/oder Stiftfarben für unterschiedliche Gliederungsebenen. Zusätzlich können Sie inhaltliche Stichpunkte auf den Karten notieren. Anschließend befestigen Sie die Karten entweder in Mindmap-Form oder linear an einer Wand, und zwar so, dass Sie jederzeit und leicht die Position der Karten verändern können. Die Kartengliederung ist geeignet für große, komplexe und flexibel zu handhabende Schreibprojekte. Wissenschaftler etwa bauen oft über Monate oder Jahre hinweg ihre Gliederung immer wieder um – parallel zu sich entwickelnden Forschungsergebnissen und wissenschaftlichen Denkprozessen.

Tipp

Eine Mindmapping-Software ist eine sinnvolle Hilfe, um stets übersichtlich zu arbeiten – was bei handgezeichneten Mindmaps ungleich schwerer fällt.

Hier sehen Sie auf der linken Seite der Abbildung eine Mindmap, die ich zum Thema dieser Übung mit einer Software erstellt habe. Die Verbindungspfeile weisen auf Gegensätze oder Ähnlichkeiten hin. Die Notizsymbole an einem Ast bzw. Zweig zeigen an, dass dort Texte hinterlegt sind. Das Mindmapping eignet sich gut, um die Facetten eines Themas hierarchisch und im Überblick abzubilden und neue Ideen anzufügen.

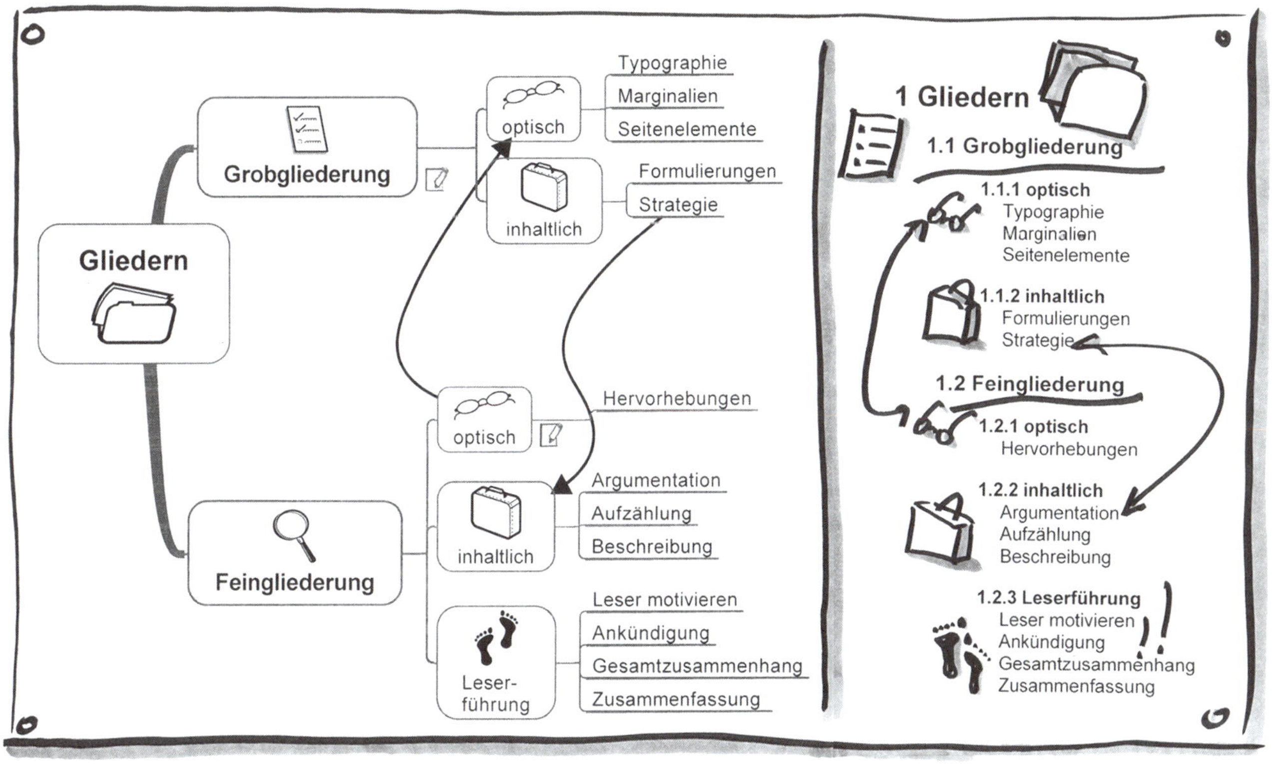

Mindmap und erweiterte lineare Gliederung – Beispiel

Die gleiche Struktur habe ich auf der rechten Seite der Abbildung als erweiterte lineare Gliederung dargestellt – zum Beispiel sinnvoll für kleine Schreibprojekte, für eine detaillierte Abschnittsplanung oder wenn Ihnen das Mindmapping nicht liegt und Sie dennoch mit Bildelementen Ihre Denkleistung erhöhen möchten. Was liegt Ihnen eher?

Ihr Nutzen

- Sie bewahren durch bildhafte Elemente einen besseren Überblick über Ihr Schreibprojekt und prägen sich die Struktur leichter ein.
- Sie erhöhen die Denkleistung Ihres Gehirns.
- Sie strukturieren mit mehr Spaß und sind dadurch motivierter, gründlich zu strukturieren. Das tut Ihren Texten gut.
- Sie entwickeln leichter ungewöhnliche Strukturierungsideen.

Kompakt: Gedankenlandkarten helfen Ihnen dabei, innovativer und kreativer zu gliedern und den Überblick über Ihr Schreibprojekt zu bewahren.

ÜBUNG

17 Der rote Faden

Schreiben mit dem roten Faden: für viele Schreibende das Ideal des erfolgreichen Schreibens. Zu Recht. Denn wer beim Schreiben einen roten Faden spinnen und diesen dem Leser vermitteln kann, hat einen gelungenen Text meist schon in der Tasche – wenn Inhalt und Stil auch noch stimmen. Mit dieser Übung erschreiben Sie sich diesen Kompass, der Sie während der folgenden Schreibphasen auf Kurs hält.

Übrigens: Auch der rote Faden ist eine Schreibdenk-Technik und nur für Sie selbst gedacht.

Der rote Faden eignet sich für Schreibende, die

- bereits einen Gliederungsentwurf haben,
- sich den Schritt von der Gliederung zum Rohtext erleichtern wollen,
- sich schwer damit tun, den Überblick über ihr Schreibprojekt zu behalten,
- an großen und unübersichtlichen Schreibprojekten arbeiten,
- Sicherheit erlangen möchten, dass sie ihr Schreibprojekt bewältigen können,
- sich gerade ausgeruht und geistig fit für eine fordernde Schreibaufgabe fühlen.

Sie benötigen

Ihren Gliederungsentwurf, einige Blätter Papier bzw. eine neue Textdatei.

Los geht's! ◑ ca. 20–30 Minuten

Legen Sie den Gliederungsentwurf Ihres aktuellen Textes bereit.

Wenn Sie dazu neigen, sich beim Schreiben am Computer in Details zu verlieren, so schreiben Sie den roten Faden lieber handschriftlich. Verteilen Sie in diesem Fall die Überschriften Ihrer Gliederung auf mehrere Seiten und lassen Sie zwischen den einzelnen Überschriften Leerraum für ungefähr drei Sätze, wie im Schaubild auf der gegenüberliegenden Seite dargestellt. Auf einer Seite steht dann zum Beispiel: 2, 2.1, 2.2 und 2.3.

Schreiben Sie nun zügig etwa drei Sätze zu jedem Gliederungspunkt. In diesen drei Sätzen sind die Hauptaussagen zur jeweiligen Überschrift enthalten. Die Betonung liegt bei dieser Übung auf „zügig": Bleiben Sie unbedingt im Schreibfluss und schreiben Sie das auf, was Ihnen zuerst einfällt. Wenn Ihnen Informationen fehlen oder die Inhalte noch ungeklärt sind, so formulieren Sie dort Vermutungen und frei erfundene Thesen. Hauptsache, Sie schreiben einen Text ohne Leerstellen – in einem Durchgang von ungefähr zwanzig bis dreißig Minuten Dauer.

Nun können Sie Ihren roten Faden zur Orientierung nutzen, zum Beispiel indem Sie ihn über Ihrem Schreibort an der Wand befestigen.

Tipp

Bei vielen Mindmapping-Programmen lassen sich bei den Zweigen Textnotizen hinterlegen. Schreiben Sie dort jeweils Ihre zwei bis drei Sätze für den roten Faden und exportieren Sie später die Mindmap in Ihr Textverarbeitungsprogramm. Sie wird in einen fertig gegliederten und formatierten Text konvertiert, der die Textnotizen als Fließtext zeigt – Ihren roten Faden. Eine gute Mindmapping-Software sollte diese Textnotizen- und Exportfunktion enthalten.

Drei Klienten, deren Schreibprobleme ich im zweiten Teil beschrieben habe, profitieren besonders von dem roten Faden: Sigrun, die bei ihren wissenschaftlichen Texten kaum noch zwischen wichtig und unwichtig unterscheiden kann. Der rote Faden erinnert sie an ihre ursprünglichen Schwerpunkte, die ihr vor dem Rohtexten noch klar waren. Auch Martin, der meist ohne Plan drauflosschreibt, hat festgestellt, dass er durch den roten Faden Zeit spart, weil er anschließend weitaus fokussierter schreiben kann. Auch Marianne, die sich beim Schreiben von ihren Einfällen überschwemmt fühlt, erlebt durch den roten Faden eine Fokussierung. Das einzige Problem bei der Übung: Viele brauchen dafür eine besondere Motivation. So äußern die Teilnehmer in meinen Seminaren häufig: „Gut, dass wir die Übung hier gemacht haben, ich hätte mich da allein nicht rangetraut." Deshalb spätestens jetzt: Los geht's! Das folgende Schaubild mag Sie motivieren. Sie sehen erst einen bereits strukturierten Text. Anschließend sind die Überschriften der Gliederung mit Abstand auf verschiedene Seiten verteilt. Dann wird der Text des roten Fadens Seite um Seite eingefügt.

Roter Faden

Ihr Nutzen

- Sie gewinnen schon früh den Überblick über Ihr Schreibprojekt – detaillierter als mit einer Gliederung.
- Sie formulieren zentrale Gedankengänge bereits aus und erleichtern sich den Schritt zum Rohtexten.
- Sie verschaffen sich das gute Gefühl, zu jedem Gliederungspunkt etwas „zu haben" und schreiben zu können.
- Insbesondere beim Rohtexten können Sie immer wieder den roten Faden zu Rate ziehen, wenn Sie Gefahr laufen, abzuschweifen, oder wenn Sie nicht mehr weiterwissen.

Kompakt: Der rote Faden erleichtert Ihnen als Zwischenschritt zwischen Strukturieren und Rohtexten den Einstieg in die schwierige Rohtextphase und verschafft Ihnen Orientierung für die folgenden Schreibphasen.

18 Textpfad

Das Grobstrukturieren von Texten für die Gliederung haben Sie mit den „Gedankenlandkarten“ kennengelernt. Nun folgt die nächste Herausforderung: einen einzelnen Textabschnitt zu strukturieren. Das ist Feinarbeit. Martin, der Klient aus dem sechsten Beispiel, steht für die unzähligen Schreibenden, die das verlernt oder nie gelernt haben. Eine Feinstruktur mit einer einfachen Argumentation könnte zum Beispiel so aussehen: Zuerst stellen Sie eine Behauptung auf, die Sie mit ein bis drei Argumenten begründen und mit einem Beispiel ergänzen. Vielleicht erklären Sie aber auch einen Handlungsablauf mit einer chronologischen Abfolge von Schritten oder Sie planen eine Aufzählung als Fließtext.

Mit dieser Übung lernen Sie, einen Textabschnitt vorab zu planen. Ich habe dafür den Textpfad entwickelt, der Ihnen mit Visualisierungselementen eine kreative Planung ermöglicht.

Der Textpfad eignet sich für Schreibende, die

- gerne planvoll schreiben,
- das planende Denken und Schreiben trainieren möchten,
- beim Rohtexten nicht einfach drauflosschreiben, sondern ihre Gedankengänge in jedem Abschnitt planen und schlüssig aufbauen wollen,
- beim Rohtexten leicht abschweifen und den roten Faden verlieren.

Los geht's!

ca. 5 Minuten

Notieren Sie auf einem Blatt Papier eine Überschrift für den Abschnitt, den Sie mit einem Textpfad planen wollen. In einem Textabschnitt wird in der Regel ein Gedankengang ausgeführt.

Schreiben Sie nun untereinander die Strukturelemente, die Ihr Textabschnitt enthalten soll. Wenn Sie eine These begründen wollen, so vergegenwärtigen Sie sich dafür die Grundmuster des Argumentierens auf der gegenüberliegenden Seite. Planen Sie beispielsweise zu Beginn Ihres Abschnittes eine provokante These, so schreiben Sie das Wort „These“ unter die Überschrift und umranden es – der erste Wegweiser auf Ihrem Textpfad. Von dort zeichnen Sie eine senkrechte Linie zum nächsten Strukturelement, zum Beispiel einem ersten Argument, das die These begründet: Notieren Sie das Wort „Argument 1“ und umranden Sie es wieder. Davon ausgehend führt eine Linie ein Stück nach unten. Dort folgt der nächste Wegweiser usw.

Verwenden Sie verschiedene Formen für die Umrandung der Wegweiser: zum Beispiel eine Ellipse für die Hauptaussage, eine Raute für alle Argumente, Wolkenformen für die Beispiele. So wird Ihr Textpfad übersichtlich und einprägsamer, insbesondere für die visuell orientierten Schreiber unter Ihnen. Sie erkennen sofort, welche Strukturelemente im Textpfad vorhanden sind und welche überwiegen oder fehlen.

Wenn Sie Ihre Planung der Strukturelemente abgeschlossen haben, schreiben Sie neben jedes Strukturelement die Inhalte in Stichworten.

Tipp

Denken Sie nicht nur an den inhaltlichen Aufbau, sondern auch daran, Ihre Leser durch Ihren Text zu führen. Leser honorieren es – gerade bei komplexen Inhalten –, wenn Sie sie zum Weiterlesen motivieren, Ihnen Zusammenhänge nochmals zusammenfassend erklären, das weitere Vorgehen im Text ankündigen und Ihnen den Inhalt schmackhaft machen. So halten Sie das Interesse Ihrer Leser wach.

In dieser Abbildung sehen Sie ein Beispiel für den Textpfad zu meinem Vorwort für dieses Buch. Alle Strukturelemente sind auf der linken Seite notiert – die Inhalte sind auf der rechten Seite hinzugefügt.

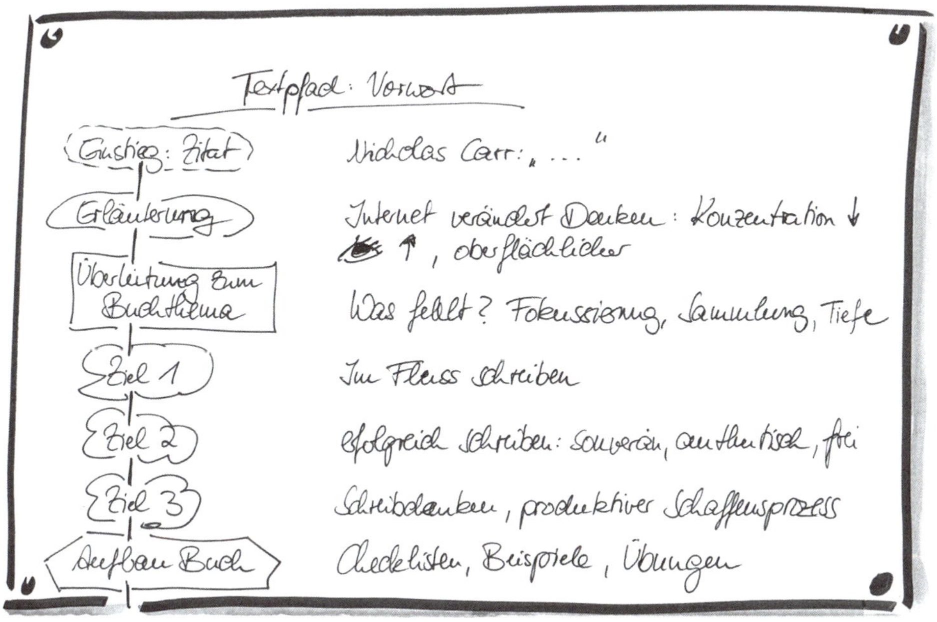

Textpfad – Beispiel

Häufig werden Sie in Texten argumentieren – zum Beispiel immer dann, wenn Sie überzeugen oder begründen wollen: Sie stellen eine Behauptung, eine These auf. Sie begründen diese These mit einem Argument. Das war's schon: Sie haben argumentiert. Das kann man noch etwas ausdifferenzieren. Sie sehen hier Argumentationsmuster mit Beispielen für Satzanfänge, die sich am so genannten Fünfsatz nach dem Sprachwissenschaftler Hellmut Geißner orientieren. Die Einleitung – der erste Satz – schildert das Problem, die Fragestellung oder das Thema. Im Hauptteil können die drei folgenden Sätze unterschiedlich kombiniert werden. Sie sind das argumentative Kernstück des Fünfsatzes. Der fünfte Satz nennt die Hauptaussage oder zieht eine Schlussfolgerung aus der Argumentation.

Suchen Sie sich denjenigen Fünfsatz aus, der Ihre These am besten herausstellt.

Feinstruktur mit Fünfsätzen

Ihr Nutzen

- Sie halten sich beim Rohtexten auch auf Abschnittsebene an eine Planung. Das entlastet.
- Sie entdecken die Lust am gut geplanten Argumentieren und Überzeugen – und trainieren es.
- Sie erhalten klar strukturierte Textabschnitte – und haben damit bereits die halbe Strecke zum hervorragenden Text zurückgelegt.

Kompakt: Feinstrukturieren auf Abschnittsebene gelingt mit dem Textpfad leichter, weil Sie mit Bedacht Ihre Argumente oder anderen Strukturelemente aufbauen.

19 Überschriften

Lassen Sie Ihre Texte herausragen aus den Buchstabenwüsten vieler anderer Texte! Teilen Sie sie in kleine, leicht verdauliche Häppchen auf, die das Interesse Ihrer Leser wecken und sie zum Weiterlesen verleiten – weil sie mit Überschriften versehen sind. Formulieren Sie prägnante, ungewöhnliche, neugierig machende oder humorvolle Überschriften, Titel, Untertitel und Betreffzeilen. Erst damit bringen Sie Ihre Ideen auch beim Leser groß heraus und setzen beeindruckende Akzente, die im Gedächtnis bleiben.

Die Überschriften-Übung eignet sich für Schreibende, die

- mit ihren Texten mehr auffallen wollen,
- bei ihren Texten überhaupt Spielräume für ungewöhnliche Überschriften haben,
- sich selbst mit ihren Überschriften eine Strukturierungshilfe für ihre Texte geben wollen.

Sie benötigen

Ihren Gliederungsentwurf und Ihren bisher geschriebenen Rohtext.

Los geht's

ca. 10+ Minuten: zusätzlich etwas Denkzeit in der nächsten Zeit

Nehmen Sie Ihren Rohtext zur Hand und überlegen Sie, welches Ziel Sie mit Ihren Überschriften verfolgen. Hinweise zur Entwicklung von Überschriften finden Sie jeweils auf der gegenüberliegenden Seite. Sollen die Überschriften

- dem Leser Informationen bieten?
- einen Unterhaltungswert haben?
- den Leser emotional ansprechen?
- eine neue These schon vorab vermitteln, um ihn neugierig zu machen?

Schreibdenken Sie ein paar Minuten zu dem Textabschnitt, den Sie mit einer Überschrift versehen wollen, und zwar mit Ihrer Lieblingstechnik: Erstellen Sie eine Denkskizze, einen Wort- oder Fokussprint oder einen Cluster. Fahnden Sie beim Auswerten nach interessanten Formulierungen und Thesen.

Schreiben Sie ohne viel zu grübeln mindestens drei Überschriftenvarianten auf – am besten auf ein Blatt Papier. Lassen Sie sich dabei auch von den Beispielen auf der gegenüberliegenden Seite anregen: Verwenden Sie Stilmittel, um auf ungewöhnliche, irritierende, humorige und überraschende Überschriften zu kommen.

Markieren Sie alle Überschriftenideen, die Sie besonders gelungen finden. Lassen Sie anschließend das Blatt Papier offen liegen oder befestigen Sie es an der Wand. Nehmen Sie es sich in den nächsten Tagen noch mehrmals vor. Denken Sie anhand der markierten Wörter oder Satzteile in neue Richtungen bzw. entwickeln Sie ganz neue Einfälle.

Abschließend wählen Sie die beste(n) Überschrift(en) für Ihren Text aus.

Tipp

Besonders effektiv ist die Titel- und Überschriftensuche im Team: Machen Sie zum Abschluss eines Meetings eine zehnminütige Titelrunde – das hebt die Stimmung und generiert überraschende Ideen. Und das geht so: Jeder schreibt auf ein Blatt Papier seine Überschrift. Entweder notieren alle zum selben Thema eine Überschrift oder jeder zu seinem eigenen Thema. Dann wird das Blatt weitergereicht, der Sitznachbar schreibt eine Variante zur vorhandenen Überschrift und reicht das Blatt wiederum weiter. Das geht in der Regel so lange, bis Ihr Blatt wieder bei Ihnen angekommen ist. Innerhalb von ein paar Minuten haben Sie zahlreiche Varianten zu einer Überschrift gesammelt.

Hier finden Sie eine Reihe von Tipps und Beispielen für einfallsreiche Überschriften und Titel. Insbesondere bei den Sachbuchbestsellern wird man auf der Suche nach originellen Titeln fündig, denn deren Erfolg hängt zum großen Teil von einem guten Titel ab. Wenn Sie sich intensiver mit der Frage guter Fach- und Sachbuchtitel beschäftigen möchten, so empfehle ich Ihnen das Buch des auf Fach- und Sachbücher spezialisierten Literaturagenten Oliver Gorus: „Erfolgreich als Sachbuchautor – von der Buchidee bis zur Vermarktung". Lassen Sie sich durch die Beispiele zu eigenen Überschriftenkreationen inspirieren, aber bedenken Sie: Natürlich muss Ihre Überschrift immer zu Ihrer Textgattung passen: Ein wissenschaftlicher Artikel verträgt keine flapsig-humorige Überschrift.

Informativ: Wenn Ihre Überschriften informativ und inhaltlich aussagekräftig sein sollen, könnten sie etwa so formuliert sein: „Warum prägnante Texte besser wirken", „Gewinnspannen im Vergleich" oder „Kundenneugewinnung erfolgreich abgeschlossen".

Unterhaltsam: Wenn Sie mit Ihrer Überschrift auch unterhalten wollen, dann suchen Sie nach humorvollen und neugierig machenden Überschriften, mit denen Sie Ihre Zielgruppe zum Lesen motivieren können. Wie wäre es mit einem Titel wie dem von Susanne Fröhlich, der um 2010 zu den Top-Sachbuchbestsellern gehörte – „Moppel-Ich: Der Kampf mit den Pfunden"?

Emotional: Wollen Sie die Gefühle Ihrer Leser ansprechen, dann versprechen Sie Ihnen das, was sie sich wünschen. „Simplify your Life" von Werner Tiki Küstenmacher ist beispielsweise ein absoluter Long- und Bestseller unter den Sachbüchern, weil er an das Bedürfnis unzähliger Menschen anknüpft, im Angesicht immer komplexer werdender Lebensumstände ihr Leben einfacher und übersichtlicher zu gestalten. Oder der Titel des Super-Bestsellers des letzten Jahrzehnts, „Ich bin dann mal weg" von Hape Kerkeling: Mit schlichten Worten drückt er aus, was sich viele Menschen wünschen: einmal aussteigen aus dem Alltag, einfach so.

Neue These: Formulieren Sie Ihre zentrale These doch gleich als Titel, etwa so wie Eva-Maria Zurhorst, die damit ebenfalls einen Sachbuchbestseller gelandet hat: „Liebe dich selbst – und es ist egal, wen du heiratest". Bei diesem Titel ist zudem interessant, wie Titel und Untertitel zusammenspielen: Der Untertitel bewirkt einen Überraschungseffekt, wie auch andere zweizeilige Überschriften.

Zweizeilig: Lassen Sie eine griffige, geistreiche und neugierig machende Überschrift und eine erläuternde, vergleichsweise nüchterne oder eingrenzende Unterzeile zusammenspielen, am besten gleich noch mit einer überraschenden Wendung wie bei diesem Zeitungsartikel: „Entscheidung im Morgengrauen – die Deutschen und ihr Frühstück".

Stilmittel für Überschriften: Ein logischer Bruch irritiert und motiviert zum Nachdenken wie bei dem Buchtitel von Doris Märtin: „Gut ist besser als perfekt". Mit der Variation eines Sprichworts, eines Zitats oder einer festen Wortverbindung erzeugen Sie ebenfalls eine Irritation und ein Aufmerken bei Ihren Lesern: „Beraten und verkauft" – ein Buchtitel von Thomas Leif, der zusammen mit seinem Untertitel vorbildlich funktioniert: „McKinsey & Co – der große Bluff der Unternehmensberater". Oder „Eigenlob stimmt. Erfolg durch Selbst-PR": ein Sachbuchtitel von Sabine Asgodom, der den Ausspruch „Eigenlob stinkt" in sein Gegenteil verkehrt. Auch Alliterationen – Wörter beginnen mit dem selben Buchstaben – und Reime sind für Überschriften beliebt: „Wild und weise" oder „Klein und fein".

Ihr Nutzen

- Mit ungewöhnlichen Überschriften erregen Sie Aufmerksamkeit, Neugier und Interesse.
- Gute Überschriften, Titel und Betreffzeilen können darüber entscheiden, ob ein Brief, ein Bericht oder ein Buch überhaupt gelesen werden.
- Einfallsreiche Überschriften werden vom Leser automatisch mit souverän geschriebenen Texten und einem ebenso souveränen Autor in Verbindung gebracht.
- Überschriften helfen Ihnen, beim Schreiben Ihren Text zu strukturieren.

Kompakt: Überschriften zu entwickeln kostet Zeit und Mühe, aber es lohnt sich: Oft genug entscheiden die Leser anhand von Überschriften über Lesen oder Nichtlesen.

20 Scheuklappen

„Arbeiten Sie an umfangreichen Texten und wollen sich einfach einmal auf das Wesentliche, nämlich Ihren Text, konzentrieren?", fragt ein Softwarehersteller und wirbt damit für eine neue Funktion in seinem Textverarbeitungsprogramm, die Vollbildansicht. Das freut mich als Schreibcoach: Heute bemüht sich selbst eine Softwarefirma darum, das Arbeiten ohne Störfaktoren zu erleichtern.

Mit dieser Übung minimieren Sie Störfaktoren, um sich auf die vorrangige Aufgabe, das Schreiben, zu konzentrieren. Pferde tragen Scheuklappen, damit sie nicht unruhig werden, scheuen und vom Weg abkommen. Ebenso legen Sie Scheuklappen an, um auf Ihrem Schreibweg zu bleiben. Sie schotten sich gegen Störungen ab. Ihre innere Bereitschaft zum Ignorieren ist dabei die wichtigste Scheuklappe, denn alles kann zur Störung werden, wenn Sie offen dafür sind. Dennoch gibt es typische Ablenkungen, die das konzentrierte Arbeiten erschweren – auch wenn Sie noch so viel Bereitschaft zur Konzentration mitbringen. Auf dem Siegertreppchen der Störfaktoren stehen neue E-Mail-Nachrichten, auf Platz zwei rangiert der Drang zum Surfen im Internet. Aber auch das eigene Innenleben mit abschweifenden Gedanken ist eine unerschöpfliche Ablenkungsquelle.

Scheuklappen eignen sich für Schreibende, die

- sich schwer konzentrieren können und sich während des Schreiben leicht ablenken lassen,
- beim Schreiben vielen Störfaktoren ausgesetzt sind.

Sie benötigen

ein Blatt Papier und möglichst viele „Off"-Funktionen: für Ihr Telefon, für die Internetverbindung und für den automatischen Empfang Ihrer E-Mails.

Los geht's! ca. 10–15 Minuten

Stellen Sie sich eine typische Schreibsituation vor: Was lenkt Sie ab? Wodurch fühlen Sie sich gestört? Notieren Sie diese Störfaktoren.

Überlegen Sie, mit welchen Scheuklappen sich diese Störungen ausschalten lassen – etwa durch konsequentes Ignorieren, durch Ausschalten des Telefons oder der Internetverbindung, durch das Schließen der Bürotür, durch Aufschreiben der Nebengedanken, um den Kopf wieder frei zu bekommen.

Stellen Sie sich nun eine bevorstehende Situation vor und lenken Sie das Geschehen in die gewünschte Richtung: Sie schreiben vollkommen ablenkungsfrei und konzentrieren sich hundertprozentig auf diese Tätigkeit. Indem Sie die ideale Form Ihres Schreibens in der Vorstellung so detailreich und gefühlsintensiv wie möglich durchspielen, nehmen Sie die Zukunft vorweg.

Schreiben Sie fünf, höchstens zehn Minuten an Ihrer aktuellen Schreibaufgabe. Schreiben Sie in dieser Zeit genauso mit Scheuklappen, wie gerade vorgestellt: *vollständig konzentriert*. Sobald störende Nebengedanken auftauchen, registrieren Sie diese und lassen sie gleich wieder ziehen. Oder schreiben Sie diese Gedanken auf ein gesondertes Blatt Papier, das Sie hinterher auswerten – oder in den Papierkorb entsorgen.

Werten Sie hinterher Ihr Vorgehen aus: Was klappte gut und warum? Was war weniger erfolgreich und wie können Sie das ändern?

Wiederholen Sie die Übung immer wieder und verlängern Sie die konzentrierte Schreibzeit nach und nach.

Tipp

Achten Sie auch auf Ihren Erschöpfungsgrad: Wer übermüdet oder überarbeitet ist, hat weniger Abwehrkräfte und kommt leichter in Versuchung, sich ablenken zu lassen. Wer sein psychisches Immunsystem intakt hält, kann Störungen dagegen besser ignorieren.

Jana aus dem fünften Beispiel kommt beim Schreiben nicht ins Spiel. Sie scheint geradezu auf Ablenkungen zu warten und sie willkommen zu heißen. Die störungsfreie Anlaufzeit fehlt ihr ebenso wie kontinuierliches, zum Beispiel tägliches Arbeiten an ihren Schreibprojekten. Von einem Schreibflow, also einem freudig gestimmten und produktiven Zustand beim Schreiben, ist sie denn auch weit entfernt. Die Übung hilft ihr dabei, überhaupt erst einmal ein positives Bild eines konzentrierten Schreibzustands zu entwerfen. Und das sieht folgendermaßen aus, wie sie mir in einer Coachingstunde berichtet:

„Ich drücke den Aus-Schalter an meinem Notebook und klappe es zu. Ich stehe auf und rufe meiner Kollegin ohne weitere Erklärung ein „Ciao" zu, während ich mit beschwingtem Schritt den Flur in Richtung Fahrstuhl entlanggehe. Im Fahrstuhl merke ich, dass ich mich auf das Schreiben freue: eine etwas aufgeregte Vorfreude meldet sich irgendwo in meinem Brustkorb. Ich laufe auf dem Gehweg, die schon tief stehende Nachmittagssonne scheint mir voll ins Gesicht und trockene Herbstblätter knistern unter meinen Schuhsohlen. Ich betrete das kleine Café an der Ecke, nicht weit von meiner Arbeitsstelle. Um diese Zeit ist es fast leer. Ich setze mich in meine Lieblingsecke, die ich auch aufsuche, wenn ich allein hierher gehe. Das mache ich manchmal nach der Arbeit, um Zeitung zu lesen oder mich mit einer Freundin zu treffen. Dabei stelle ich fest, dass ich mein Handy im Büro gelassen habe. Ich bestelle eine Kanne Kräutertee und schalte mein Notebook ein. Hier habe ich keine Internetverbindung. Während der Computer startet, schreibe ich in meinem kleinen Notizbüchlein, das ich lange nicht benutzt habe, ein paar Stichwörter auf, die mir gerade zu meinem Text einfallen. Aber dann schreibe ich einfach weiter, und plötzlich wird daraus eine Seite, und noch eine und dann noch eine. Das Schreiben erinnert mich an meine Jugend, als ich ein halbes Jahr mit einem Schüleraustauschprogramm in Neuseeland war. Ich war dort sehr glücklich, aber oft auch sehr einsam. Ich schrieb beinahe täglich sehr viel in mein Tagebuch und das hat mich über manches Heimweh hinweggerettet. Jetzt schreibe ich plötzlich in demselben Gefühl, erst über das, was mich bei der Arbeit nervt, dann über Martin, aber dann finde ich zu dem Thema zurück, über das ich schreiben will. Und dazu schreibe ich – immer noch in mein Notizbuch – fast sieben Seiten! Dann trinke ich meinen Tee, der nach Pfefferminze und Limone duftet, und bin ganz ruhig und zufrieden. Und schließlich tippe ich einfach die Notizbuchseiten ab. Während des Abschreibens ändere ich noch ein bisschen was, aber so viel muss nicht mehr geändert werden, finde ich. Die Einleitung ist fertig. Ich bin zufrieden. Ich will gleich noch ein paar Sätze zum nächsten Abschnitt tippen, weil es gerade so gut läuft. Und dann wird daraus der komplette Abschnitt, und das ist nun wirklich viel mehr, als ich von mir selbst erwartet hätte. Ich trinke meinen Tee aus, klappe mein Notebook zu und gehe zurück zur Arbeit. Niemand hat überhaupt gemerkt, dass ich weg war."

Jana zieht daraus mehrere Schlüsse: Sie wird in Zukunft wichtige Texte nicht mehr im Büro schreiben, sondern versuchen, besagtes Café oder einen anderen Ort außerhalb der Arbeitsstelle aufzusuchen. Eine ganze Sammlung sonst allgegenwärtiger Störungen durch E-Mails, Telefonanrufe, Internetrecherchen und Kollegen fällt dort automatisch weg. Sie wird zudem wieder ihr Notizbuch zum Schreiben benutzen und den Computer verstärkt erst für den zweiten Schritt einsetzen – das erste Überarbeiten der Notizbuch-Rohtexte. Sie will in Zukunft auch private Dinge aufschreiben und so an die positive Schreiberfahrung aus ihrer Jugendzeit anknüpfen, in der sie ganz selbstverständlich im Flow-Zustand geschrieben hat. Sie richtet sich einen Tag pro Woche ein, an dem sie ihre Arbeitsstelle für ein oder zwei Stunden verlässt, um wichtige berufliche Texte ablenkungsfrei zu schreiben.

Ihr Nutzen

- Sie üben das konzentrierte Schreiben.
- Sie identifizieren Störfaktoren und machen sich die Ablenkungs-Mechanismen bewusster.
- Sie minimieren Störfaktoren.
- Durch das Aufschreiben von Nebengedanken machen Sie sich Ihre inneren Ablenkungsmechanismen bewusst und gewinnen zugleich Abstand davon.
- Sie nehmen Ihr Schreiben ernster, indem Sie für ablenkungsfreie Zeiten kämpfen.

Kompakt: Scheuklappen aufzusetzen lohnt sich, wenn äußere oder innere Störungen überhandnehmen und die Arbeit am Schreibprojekt verhindern. Dabei helfen pragmatische Lösungen ebenso wie Mentaltraining.

Ü B U N G

21 Partitur

Was für ein Anspruch: Viele Schreibende – insbesondere die ungeübten – erwarten von sich, dass sie sofort einen wohlformulierten Rohtext produzieren! Dieser Anspruch ist unrealistisch, kontraproduktiv und demotivierend. Unrealistisch, weil kaum jemand beim ersten Anlauf einen druckreifen Text formuliert. Kontraproduktiv, weil Schreiber an ihrem unfertigen Satz hängen bleiben und durch das Feilen auf Satzebene der gerade begonnene Gedankengang unterbrochen wird – und meist sogar verloren geht. Demotivierend, weil das Gehirn ständig ausgebremst wird in seinem kreativen Denken. Es wird an der kurzen Leine gehalten. Und wenn ich meinen Klienten dabei zusehe, wie aufwendig sie am Bildschirm rot unterwellte Tippfehler sofort korrigieren, so wird mir ganz flau: Welch eine Verschwendung von Denkenergie und Schreibkraft!

Die Partitur hilft Ihnen dabei, beim Rohtexten Ihre Schreibgedanken nicht mehr an der kurzen, sondern an der langen Leine laufen zu lassen. Sie notieren alle Irritationen, ohne ihnen nachzugehen. Wie bei einer Notenpartitur lassen Sie neben der Melodiestimme auch noch andere Stimmen mitwirken. Sie schreiben flüssig voran im Denk- und Schreibfluss.

Die Partitur eignet sich für Schreibende, die

- schon beim Rohtexten gerne am einzelnen Satz tüfteln, anstatt flüssig voranzuschreiben,
- einen sehr hohen Anspruch an ihren Rohtext haben,
- sich vor dem Rohtexten drücken,
- ihre eigene Schreibstimme ausbilden möchten.

Los geht's! — ca. 10–15 Minuten

Überlegen Sie, aus welchen Anlässen Sie beim Rohtexten ins Stocken kommen. Bei den meisten Schreibenden sind das Tippfehler, unpassende Wörter, fehlende Formulierungsideen, unklare oder fehlende Inhalte oder stilistische Unstimmigkeiten.

Definieren Sie für diese Anlässe Satz- und Sonderzeichen, die Sie auf Ihrer Tastatur vorfinden, etwa so wie im Beispiel auf der gegenüberliegenden Seite.

Schreiben Sie einen Rohtext, so flüssig und so nah an Ihrer inneren Sprache wie möglich.

Sobald Sie das erste Mal innehalten, registrieren Sie, warum. Schreiben Sie für den Grund ein Sonderzeichen in Ihren Text – die erste Mehrstimmigkeit in Ihrer Partitur.

Schreiben Sie auch Nebenstimmen auf. Vielleicht mäkeln Sie gerade innerlich oder Sie finden eine Formulierung so gelungen, dass Sie sich beim Schreiben selbst loben. Diese Nebenstimmen kommen entweder handschriftlich auf einen Zettel, ins Diktiergerät oder auf einen digitalen Notizzettel. Markieren Sie alle Nebenstimmen im Text immer farbig oder mit Zeichen, um sie beim Überarbeiten einfach wieder löschen zu können.

Schreiben Sie nach dieser kurzen Unterbrechung sofort weiter.

Werten Sie die Übung hinterher aus: Was war anders als sonst beim Schreiben? Wie könnten Sie nach einer Unterbrechung noch schneller zum Rohtexten zurückkehren?

Tipp

Versuchen Sie, die Nebenstimmen mit der Zeit zu reduzieren. Ein gewisses Maß an parallelen Gedanken ist normal. Doch Sie entscheiden, ob Sie diesen Nebenstimmen Raum geben und sie dadurch fördern – oder ob Sie sie kurz registrieren, notieren, dann weiterschreiben und ihnen einen untergeordneten Platz zuweisen.

Larissa aus dem zehnten Beispiel arbeitet beim Rohtexten jetzt erfolgreich mit der Partitur, um zügiger voranzuschreiben. Dafür haben wir eine Legende mit Satz- und Sonderzeichen entwickelt, die für bestimmte Auslassungen im Text stehen. Sie lassen sich alle ohne Hochstelltaste so unaufwendig wie möglich tippen und fallen beim Lesen sofort ins Auge. Der große Vorteil von Sonderzeichen statt ausformulierter Nebenstimmen: Der Autor bleibt nah am Textgedanken.

Sonderzeichen fürs Partiturschreiben:

- Unpassende oder fehlende Wörter, keine Idee für Formulierung: #
- Fehlende Satzteile: ---
- Hier muss ich noch recherchieren: .....
- Ungünstiger Satzbau oder Stil: ,,,
- Formulierungsvarianten durch / kennzeichnen.

Partitur Sonderzeichen – Beispiel

Larissa hat mit diesen Sonderzeichen den folgenden Rohtext geschrieben.

Die Bewerbung der HDW wurde auf Anraten des Gutachterteams am 25. Juli wieder zurückgezogen#. In der Bewerbung hatte sich die HDW in der Form geäußert, dass sie bis zum .... das Verfahren abgeschlossen haben würde,,,. Als sich im Mai abzeichnete#, dass sich das Verfahren durch die noch ausstehenden Leistungen verzögern würde, -----. Die Verantwortung für die Verzögerung wurde dabei durchweg#/stets dem Projektleiter, Herrn ... zugeschoben#,

Partitur – Beispiel

Nebenstimmen notiert Larissa handschriftlich auf einem Blatt Papier. Sie merkt dabei, wie stark ihre Widerstände gegen das Schreiben sind, und erkennt die Sinnlosigkeit der Aufgabe als Ursache ihrer Mühe mit dem Text. Mit diesem Wissen kann sie entscheiden, ob sie aktiv an der Schreibaufgabe etwas verändern will.

Was soll das, ich kann doch hier nicht meine eigene Meinung verbraten. Ich muss doch neutral bleiben und wenn ich es noch so absurd finde. Mist noch mal, so komme ich nicht voran. Mein Gott, du schreibst aber umständlich, das liegt an diesen sinnlosen Text. Was ist der Sinn? Die Bewerbung ist eh zurückgezogen.

Nebenstimmen – Beispiel

Ihr Nutzen

- Sie schreiben flüssig.
- Ihr Schreiben nähert sich Ihrem Denken an.
- Ihre eigene Schreibstimme wird mit der Zeit immer deutlicher.
- Sie integrieren Nebenstimmen, anstatt sie innerlich zu zensieren. Damit erhalten Sie zugleich Anhaltspunkte, wie Sie sich beim Schreiben fühlen.
- Schreiben macht wieder Spaß.
- Sie konzentrieren sich beim Schreiben auf das Wesentliche – nämlich auf Ihren Gedankengang.

Kompakt: Mit der Partitur markieren Sie Textschwächen und schreiben bei Bedarf mehrstimmig. Sie geben dennoch den Nebenstimmen nicht zu viel Raum, sondern konzentrieren sich auf das Wesentliche im Text.

22 Die eigene Schreibstimme

Kennen Sie Texte, die Sie beim Lesen inspirieren, mitreißen, zum Weiterlesen motivieren? Der Autor erscheint sympathisch, die Inhalte wirken spannend und das Lesen macht einfach Spaß. Was haben diese Texte, was andere nicht haben? „Voice“ nennt Peter Elbow, einer der einflussreichsten amerikanischen Schreibforscher und -lehrer, ein Konzept, das davon ausgeht, dass Schreibende eine eigene Schreibstimme entwickeln können: Der Text entsteht aus einem inspirierten Schreibfluss, erklingt im lebendigen Rhythmus und vermittelt Kraft und Individualität. Das erzeugt Resonanz beim Lesen.

Auch Sie können eine eigene Schreibstimme entwickeln. Lassen Sie sich dafür von Ihrer inneren Sprache inspirieren. Schreiben Sie eins zu eins das auf, was Sie denken und damit wirklich meinen. Ohne Umwege. So nähern Sie sich mit der Zeit einem authentischen Schreiben an. Auf diese Weise entstehen stimmige Wörter, Sätze und Texte. Sie treffen den richtigen Tonfall wie von selbst. Mit dieser Übung finden Sie heraus, wie Ihre eigene Schreibstimme überhaupt klingen könnte.

Die eigene Schreibstimme eignet sich für Schreibende, die

- sprachliche Spielräume in ihren Texten nutzen wollen,
- den Stil und die Formulierungen anderer Autoren nicht (mehr) kopieren oder nachahmen wollen,
- mit ihren Texten auffallen wollen,
- als Persönlichkeit hinter ihren Texten sichtbar werden wollen.

Los geht's!

ca. 15+ Minuten: zusätzlich etwas Lesezeit

Erinnern Sie sich: Gab es Momente in Ihrer Schreibbiografie, in denen Sie besonders flüssig, inspiriert und frei geschrieben haben? Wie waren die Voraussetzungen für dieses Schreiben? Überlegen Sie sich, wie Sie an diese Situation(en) anknüpfen könnten.

Schreiben Sie einen fünfminütigen Gedankensprint (Übung 10), bei dem Sie ohne besonderen Fokus drauflosschreiben und sich nur an Ihrer inneren Sprache orientieren. Achten Sie beim Auswerten auf Besonderheiten und Charakteristika, die eventuell auf Ihre innere Sprache schließen lassen.

Knüpfen Sie im nächsten Schritt sehr direkt an Ihre mündliche Sprache an: Schreiben Sie so, wie Sie sprechen. Stellen Sie sich vor, Sie würden Ihren Lesern im Gespräch erklären, was Sie schreiben wollen. Schreiben Sie jeweils einige geäußerte Sätze sofort auf – dann sprechen Sie wieder und schreiben anschließend weiter. Immer gilt: Achten Sie nicht auf Formulierungsschwächen, Satzungetüme und grammatikalische Fehler. Denn die eigene Schreibstimme ist scheu und lässt sich durch strenge Textkritik leicht verjagen.

Vervollständigen Sie die Satzanfänge auf der gegenüberliegenden Seite und freunden Sie sich mit dem Gedanken an, dass Ihre Leser durch Ihre Texte etwas über Ihre Person und Ihre Stärken erfahren und dadurch Ihre Texte zu unverwechselbaren Markenzeichen Ihrer Person werden. Das geht nur, indem Sie Ihre persönlichen Eigenheiten zeigen: So, wie Sie als Person sind, schreiben Sie auch. Wer sich gerne ausführlich in ein Thema vertieft, eher langsam und gründlich denkt, handelt, vorgeht – der schreibt auch fundierte und ausführliche Texte. Wer dagegen schnell, effizient und ergebnisorientiert handelt, schreibt vermutlich eher kurz und bündig.

Fahnden Sie in der nächsten Zeit auch nach Vorbildtexten, die Sie zum Schreiben inspirieren: Welcher Stil regt Sie an und passt zu Ihnen, wodurch bekommen Sie Lust zum Weiterdenken und Losschreiben?

Tipps

Würden Sie tage-, wochen- oder monatelang nicht reden, so würden Sie anschließend vermutlich stottern und ständig nach Worten suchen. Warum sollte es beim Schreiben anders sein? Schreiben Sie also regelmäßig, am besten täglich, mehr als nur E-Mails.

Achten Sie darauf, dass Schreiben Ihnen möglichst viel Freude bereitet. Dann wird Sprache elegant, anmutig, schön. Und so liest sie sich dann auch.

„Schön ist die Sprache immer dann, wenn man einen Menschen in ihr wahrnimmt“, schreibt Thomas Steinfeld in seinem 2010 erschienenen Buch „Der Sprachverführer: Die deutsche Sprache: was sie ist, was sie kann“. Genau das ist der Ansatzpunkt für die eigene Schreibstimme. Zeigen Sie sich mit Ihren Eigenheiten im Text, dann nehmen die Leser Sie als Menschen wahr, der hinter dem Text steht und sich in ihm ausdrückt. Erinnern Sie sich an das zwölfte Beispiel? Tanja habe ich dort als Meisterin des Kopierens beschrieben. Sie hat mit der Zeit gelernt, zu ihrer eigenen Schreibstimme zu finden. Die folgenden Satzanfänge haben ihr dabei geholfen, ihre charakterlichen Eigenheiten auf ihre Schreibstimme anzuwenden:

- Meinen Charakter würde ich in ein paar Worten so beschreiben: ____________________
- Bei Denken bin ich eher ____________________
- Wenn ich redc, bin ich ____________________
- Andere verstehen mich besonders gut, wenn ich ____________________
- Andere müssen manchmal dreimal nachfragen, weil ich ____________________
- Dies bedeutet für meine eigene Schreibstimme, dass ich ____________________

Wie Tanja die Satzanfänge weitergeführt hat, um mehr darüber herauszufinden, wie ihre Persönlichkeit und ihre Schreibstimme miteinander korrespondieren könnten, sehen Sie im folgenden Beispiel.

Meinen Charakter würde ich in ein paar Worten so beschreiben: Offen, fröhlich, neugierig, ehrgeizig, freundlich, extrovertiert.

Beim Denken bin ich eher ... sprunghaft, assoziativ, ich denke ungeordnet, in Bildern.

Wenn ich rede, bin ich ... eher ausufernd und weitschweifig. Ich erkläre meist etwas umständlich, man könnte die Dinge sicher schneller auf den Punkt bringen. Andererseits verwende ich oft eine ungewöhnliche Sprache mit vielen Bildern, Metaphern usw.

Andere verstehen mich besonders gut, wenn ich ... schöne Formulierungen wähle, viele Beispiele benutze und anschaulich erkläre. Das ist mir eh lieber als lange theoretische Ausführungen. Ich erläutere gerne Schritt für Schritt, so wie ich es im Kopf gerade vor mir sehe.

Andere müssen manchmal dreimal nachfragen, weil ich ... mich manchmal in dem verliere, was ich sagen will und dann irgendwohin abschweife.

Dies bedeutet für meine eigene Schreibstimme, dass ich ... mich ja nicht unbedingt superkurz fassen muss. Ich kann ruhig umfassend und mit vielen Worten schreiben. Ich bin eben nicht diejenige, die sofort auf den Punkt kommt. Ich könnte meine Stärke mehr nutzen und bildhafter, anschaulicher und praxisnäher schreiben. Mit Worten und Sprache spielen kann ich ja auch beim Mündlichen gut, muss nur aufpassen, dass ich dabei eine deutliche Struktur vermittle, damit die Leser sich zurechtfinden.

Eigene Schreibstimme und Persönlichkeit – Beispiel

Ihr Nutzen

- Sie fallen mit Ihren Texten auf, weil Sie und Ihre Texte ungewöhnlicher, individueller und weniger angepasst wirken.
- Sie zeigen sich authentisch mit Ihrer Persönlichkeit. Das ist eine gute Übung, um auch in anderen Situationen – etwa beim Präsentieren – authentisch aufzutreten.
- Sie inspirieren Ihre Leser.
- Sie bekommen mehr Leserreaktionen und Feedback, weil die Lesenden eine innere Beziehung zu Ihnen aufbauen.

Kompakt: Mit der eigenen Schreibstimme inspirieren Sie Ihre Leser und schreiben authentisch und unverstellt. Sie vermitteln etwas von Ihrer Persönlichkeit und Ihren Eigenheiten. Die Schreibstimme ist jedoch selten von selbst voll entfaltet, sie muss entwickelt und gefördert werden.

23 Sprechschreiben

„Das ist doch kein Schreiben, das ist Schummelei!" Ich sehe das anders: Diktieren ist für mich nicht weniger Schreiben als andere Formen des Schreibens. Was zu guten, selbstformulierten Texten führt, ist eine Schreibtätigkeit. Ob man dazu nun die Finger bewegt oder spricht, ist zweitrangig. Sprechen gelingt nun einmal bei vielen Menschen flüssiger, direkter und unverbauter als Schreiben. Sie könnten einen kompletten Text nahezu ausschließlich mündlich erstellen. Nur überarbeiten werden sie zum Schluss am Computer. Ich nenne das Sprechen fürs Schreiben „Sprechschreiben"; mit Handy, Diktiergerät oder Mikrofon am Computer; für schnelle Ideennotizen ebenso wie für konzentriertes Rohtexten.

Mit einem Diktiergerät sammeln Sie in kurzer Zeit viele gute Ideen ganz nebenbei. Gerade in Zeiten verminderter Aufmerksamkeit kommen oft die besten Gedanken – beim Duschen, Autofahren, Essen oder während einer Unterhaltung. Sich diese Gedanken zu merken, ist oft vergebliche Mühe: Sitzt man endlich am Schreibtisch, sind sie weg. Herausfordernder als kurz eine Idee festzuhalten ist das Diktieren für den Rohtext. Dafür schlage ich Ihnen die folgende Übung vor.

Sprechschreiben eignet sich für Schreibende, die

- sich leichter mündlich als schriftlich ausdrücken – siehe Checkliste 1,
- ihre Ideen besser sagen als schreiben können,
- viele Ideen nebenbei haben,
- ihren Nachhall nutzen wollen, also die Ideen, die ihnen kurz *nach* einer Schreibeinheit einfallen,
- kein Notizbuch für ihre Ideendokumentation hervorholen möchten.

Sie benötigen

- entweder ein digitales Diktiergerät, ein Handy mit Diktierfunktion oder ein Mikrofon für Ihren Computer und eventuell eine Spracherkennungssoftware;
- Ihre Planung für einen Rohtext: Ideen-Notizen, die Gliederung und möglichst sogar einen Textpfad für die Abschnittsplanung.

Los geht's! ca. 5–10 Minuten

Denken Sie an eine Person, die Ihnen wohlgesonnen ist und die sich mit Ihrem Schreibthema auskennt. Vielleicht haben Sie ein Foto der Person oder können eines über das Internet auf Ihren Bildschirm holen.

Schalten Sie Ihr Diktiergerät oder die Aufnahmefunktion an Ihrem Computer ein.

Stellen Sie sich vor, Sie würden sich mit dieser Person unterhalten und ihr von Ihrem Schreibprojekt erzählen. Diese Person fragt Sie gerade zu dem Thema, zu dem Sie jetzt rohtexten wollen: „Darüber wollte ich schon immer Genaueres wissen. Kannst du mir das erklären?"

Erklären Sie Ihrem fiktiven Gegenüber den Inhalt des Textabschnittes, indem Sie laut sprechen. Halten Sie sich dabei an die Einhandregel: Nicht mehr als fünf Punkte sollten Sie in einer Sprecheinheit unterbringen, sonst ist Ihr Gehirn – und später das der Leser – überlastet.

Übertragen Sie die Aufnahme in Ihr Textdokument – entweder automatisch per Spracherkennungsprogramm oder indem Sie die Hördatei abtippen.

Tipp

Hören Sie Ihre Sprach-Aufzeichnungen möglichst noch am selben Tag ab. Und am besten setzen Sie Ihre Ideen auch gleich um: Aufgaben notieren Sie auf Ihrer To-do-Liste, unwichtige Gedanken löschen Sie und Ideen für einen Text schreiben Sie sofort in die entsprechende Datei – wichtige Stichworte zum Thema, gelungene Satzformulierungen, Erweiterungen des bisher Geschriebenen oder Kürzungsideen.

Max aus dem elften Beispiel meint, er könne nicht schreiben. Er übt inzwischen das Sprechschreiben. Da er sich jedoch durch Audioaufnahmen unter Druck setzt, experimentiert er mit einer Variante des Sprechschreibens ohne Aufnahme. Dabei wechselt er Sprechen und Schreiben in kurzen Sequenzen ab: Er stellt sich seinen früheren Arbeitskollegen vor, mit dem er häufig gute Gespräche geführt hat. Sie sind manchmal nach der Arbeit zusammen essen gegangen. Der Kollege ist ein ruhiger Typ, der nicht viel redet. Max hat damals bemerkt, wie sich seine Gedanken während des Erzählens geklärt haben. Dieser Kollege ist das ideale Gegenüber für Sprechschreiben. Max erklärt also seinem fiktiven Kollegen ein paar Sätze und schreibt sie anschließend sofort auf. Er stellt sich vor, wie der Kollege währenddessen wartet. Dann fährt er fort zu erklären, schreibt wieder auf usw.

Eine anderer Klient von mir, ein Kunsthistoriker, der als wissenschaftlicher Mitarbeiter an verschiedenen kleineren Publikationen arbeitet, nutzt das Sprechschreiben in einer weiteren Variante: Er trägt sein Diktiergerät immer bei sich. Wenn er sich mit Kollegen über seine Themen und über die dazugehörigen Forschungsprojekte austauscht und bemerkt, dass es für ihn interessant wird, so sagt er des Öfteren „Moment mal" und schaltet sein Diktiergerät ein. Seine Kollegen haben sich daran gewöhnt und eine Kollegin experimentiert inzwischen selbst damit.

Sprechschreiben

Ihr Nutzen

- Sie umgehen die Hemmschwelle, die viele Schreiber empfinden, bevor sie mit dem Rohtexten beginnen.
- Sie finden leichter ins Schreiben, weil Sie schon einen Anfang haben.
- Reden ist meist näher am Denken als das Schreiben. Mit Sprechschreiben trainieren Sie über den Zwischenschritt des Sprechens die bessere Verbindung von Denken und Schreiben.
- Sie üben sich darin, den Textinhalt selbstbewusst, weil laut gesprochen, zu formulieren.
- Sie produzieren schnell viel Text.
- Sie dokumentieren Ihre Ideen, die sonst möglicherweise verloren gehen würden, zwischendurch.

Kompakt: Sprechschreiben ist eine vollwertige Alternative zum Aufschreiben – und gilt als Schreiben, wenn es zur Entstehung von Text beiträgt. Gut geeignet ist es, um Ideen zu dokumentieren, und fürs Rohtexten.

24 Pausieren

Schreiben ist anstrengend. Mit Pausen erholen Sie sich davon und schöpfen neue Kraft. Zugleich bereiten Sie sich auf die darauffolgende Phase des Schreibens vor. Als Daumenregel gilt: Tun und seien Sie das Gegenteil dessen, was Sie während der Arbeitsphase getan haben und gewesen sind. Die Übung greift die Hinweise aus der Checkliste „Welcher Pausentyp sind Sie?" auf und hilft Ihnen, Ihre Pausen sinnvoll zu gestalten. Sie analysieren, wie Ihre Anstrengung aussieht – und wie Sie das Gegenstück dazu finden.

Pausieren eignet sich für Schreibende, die

- zu wenige oder zu viele Pausen machen,
- ihre Pausen bisher nicht bewusst gestaltet haben,
- Pausenzeiten besser für die Regeneration nutzen wollen,
- durch Schreiben regelmäßig an ihre Kraftgrenzen stoßen.

Los geht's!

ca. 10+ Minuten: zusätzlicher Praxistest

Erinnern Sie sich an eine besonders fordernde Schreibsituation: Was war daran das Anstrengende und Erschöpfende? Welche Gedanken gingen Ihnen durch den Kopf? Wie haben Sie sich hinterher gefühlt? Wo hatten Sie körperliche Verspannungen oder gar Schmerzen? Auf welcher Ebene waren Sie am stärksten belastet – mental, emotional oder physisch?

Schreiben Sie einen zentrierten Wortsprint (Übung 8) zu allen Ihren Anstrengungen und Belastungen, die Sie beim Schreiben erleben.

Schreiben Sie hinter jedes Stichwort einen Pfeil und dahinter, was das Gegenstück zu dieser Anstrengung sein könnte. Wer zum Beispiel am Schreibtisch bewegungslos gesessen hat und sich nun steif fühlt, bewegt sich in der Pause und lockert seine Muskeln; wer ohne zu blinzeln auf den Bildschirm gestarrt hat, schließt die Augen.

Markieren Sie die interessantesten Pausen-Gestaltungsideen. Diese führen Sie zu Ihrer persönlichen Pausenplanung, für die Sie einige Fragen in der Tabelle auf der gegenüberliegenden Seite finden.

Probieren Sie bei den nächsten Schreibeinheiten jeweils eine neue Pausenart aus. Werten Sie sie schriftlich aus: Welche Pause hat mir am meisten geholfen, mich zu erholen? Was brauche ich, um diese Pausenart in meinen Schreiballtag zu etablieren? Was hält mich eventuell davon ab, diese Pausengestaltung umzusetzen? Wie kann ich diese Hemmnisse umgehen?

Tipps für Pausen-Muffel

- Blocken Sie maximal anderthalb Stunden für das Schreiben und planen Sie für die Zeit danach Termine, die Sie nicht aufschieben können. So zwingen Sie sich, das Schreiben rechtzeitig zu beenden, bevor Sie sich überanstrengen.
- Richten Sie einen Bildschirmschoner ein, der Sie an eine Pause erinnert.
- Lassen Sie sich von einem Wecker an die nächste Pause erinnern.
- Trinken Sie möglichst viel. Das verhilft Ihnen anschließend zu kurzen Pausen.

Tipps für Pausen-Dehner

- Planen Sie eine bestimmte Zeit für das Schreiben. Wenn Sie diese Zeit durchgehalten haben, belohnen Sie sich sofort danach. Steigern Sie die Schreibzeit nach und nach bis auf eine oder anderthalb Stunden.
- Achten Sie auf „wilde", also ungeplante Pausen, die durch Störungen entstehen. Versuchen Sie, diese auszuschalten, wie in der Übung 20 – „Scheuklappen" – beschrieben.

Hier sehen Sie, wie der ständig müde Jonas aus dem fünfzehnten Beispiel mit Hilfe einer Tabelle über seine Pausengestaltung nachdenkt und sie vollkommen anders plant.

Pausieren	
Schreiben: Belastungen	**Pausieren: Gegenstücke zur Belastung**
Wortsprint Quälerei müde, müde, müde, aber wach bleiben müssen Wolken statt Gedanken Vernebelt Sprachlos Leerer Kopf Träge Ich muss die Augenlider mühsam offen halten	**Wortsprint** Entspannung schlafen scharfsinnig denken klar denken drauflosreden an etwas interessantes denken Sport machen Augen schließen
Emotional: Welche Gefühle stehen im Vordergrund? Dumpfe Verzweiflung	Humor: was für eine absurde Situation
Mental: Welche Gedanken gehen mir durch den Kopf? Ich muss mich zusammenreißen! Jetzt mach schon	Jetzt lass mal alles laufen, wie es kommt.
Physisch: Körperliche Verspannungen oder Schmerzen? Kopfschmerzen, Augenschmerzen	Entspannen, lockern, schlafen
Wo bin ich vorrangig angestrengt – mental, emotional, physisch? mental durch das vernebelte Denken	meine Gedanken auf interessantere Themen lenken
Meine Pausenfavoriten: Sport machen, Schlafen	
Was brauche ich, um diese Pausenfavoriten in meinem Schreiballtag zu etablieren? Einen Plan, einen Partner mit dem ich mich z.B. zum Joggen verabrede.	
Was hält mich eventuell davon ab, diese Pausengestaltung umzusetzen? Mein schlechtes Gewissen	
Wie kann ich diese Hemmnisse umgehen? Mit anderen darüber reden, hören wie andere es machen	
Das nehme ich mir für die nächsten Pausen vor: Ich mache alle 1,5 Stunden eine Bewegungspause, davon eine Sportpause und eine Kurzschlafpause am Tag.	

Pausieren – Beispiel

Ihr Nutzen

- Sie werden sich Ihrer Pausengestaltung deutlicher bewusst.
- Sie können Ihre Pausen effektiver für die Regeneration nutzen.
- In den Pausen reift Ihr Text. Sie kehren mit frischen Ideen und offenem Blick zurück zum Schreiben.
- Sie bleiben auch während fordernder Schreibprojekte bei Kräften.

Download

Tabelle „Pausieren“ als pdf-Dokument

Kompakt: Wer sinnvoll pausiert, hat in den Schreibphasen ein Vielfaches an Kraft und Konzentration zur Verfügung. Und die benötigt man für eine geistig, emotional und körperlich sehr fordernde Tätigkeit wie das Schreiben.

25 Perspektivenwechsel

Was würden Sie sich selbst in fünf Jahren, in fünfzehn Jahren oder am Ende Ihres Lebens stehend raten? Was würde Ihnen jemand anders raten? Für diese Übung verändern Sie Ihren Blickwinkel, indem Sie aus der Zukunft zurückblicken oder in eine andere Rolle schlüpfen. Sie lassen sich von Ihrem inneren Berater oder Ihrer inneren Beraterin unterstützen. Perspektivenwechsel sind eine großartige Möglichkeit, neue Standpunkte einzunehmen, die normale, immer begrenzte Perspektive zu erweitern, andere Persönlichkeitsanteile zu aktivieren und neue Lösungsansätze zu entdecken. Sie coachen sich selbst. Denn die Hintergründe für ein Problem, ein Verhalten, ein Gefühl oder eine Stimmung sind immer individuell. Nur individuell können sie auch erforscht werden. Was auch immer Sie ablenkt, hemmt oder blockiert, was auch immer Ihre Wünsche und Ziele beim Schreiben sind: Mit dieser Übung können Sie für sich allein nach Ursachen und Lösungsansätzen forschen.

Perspektivenwechsel eignen sich für Schreibende, die

- sich lieber selbst beraten, als eine Beratung oder ein Coaching in Anspruch nehmen,
- ein Schreibcoaching durch Selbstcoaching ergänzen wollen,
- keine Schreibprobleme haben, die die Arbeit oder das Leben massiv beeinträchtigen,
- neue und zugleich sehr individuell passende Lösungsansätze für ihre Probleme finden wollen.

Los geht's!

ca. 10 Minuten

Überlegen Sie sich eine Frage, ein Thema oder ein Problem, mit dem Sie weiterkommen möchten. Schieben Sie den Beginn des Schreibens vor sich her? Fehlt Ihnen eine schlüssige Struktur? Oder haben Sie Sorge, ob Sie den richtigen Tonfall treffen? Schreiben Sie dies als Überschrift auf.

Fragen Sie sich, von welcher Person Sie in dieser Sache etwas lernen könnten: Wer ist hier für Sie ein Vorbild? Wer könnte Ihnen auf Ihre Fragen gute Antworten geben? Das kann eine erdachte oder eine reale Person sein, eine schon verstorbene oder noch lebende.

Stellen Sie sich dazu eine Szene vor, zum Beispiel ein Gespräch in einem Beratungszimmer mit angenehmer Atmosphäre oder einen gemeinsamen Spaziergang im Wald.

Versetzen Sie sich jetzt in diese Vorbild-Person. Sie *sind* diese Person und schreiben aus deren Perspektive einen Text an sich selbst, etwa so: „Lieber ..., ich an deiner Stelle würde ganz anders an diese Sache herangehen. Nämlich ..."

Wenn Sie den Text fertig geschrieben haben, markieren Sie das Wichtigste und halten es in einem Kernsatz fest. Werten Sie – gegebenenfalls auch schriftlich – aus, welche Interventionen, Ratschläge, Fragen und Hinweise für Sie besonders hilfreich waren und wodurch sie hilfreich wirkten. Und: Was war das Highlight der fiktiven Beratung?

Tipps

Sie können ebenso gut auch Ihre eigene Perspektive in die Zukunft verlegen: Was würden Sie sich selbst in zehn Jahren raten? Schreiben Sie sich dafür einen Brief aus der Zukunft.

Schreiben Sie einen Dialog zwischen verschiedenen Persönlichkeitsanteilen. Verleihen Sie beispielsweise Ihrem inneren Kritiker eine Stimme – und entwickeln Sie den Dialog mit Ihrem Schreib-Ich so weiter, dass Sie mit einem Kompromiss, einer Lösungsidee oder einem Einlenken des Kritikers schließen.

Noch einmal begegnet Ihnen hier ein Text von dem müden Jonas aus dem fünfzehnten Beispiel: Sie sehen seinen Perspektivenwechsel, gestaltet als Dialog zwischen sich und seinem Großvater. Jonas' vordergründiges Problem ist, dass er müde wird, sobald er sich dem Schreiben an seiner Dissertation widmet. Er leidet darunter. Im Coaching hat Jonas herausgefunden, dass sein Leistungsanspruch an sich selbst so überhöht ist, dass er sich mit der Müdigkeit davor schützt, ihn ernsthaft anstreben zu müssen. Lesen Sie selbst, worauf er durch den Perspektivenwechsel noch kam.

Wie kann ich meinen überhöhten Anspruch an mich selbst verändern?

Großvater: Mein Junge, was kann ich dir raten? Ich verstehe ja gar nicht, warum du dich so abmühst. Du könntest doch in größter Ruhe Schritt für Schritt mit deiner Doktorarbeit vorankommen.

Jonas: Ja, das könnte ich eigentlich. Aber es geht nicht, ich baue mir einen enormen Leistungsdruck auf.

Großvater: Aber wozu denn? Ist dir diese Doktorarbeit wirklich so wichtig? Ich dachte immer, du wolltest vor allem gerne praktisch tätig sein. Du bist doch ein anpackender Typ. Das warst du schon als Kind. Du wolltest immer was Handfestes machen, Bretter schleppen, bauen, Aktionen. Einmal hast du drei Tage lang eine Verfolgungsjagd für deine Geburtstagsfeier vorbereitet, die war dann ein voller Erfolg. Und gerade erst hast du begeistert von deinem Praktikum bei BMW erzählt. Da haben deine Augen geblitzt. Mensch Junge, das ist jetzt weg! Ist denn die Wissenschaft überhaupt das Richtige für dich?

Jonas: Ich will auf jeden Fall diese Arbeit fertig bekommen. Ich habe schon so lange daran gearbeitet. Aber du hast Recht, die Aussicht, danach in die Wirtschaft zu gehen, ist irgendwie gut. Daran habe ich schon lange nicht mehr gedacht.

Großvater: Weißt du, wenn man etwas schafft, etwas bewirkt, dann ist das die schönste Belohnung für die Arbeit. So habe ich es immer erlebt. Aber etwas bewirken kann man doch nur, wenn man das tut, was man am besten kann. Und ein richtiger Schreiberling scheinst du ja nicht zu sein. Also nimm es doch sportlich anstatt verbissen und freu dich auf die Zeit danach. Du findest bestimmt einen guten Job.

Fiktiver Dialog – Beispiel

Perspektivenwechsel

Ihr Nutzen

- Sie kommen auf Lösungen, die in Ihnen selbst liegen und die deshalb besonders gut passen.
- Sie können einen Perspektivenwechsel jederzeit und unabhängig von anderen Personen durchführen.
- Sie entlasten sich schnell von Problemen und Druck.
- Mit Perspektivenwechseln coachen Sie sich selbst, nicht nur bei Schreibthemen.

Kompakt: Perspektivenwechsel lassen sich hervorragend als Selbstcoachingmethode einsetzen. Dabei wechseln Sie Ihre Sichtweise, indem Sie sich in eine andere Person, einen anderen Persönlichkeitsanteil oder in die Zukunft versetzen.

26 Ursachensuche

In der vorherigen Übung haben Sie mit dem Perspektivenwechsel nach Lösungsansätzen gesucht. Mit dieser Übung finden Sie heraus, warum Sie so schreiben, wie Sie schreiben. Doch dabei bleiben Sie nicht stehen: Sie überlegen, wie Sie diese Erkenntnisse für Veränderungen nutzen können und welchen Sinn eine besondere Herausforderung oder ein Problem in Ihrem Leben haben könnte.

Ursachensuche eignet sich für Schreibende, die

- ihre Schreibherausforderungen und -probleme besser sehen und verstehen wollen,
- ihren Problemen gerne auf den Grund gehen,
- herausfinden wollen, was sie beim Schreiben hemmt,
- feststellen, dass sich mit veränderten Schreibstrategien und neuen Techniken ihre Schreibprobleme nur ungenügend verändern,
- geplante Verhaltensänderungen nicht konsequent umsetzen.

Sie benötigen

ein Blatt Blanko-Papier, möglichst im Format DIN A 3, und zwei Farbstifte.

Los geht's!

ca. 20–30 Minuten

Legen Sie ein Blatt Papier im Querformat vor sich und beginnen Sie mit einer Mindmap, die Sie bei der Übung 16 kennen gelernt haben: Schreiben Sie in die Mitte Worte, die ausdrücken, was Ihnen beim Schreiben Probleme bereitet und was Sie vom freien und produktiven Schreiben abhält. Zum Beispiel: „Aufschieben bis zum letzten Moment."

Überlegen Sie, warum Sie dieses Problem haben. Etwa so: „Warum bloß schiebe ich immer wieder auf, bevor ich mit dem Schreiben beginne? – Weil ich vorher die ganze Zeit Angst habe, es nicht zu schaffen." Zeichnen Sie vom Zentrum ausgehend einen Ast, auf den Sie den Grund für Ihr Problem schreiben, zum Beispiel: „Angst vor Scheitern." Überlegen Sie, welche weiteren Gründe es geben könnte, etwa: „Keine Lust zum Schreiben" oder „Müsste erst lesen, dann schreiben", und platzieren Sie sie ebenfalls auf Ästen.

Überlegen Sie nun, was der tiefere Grund sein könnte. Um beim Beispiel zu bleiben: „Warum habe ich Angst zu scheitern?" Die Antwort könnte lauten: „Wenn ich schlechte Noten aus der Schule nach Hause gebracht habe, hat mein Vater sich enttäuscht von mir abgewandt und mich in den nächsten Tagen ignoriert. Heute sind für mich Scheitern und Nichtbeachtung immer noch miteinander verknüpft." Schreiben Sie die Kernaussage aus dieser Erkenntnis auf den nächsten Unterzweig, etwa so: „Scheitern = Liebesentzug."

Fügen Sie eine dritte Zweigebene hinzu, diesmal mit einer anderen Stiftfarbe. Dort notieren Sie Lösungsideen, zum Beispiel: „Brief an Vater schreiben" oder „Neue Rolle als Durchschnittsmensch proben".

Schreiben Sie im letzten Schritt einen fünfminütigen Fokussprint (Übung 10) zu der Überschrift: „Auf welche Entwicklungsmöglichkeiten weist mich mein Schreibproblem hin?". Sie überlegen mit dieser Frage, wie Sie das Problem nutzen könnten, anstatt es nur zu bekämpfen. Denn Probleme kann man so oder so bewerten: Ich gehe davon aus, dass Probleme dazu da sind, sich persönlich weiterzuentwickeln.

Fügen Sie die Kernaussage als weiteren Zweig mit einer neuen Stiftfarbe Ihrer Mindmap hinzu.

Tipp

Schnüren Sie in der Vorstellung ein Päckchen auf, um Ideen zu Ursachen und Lösungen auf andere Weise als über Nachdenken zu finden: Lassen Sie sich von Ihrer eigenen Phantasie überraschen und schauen Sie neugierig nach, was darin ist. Machen Sie hinterher damit, was immer Sie passend finden: Schnüren Sie das Päckchen wieder zu, werfen Sie es weg, stellen Sie es ins Regal, nehmen Sie es mit zur Arbeit.

In der Abbildung sehen Sie, wie Katrin aus dem neunten Beispiel ihr Strukturierungsproblem als Lernchance nutzt: Sie stellt fest, dass sie sich auch sonst nicht gerne festlegt und es vermeidet, einen eigenen Standpunkt einzunehmen. Sie fühlt sich schnell als nervige Störerin, die es nicht wert ist, dass man ihr zuhört. Diesem Gefühl weicht sie aus, indem sie auch in ihren Texten möglichst wenig Angriffsfläche bietet. Sie ist seit langem daran gewöhnt, sich anzupassen. Nun überlegt sie: Woher stammt dieses Selbstbild? Wer hat sie wann entmutigt, wenn sie unbequeme Meinungen äußerte?

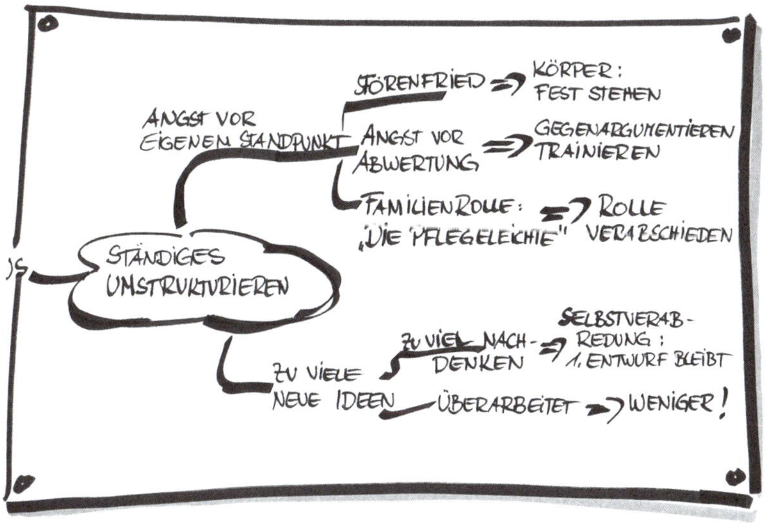

Ursachensuche – Beispiel

Das Schaubild zeigt Ihnen Hintergründe und einige Lösungsansätze für Schreibprobleme, die mir häufig in der Arbeit mit meinen Klienten begegnen. Sie mögen Ihnen Anregungen für Ihre persönliche Ursachensuche bieten.

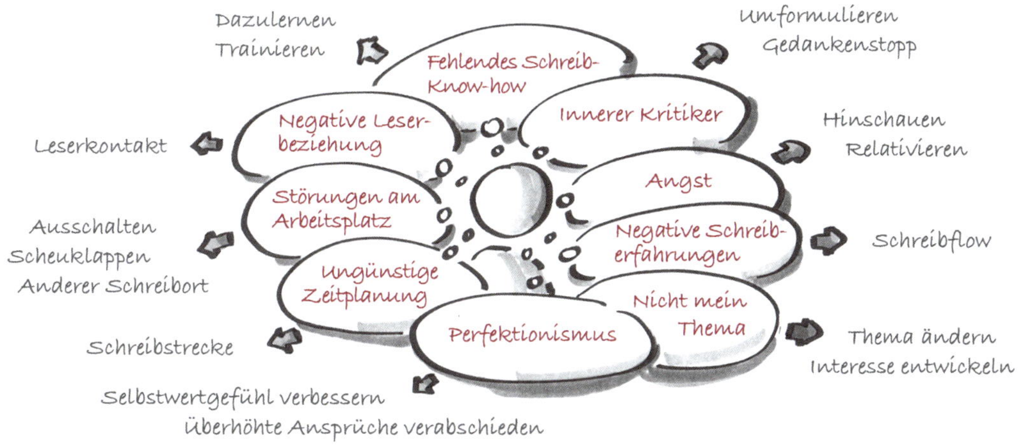

Schreibprobleme – mögliche Ursachen und Lösungen

Ihr Nutzen

- Sie gehen Ihren Schreibproblemen auf den Grund.
- Sie können das Schreibproblem in einem größeren Zusammenhang sehen.
- Sie werden auf Ihre Entwicklungspotenziale aufmerksam.

Kompakt: Mit der Ursachensuche blicken Sie unter die Oberfläche Ihrer Schreibprobleme und suchen nach Hintergründen, Lösungen und Funktionen.

ÜBUNG

27 Schreibressourcen

Manchmal frage ich in Seminaren oder im Coaching nach Schreiberfahrungen, die bis heute nachwirken – in der Schule, im Privatleben, in Ausbildung und Beruf. Fast immer höre ich Geschichten von Entmutigung und Bloßstellung, vor allem aus der Schulzeit. Grundschullehrerinnen haben be- und verurteilt wie bei Max aus dem elften Beispiel: „Das wird nichts bei dir mit dem Schreiben. Konzentrier' dich lieber aufs Rechnen." Eltern haben das Aufsatzheft zugeklappt mit einer abfälligen Bemerkung „Da steigt ja keiner durch." Dozenten haben im Studium mit einem „Zu unwissenschaftlich" die Arbeit von Wochen entwertet. Die Erfahrungen aus der Schreibbiografie färben das Schreiben noch heute und sind oft genug der Auslöser von Schreibproblemen. In dieser Übung spüren Sie prägende Erfahrungen auf und finden heraus, was Sie heute noch hemmt, aber auch, auf welche positiven Erfahrungen Sie zurückgreifen können. Das ist mir besonders wichtig, denn die Konzentration auf positive Erfahrungen kommt oft zu kurz.

Schreibressourcen eignen sich für Schreibende, die

- noch mehr darüber herausfinden wollen, welche Ursachen ihre Schreibprobleme haben,
- sich hemmende Schreiberfahrungen bewusst machen und sie hinter sich lassen wollen,
- stärkende Erinnerungen finden wollen, mit denen sie das Schreiben heute positiver gestalten können,
- sich auf positive Erlebnisse fokussieren wollen.

Los geht's!

ca. 20–30 Minuten

Werfen Sie zuerst einen Blick auf Ihre Vergangenheit und wandern Sie anhand folgender Fragen von einer Station Ihrer Schreibbiografie zur nächsten. Fragen Sie sich, welche Erfahrungen die Ursachen heutiger Schreibprobleme sein könnten, aber auch, an welche Erfahrungen Sie anknüpfen könnten, um Ihr Schreiben heute produktiver und angenehmer zu gestalten. Wenn Sie möchten, schreiben Sie die Antworten auf:

- Wie habe ich schreiben gelernt?
- Welche Erfahrungen habe ich in der ersten Klasse mit dem Schreiben gemacht?
- Wie habe ich später in der Grundschule und in der weiterführenden Schule das Schreiben erlebt, zum Beispiel Aufsatzschreiben?
- Wie wurde ich als Schreiber oder Schreiberin bewertet?
- Wie war das bei mir mit privatem Schreiben? Habe ich mich zum Beispiel an literarischen Texten versucht, etwa Geschichten oder Gedichten, später Briefen und Liebesbriefen?
- Wie habe ich Hausarbeiten und Abschlussarbeiten in Ausbildung und Studium geschrieben? Wie wurden sie kommentiert?

Ziehen Sie ein Resümee aus diesen Schreiberfahrungen: Welche Überschrift würden Sie Ihrer eigenen Schreibbiografie geben?

Schreiben Sie fünf bis zehn Minuten lang einen Text zu einer Szene, bei der Schreiben mit *positiven* Erinnerungen verknüpft war. Das können die ersten selbstversunkenen Versuche des Buchstabenmalens gewesen sein, das kann das Liebesgedicht aus der Jugendzeit sein oder der Brief, der nach einem Streit zur Versöhnung geführt hat.

Überlegen Sie sich, wie Sie diese Erfahrung – die Stimmung, die Situation, die Rahmenbedingungen – auf Ihr heutiges Schreiben übertragen können. Probieren Sie gleich etwas davon aus.

Tipp

Schreiben Sie Ihr positives Erlebnis so emotional und sinnlich dicht wie möglich. Gestalten Sie die Szene detailliert aus. Denn erst sinnliche Eindrücke, Gefühle und Details machen aus einem nackten biografischen Bericht einen wirkungsvollen Text, an den Sie heute anknüpfen können.

Ich bin immer wieder darüber entsetzt, wie viele tief entmutigende Schreiberfahrungen in der Schulzeit und später gemacht werden. Unzähligen Menschen haben sie das Schreiben nachhaltig verleidet. Lehrer und andere Autoritätspersonen tun gut daran, sich mit ihren eigenen Schreiberfahrungen auseinanderzusetzen, um ein Gefühl dafür zu entwickeln, wie viel Schaden sie mit abwertenden Äußerungen bei Kindern und Jugendlichen anrichten können. Ich habe das Anknüpfen an positive Erfahrungen in dieser Übung in den Vordergrund gestellt. Das fällt vielen schwerer und ist weniger vertraut. Denn die meisten von uns sind es gewohnt, in ihrer Biografie nach einschränkenden Erfahrungen zu suchen. Doch die Suche nach positiven Erfahrungen ist ebenso wichtig, wurde nur in der Psychologie lange vernachlässigt. Heute wächst das Wissen um die heilende Kraft positiver Bilder, Erinnerungen und Erfahrungen.

Hier sehen Sie einen Beispieltext einer Seminarteilnehmerin, die eine intensive Schreiberfahrung aus ihrer Jugendzeit beschrieben hat. Sie hat den Text später für mich abgetippt. Sie hat eine Weile gegrübelt, um eine positive Erinnerung aufzudecken. Schließlich hat sie einen literarischen Zugang zu dieser Erinnerung gefunden.

Der Wind weht durch die Zweigfäden der Trauerweide. Die Zweige sind die Frisur, windzerzaust. Am See steht mein Baum. Im Wipfel sitze ich, still und verborgen, fern des Wassers. Weit oben sehe ich über das Land und der See unten ist klein und voller Fische, die niemanden interessieren. Die dicke Astgabel ist mein Bett. Der Ast, an den ich meinen Kopf lehne, mein Freund. Der Baumsaft rauscht an meinem Ohr und flüstert mir zu: „Mach alles neu, du kannst es, und es wird schön sein." Und so ziehe ich Büchlein und Bleistift-Stummel hervor. Ich schreibe. Schreibe das Baumlied auf, und es ist ein Gedicht, das immer weiter geht, das sich nicht reimt, sondern dahinweht mit seinen Strophen wie die feinen Blattschiffchen, die mich umwehen, vor Blicken schützen und mit frostigem Aprilwind bestäuben. Ich denke an meine beste Freundin und ich schreibe das Lied an sie, denn sie wird es verstehen. Sie weiß von der ganzen Welt. Eine Weise, verpackt in das Gewand einer Fünfzehnjährigen. Sie wird sich freuen und genau dafür schreibe ich ihr. Die Mine ist fast platt, beim Schreiben muss ich sie fest aufs Papier drücken. Das Büchlein biegt sich. Es ist mir gleich. Denn jetzt spricht auch noch der Wind zu mir, diktiert mir die nächsten Strophen, die von meiner Zukunft handeln, die sich strahlend mir entgegenöffnet, mir jungem Wesen in einer alten Welt.

Schreibressourcen – Beispiel

Erst mit dieser literarischen Darstellung kann sie an die kreative Stimmung anknüpfen, in der sie damals war, und sie auf heute übertragen. Und da weiß sie mit einem Mal, wie sie ihr Schreiben gestalten möchte, zumindest für anspruchsvolle Schreibaufgaben: Sie wird ihr Notebook in den Rucksack packen und in der freien Natur schreiben, zumindest in der warmen Jahreszeit. An einem steinernen Schachtisch, der nahe ihrer Wohnung am Rande eines Wäldchens steht. Und in der kalten Jahreszeit wird sie ihre Naturverbundenheit für das Schreiben nutzen, indem sie den Botanischen Garten besucht und auf einer abgelegenen Bank schreibt.

Ihr Nutzen

- Sie können Zusammenhänge zwischen heutigem Schreibverhalten und früheren Schreiberfahrungen herstellen.
- Wenn Sie sich an negative Erfahrungen bewusst erinnern, können Sie sie anschließend leichter entkräften.
- Sie finden Zugang zu Ihren ganz persönlichen Schreibressourcen.
- Sie kommen auf neue und möglicherweise ungewöhnliche Ideen, wie Sie Ihr Schreiben gestalten können.

Kompakt: Schreibressourcen sind positive Schreiberfahrungen, an die Sie heute anknüpfen können, um Ihr Schreiben produktiver, kreativer und authentischer zu gestalten.

28 Sich selbst motivieren

Stellen Sie sich vor, Sie müssen einen Text schreiben und die Betonung liegt auf dem Wort „müssen". Sie haben schlicht keine Lust, andere Arbeitsaufgaben drängen, gute Textideen fehlen. Dennoch müssen Sie schreiben. Was tun Sie jetzt? Quälen Sie sich wütend und frustriert von Seite zu Seite? Schimpfen Sie laut vor sich hin? Schreiben Sie den Text so schlecht wie möglich, um zu demonstrieren, dass er überflüssig war?

Ich habe einen anderen Vorschlag für Sie: Gestalten Sie die Schreibaufgabe zu einer kreativen Tätigkeit um. Das ist wie bei allen Aufgaben, die wir nicht mögen, aber doch erledigen müssen, eine großartige Möglichkeit, die Arbeits- und Lebensqualität zu erhöhen. In einer Woche, in der Sie lustlos sieben Stunden an einer unliebsamen Schreibaufgabe sitzen, können Sie ebenso gut sieben Stunden in zufriedener Stimmung arbeiten. Der Schlüssel ist die Selbstmotivierung. Dabei lassen Sie sich nicht fremdgesteuert von außen motivieren – etwa durch Druck oder den Wunsch nach Anerkennung –, sondern motivieren sich von innen heraus. Das kann man glücklicherweise lernen, auch wenn es nicht die leichteste Übung ist. Wer sein Leben lang äußere Umstände für sein Glück oder Unglück verantwortlich gemacht hat, wird dies nicht von heute auf morgen ablegen. Aber die Auseinandersetzung damit lohnt sich, denn Sie gewinnen nicht nur gute Schreibzeiten, sondern können die Erfahrungen auch auf andere Arbeitsbereiche übertragen.

Selbstmotivierung eignet sich für Schreibende, die

- lustlos schreiben oder frustriert über ihr Vorgehen beim Schreiben sind,
- mehr Kreativität in ihren Arbeitsaufgaben leben wollen,
- selbstbestimmter arbeiten und leben wollen,
- ihre Arbeits- und damit Lebensqualität steigern wollen.

Los geht's! ca. 10 Minuten

Schreibdenken Sie zu der Überschrift oder zu dem Schlüsselwort „Persönlicher Nutzen" – mit einem Cluster (Übung 9) oder Fokussprint (Übung 10). Welchen Nutzen können Sie aus der ungeliebten Schreibaufgabe ziehen? Irgendetwas lässt sich da fast immer finden. Vielleicht lautet der Kernsatz Ihrer Auswertung schließlich: „Lernen, in guter Stimmung unliebsame Aufgaben zu erledigen."

Schließen Sie kurz die Augen und entwickeln Sie aus diesem Nutzen ein persönliches Ziel, denn: Keine Motivation ohne Ziele. Lassen Sie ein Denkbild vor Ihrem inneren Auge entstehen. Was wünschen Sie sich für Ihr Schreibprojekt? Den Text in inspirierter Stimmung zu schreiben? Diesmal schneller als sonst zu schreiben? Wie auch immer Ihr persönliches Ziel für die anstehende Schreibaufgabe aussieht – speichern Sie das Denkbild im Gedächtnis.

Finden Sie ein weiteres Bild, nämlich ein Vor-Bild für Ihr Ziel. Nehmen wir an, Ihr Ziel ist es, in guter Stimmung zu arbeiten. Wer fällt Ihnen spontan ein, der inspiriert und im Fluss arbeitet? Speichern Sie auch dieses Denkbild innerlich ab. Heute ist auch wissenschaftlich belegt, wie stark wir uns von persönlichen Vorbildern zu bestimmten Handlungen verleiten lassen: Persönliche Vorbilder stecken tatsächlich an.

Treffen Sie zum Abschluss der Übung einen festen Entschluss: Verpflichten Sie sich selbst zu der Erreichung Ihres Zieles und identifizieren Sie sich damit. Schreiben Sie Ihr Ziel auf ein Blatt Papier oder eine Karte und behalten Sie sie während des Schreibens in Sichtweite.

Tipps

Der beste Tipp für effektive Selbstmotivierung bleibt für mich nach wie vor der folgende: „Motivation entsteht durch Tun." – Steigen Sie so niedrigschwellig wie möglich mit fünf Minuten pro Tag in Ihre Schreibaufgabe ein – und Sie werden sehen: Ihre Motivationslage wird sich von Tag zu Tag verbessern.

Wenden Sie die Flow-Kriterien auf Ihr Schreiben an: Finden Sie heraus, unter welchen Bedingungen Flow bei Ihnen entsteht und wie Sie ungeliebte in Flow-Tätigkeiten umwandeln können. Auf der gegenüberliegenden Seite finden Sie dazu Informationen und ein Beispiel.

„Flow“ ist inzwischen das Schlüsselwort für alle Menschen, die nach einer höheren Arbeitszufriedenheit streben. Der Psychologe Mihaly Csikszentmihalyi hat in den 1960er Jahren das Flow-Konzept entwickelt und erforscht. Im Flow arbeiten heißt, in einem hochgestimmten Zustand tätig zu sein; Sie erleben Ihre Arbeit als befriedigend und beglückend, das Zeitgefühl ist verändert oder ausgeschaltet und Sie gehen in Ihrem Tun auf. Flow – das ist zeitvergessene Leichtigkeit und anstrengungsloses Fließen. Folgende Faktoren begünstigen den Flow: Sie fühlen sich weder über- noch unterfordert bei Ihrer Tätigkeit. Sie streben nach einer Steigerung Ihrer Fähigkeiten und können selbst einfach feststellen, ob Sie sie steigern konnten. Sie arbeiten so konzentriert, dass die (Schreib-)Tätigkeit Ihre gesamte Aufmerksamkeit bindet.

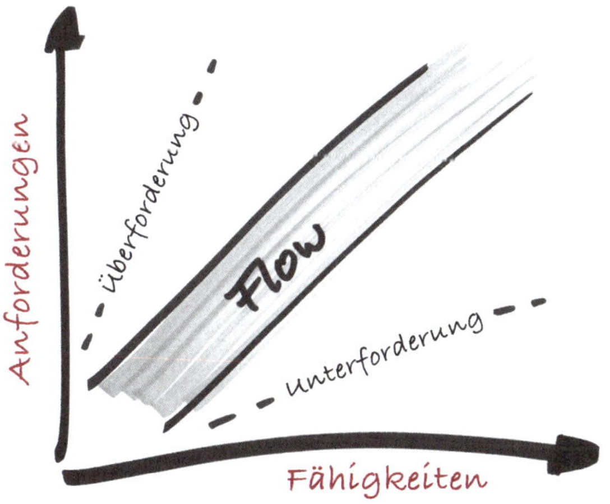

Schreiben im Flow

Die Multitaskerin Jana aus dem fünften Beispiel, die beim Schreiben nicht ins Spiel kommt, hat mit folgenden Gedanken an den Flow-Zustand angeknüpft, der ihr aus ihrer Kindheit und Jugend vertraut ist:

Bei welchen Tätigkeiten entsteht Flow bei mir?

Manchmal in Teamsitzungen, wenn ich merke, dass alle an einem Strang ziehen und sich eine gute Lösung anbahnt.

Beim Spielen mit meiner Tochter. Wenn sie im Flow ist, mache ich einfach mit.

Immer, wenn ich das Gefühl habe, dass ich etwas Gutes produziere. Natürlich, auch die Befriedigung über ein gutes Endprodukt ist wichtig. Aber der Flow geht los, wenn ich merke, dass ich auf das gute Ergebnis hinsteuere.

Wie kann ich Schreiben in eine Flow-Tätigkeit verwandeln?

Indem ich schneller schreibe und mir keine Zeit gebe, um abzudriften. Indem ich nicht darüber nachdenke, was ich sonst noch alles tun muss. Wenn ich mich voll konzentriere, gelingt Schreibflow. Das ist vielleicht die eigentliche Herausforderung: beim Schreiben zu lernen, mich auf nur eine Sache zu konzentrieren.

Flow-Zustand – Beispiel

Ihr Nutzen

- Sie schreiben mit mehr Freude.
- Ihre Texte werden gerne gelesen, weil sich Ihre motivierte Stimmung vermittelt.
- Sie schreiben kreativer, flüssiger und freier – Ihre Texte werden besser.
- Sie arbeiten selbstbestimmt: Nicht andere entscheiden über Ihre Arbeitsstimmung.
- Sie gewinnen Lebensqualität.

Kompakt: Wenn Sie die Kunst der Selbstmotivierung beherrschen, steigern Sie Ihre Lebensqualität ebenso wie die Textqualität.

29 Sinnvoll schreiben

„Spuren statt Staub“ heißt ein Buch der Wirtschaftsvordenker Anja Förster und Peter Kreuz. Darin vertreten sie die These, dass unternehmerisches und zugleich sinnerfülltes Handeln keine Gegensätze sind, sondern die Grundlage für ganzheitlichen Erfolg. Erst dadurch hinterlässt ein Unternehmen Spuren in der Welt, statt lediglich Staub aufzuwirbeln. Die Devise gilt im Kleinen wie im Großen, und so gilt sie auch für das Schreiben. Finden Sie heraus, in welchem Sinnzusammenhang Ihr eigenes Schreiben steht, und es wird Ihnen freudvoller von der Hand gehen und etwas bewirken. Wie etwa bei der Sachbuchautorin, die endlich die Erkenntnisse ihrer 25-jährigen Forschungstätigkeit einer breiten Öffentlichkeit zugänglich macht. Das ist sinnvoll für sie. Oder beim Geschäftsführer einer Stiftung für Waisenkinder, der mit seinen Online-Texten auf die Probleme benachteiligter Kinder und Jugendlicher aufmerksam macht – und darin den Sinn seines Schreibens findet. Wodurch wird das Schreiben sinnvoll für Sie?

Sinnvoll schreiben eignet sich für Schreibende, die

- sich nur schwer für ihre Schreibaufgaben motivieren können und denen Inspiration fehlt,
- bereit sind, über den Sinn ihrer (Schreib-)Arbeit nachzudenken,
- bereit sind, Konsequenzen aus ihren Überlegungen zu ziehen und bestimmte Schreibaufgaben abzulehnen, andere zu fördern,
- neue, sinnvolle Schreibprojekte ins Auge fassen wollen,
- etwas zu sagen haben und mit ihren Texten der Welt etwas geben wollen.

Los geht's!

ca. 15–25 Minuten

Schließen Sie die Augen und suchen Sie in Ihrer Vorstellungswelt nach einem Kind, das Ihnen am Herzen liegt – Ihrem eigenen Kind, einer Nichte, einem Enkelkind oder einem anderen Kind, das Sie kennen.

Stellen Sie sich vor, dieses Kind besucht Sie und Sie schreiben gerade. Neugierig, wie Kinder sind, tritt es näher und schaut Ihnen eine Weile beim Schreiben zu. Dann stellt es die einfachen Kinderfragen, die uns manchmal in Erklärungsnot bringen. Sie möchten ihm unbedingt bedeutsame Antworten auf seine Fragen geben. Sie wollen ihm eine hoffnungsvolle Perspektive auf die Arbeit Erwachsener vermitteln: Das Kind soll von Ihnen erfahren, dass man mit seiner Arbeit etwas Sinnvolles und Erfüllendes tun kann.

„Was machst du da?“, fragt das Kind. – „Ich schreibe“, antworten Sie. Aber das Kind schaut Sie unverwandt weiter an und wartet. Die Antwort reicht ihm nicht. Was antworten Sie, um tiefer gehend zu erklären, was Sie da tun? Auch nach Ihrer zweiten Antwort ist das Kind noch nicht zufrieden: „Aber was machst du da?“, fragt das Kind und Sie antworten geduldig ein drittes Mal und holen dabei weiter aus. Wenn Sie möchten, schreiben Sie diese Antworten schon jetzt auf – sonst nach Ende der Vorstellungsübung.

Nach ein paar Minuten kommt eine weitere Frage: „Warum schreibst du das?“ Diese Frage beantworten Sie ebenso ernsthaft – und schon fragt das Kind ein zweites und ein drittes Mal: „Aber wozu schreibst du das?“ und: „Was hast du denn davon?“ Sie antworten so lange, bis Sie merken, dass das Kind zufrieden ist. Schreiben Sie die Antworten wieder jetzt oder später auf.

Schreiben Sie anschließend Fokussprints (Übung 10) zu einer oder mehrerer der folgenden Überschriften:

- „Wie und womit kann ich anderen durch mein Schreiben etwas geben?“– mit welchen Gedanken, mit welchem Wissen, welchen Erfahrungen?
- „Wie kann ich das in den Texten unterbringen, die ich schreibe?“
- Oder auch: „Welche sinnvollen Texte würde ich gerne schreiben und veröffentlichen?“

Tipp

Wenn Sie eine Schreibtätigkeit entdecken, die Sie als völlig sinnlos einschätzen, so versuchen Sie, daran etwas zu verändern: Sagen Sie zugesagte Schreibprojekte wieder ab, sprechen Sie mit Ihrem Vorgesetzten oder Auftraggeber, ändern Sie die Zielsetzung.

Jens aus dem zweiten Beispiel weiß nach Jahren immer noch nicht, ob er seine wissenschaftliche Arbeit jemals abschließen wird. Als ich ihn mit den Fragen aus dieser Übung konfrontiere, reagiert er zuerst unwillig und abweisend. Er sieht sein Problem in den fehlenden Details, die ihm noch zur Fertigstellung fehlen. Doch meine Fragen nach dem Sinn seiner Dissertation nagen an ihm. Ich gebe ihm am Ende einer Coachingstunde ein Arbeitsblatt mit Fragen zu seiner Schreibmotivation, zu seinen Zielen und zum Sinn seiner Arbeit mit. Beim übernächsten Termin wedelt er mit dem Blatt und zeigt mir eine Art Brief an seine kleine Nichte. Er hat herausgefunden, dass versteckt hinter seinem Perfektionismus die Einschätzung liegt, seine Arbeit sei sinnlos. Sie interessiere letztlich niemanden außer seinen Gutachtern und diese nur wegen der Benotung. Für seine Nichte jedoch hat er bessere Gründe gesucht – und gefunden.

> Liebe Sonja, du fragst wichtige Dinge. Ich versuche dir, darauf zu antworten:
>
> Was tue ich mit meiner Schreibtätigkeit eigentlich? Also, erstmal trage ich wissenschaftliche Erkenntnisse zusammen. Aber ich mache ja mehr. Ich werte meine eigene Studie aus.
>
> Warum schreibe ich? Weil ich die Ergebnisse meiner Studie zeigen will. Nämlich, wie der Laser bei einer Operation so eingesetzt wird, dass das umliegende Gewebe weniger geschädigt wird.
>
> Wozu schreibe ich? Um etwas Neues herauszufinden und die Forschung in diesem Punkt voranzubringen. Jetzt sollen Techniker, Ärzte und später dann Kranke davon profitieren. Außerdem möchte ich gerne einen Doktortitel haben, denn darauf kann ich später stolz sein.
>
> Was habe ich von meiner Schreibtätigkeit?
>
> Ich schreibe immer besser, ich lerne dazu. Das brauche ich später, egal ob als Wissenschaftler oder bei der praktischen Arbeit. Und mit einem Doktortitel habe ich bessere Berufschancen. Und da ist noch was: Schreiben wird wertvoller für mich. Es entspricht mir, es macht mir Freude.

Sinnvoll schreiben – Beispiel

Ihr Nutzen

- Sie finden heraus, welchen Sinn Ihr Schreiben haben könnte.
- Das motiviert fast automatisch zum Schreiben. Sie schreiben mit mehr Elan.
- Sie unterscheiden sinnvolle von sinnlosen Schreibprojekten und können anschließend entscheiden, wie Sie darauf regieren möchten.
- Sie finden Anregungen für neue Schreibprojekte.

Kompakt: Sinnvoll zu schreiben motiviert Sie vollkommen anders, als wenn Sie das Schreiben als äußeren Zwang erleben. Wenn Sie wissen, dass Sie mit Ihren Texten etwas bewirken können, arbeiten Sie zufrieden und erfüllt.

30 Textinspektion

Erinnern Sie sich noch an das Schreibprozess-Modell? Nach dem Rohtexten finden Sie dort die Phase „Reflektieren". In dieser Phase gewinnen Sie Abstand von Ihrem bisherigen Text. Denn gute Texte sind das Resultat ausgereifter Denkprozesse; damit sie schlüssig und durchweg stimmig wirken, brauchen sie mindestens eine größere Pause. In dieser Pause regeneriert der Schreiber, löst sich aus der Nähe zum eigenen Text und rückt innerlich auf den Leser zu.

Sie unterziehen Ihren Text einer Generalinspektion, indem Sie zwei Dinge parallel tun. Sie lassen Ihren Text ruhen und erhalten ein erstes, frühes Feedback. Durch das Feedback erfahren Sie schon früh, ob Ihr Text auch für andere nachvollziehbar und verständlich ist, und können bei inhaltlichen, strukturellen und stilistischen Schwächen sofort gegensteuern. Zu einem späteren Zeitpunkt hätten Sie bereits viel unnötigen Überarbeitungsaufwand geleistet. Auch für den Feedback-Leser ist die Hürde größer: Mit manchen Bedenken und grundlegenden Änderungshinweisen verschont er Sie kurz vor der Abgabefrist vielleicht sogar.

Textinspektion eignet sich für Schreibende, die

- genug Zeit im Schreibprozess eingeplant haben, um ihren Text in einer Pause reifen zu lassen,
- das Unbewusste während der Pause für sich arbeiten lassen wollen,
- einen annähernd perfekten Text schreiben wollen,
- schon früh ein Feedback auf ihre Texte haben möchten.

Sie benötigen

Ihren geglätteten Rohtext, Zeit und eine vertraute Person, von der Sie ein wohlwollendes und konstruktives Feedback erwarten können.

Los geht's! ◯ je nach Textlänge

Legen Sie Ihren Text zur Seite und lassen Sie ihn eine Zeit lang ruhen. Das kann die Mittagspause sein, eine Nacht, das Wochenende oder die Urlaubswochen.

Stellen Sie Ihr Unbewusstes auf die Arbeit an Ihrem Text ein, während Sie sich mit anderen Dingen beschäftigen. Das geht besonders gut über Nacht: Formulieren Sie am Abend eine Frage zu Ihrem Text, am besten sogar schriftlich. Etwa so: „Wie begründe ich meine These überzeugender?", „Mir scheint die Struktur bei Punkt 3 nicht schlüssig – wie könnte ich sie ändern?", „Wo sind die größten Schwachstellen in meinem Text?" oder „Wo kann ich kürzen?". Nun lassen Sie Ihr Unbewusstes über Nacht daran arbeiten.

Wer Schreibarbeit und Freizeit bzw. Schlafen lieber trennt, kann auch bei der Arbeit das Unbewusste für sich arbeiten lassen: Formulieren Sie Fragen und legen oder hängen Sie Ihren Rohtext gut sichtbar an Ihren Arbeitsplatz. Allein das fördert bereits die innere, unbewusste Auseinandersetzung.

Glätten Sie Ihren Text, indem Sie die gröbsten Lücken und Ungereimtheiten überarbeiten, bis Sie das Gefühl haben, Sie könnten den Text jemand anderem zumuten.

Fassen Sie eine passende Person für ein frühes Feedback ins Auge. Eine, der Sie vertrauen, die nicht zwanghaft auf Rechtschreibung und Stil achtet und die etwas vom Inhalt versteht. Erklären Sie ihr, in welchem Stadium sich Ihr Text befindet, welche Art von Feedback Sie sich wünschen und welche Fragen Sie haben. Ein Beispiel für ein Vorbereitungsgespräch finden Sie auf der nächsten Seite.

Tipp

Rechtfertigen Sie sich nicht, während Sie ein Feedback erhalten. Hören Sie einfach zu. Sonst nehmen Sie dem Feedback-Leser den Raum, um sein Feedback frei heraus zu äußern. Ob Sie das Feedback annehmen, entscheiden Sie ohnehin selbst.

Der folgende Dialog ist ein Beispiel für ein Gespräch, mit dem die Autorin ein frühes Feedback vorbereitet. Die Autorin hat sorgfältig überlegt, was ihr Ziel für das Feedback ist und wer für das Feedback in Frage kommt. Es soll jemand sein, der nicht gerade zwanghaft auf sprachliche oder formale Details achtet, sondern sich voll auf die Inhalte konzentrieren kann. Sie will durch das Feedback vor allem sichergehen, dass ihr Text – ein Artikel für ein Online-Magazin – verständlich für ihre Leser ist. Sie fühlt sich sehr unsicher mit dem Artikel und fragt deshalb eine befreundete Kollegin, die mit dem Thema vertraut ist.

Autorin (A): Hier ist mein Text, bei dem du gesagt hattest, du würdest ihn lesen und diese Woche wäre günstig für dich. Es dauert ungefähr eine Stunde mit dem Lesen, es sind nur fünf Seiten.

Feedback-Leserin (F): Oh ja, da bin ich gespannt. Endlich einmal wieder mein Gehirn benutzen.

A: Ich muss dich aber noch einmal warnen: Es ist ein Rohtext, das sagte ich dir ja schon. Die Rechtschreibung sieht ziemlich wüst aus, aber da brauchst du nicht drauf zu achten. Der Stil ist auch noch nicht ausgereift.

F: Gut, dass du das sagst, da bin ich nämlich auch nicht gerade fit.

A: Auch um Satzbau, Wortwahl, Grammatik, Zeichensetzung brauchst du dich nicht zu kümmern, das kommt dann später.

F: Dann sag doch noch einmal, worum es dir eigentlich geht.

A: Ich habe dir die Fragen auch in den Text geschrieben. Meine wichtigste Frage ist: „Verstehst du überhaupt, was meine zentrale Aussage sein soll? Und: Ist meine Argumentation auf der dritten Seite nachvollziehbar? Außerdem: Wie findest du die Reihenfolge der Themen? Und dann noch: Wie fühlst du dich als Leserin von mir angesprochen? Ist das angenehm oder findest du es zu lax?

F: Oh, dafür müsste ich vielleicht mehr im Thema drinstecken?

A: Nein, das reicht. Der Artikel ist schon für Fachleute gedacht, aber er soll allgemein verständlich sein.

F: Ja, das brauchen Leute vom Fach genauso.

A: Schlage doch mal vor, wann wir uns für das Feedback treffen könnten.

F: Am besten am Freitag in der Mittagspause.

A: Toll. Jetzt schon vielen Dank für deine Unterstützung. Das ist eine große Hilfe für mich!

Ihr Nutzen

- Sie gewinnen die Sicherheit, einen ausgereiften und abgabereifen Text zu veröffentlichen.
- Sie erkennen strukturelle und inhaltliche Schwächen, Kürzungspotenziale und ausufernde Stellen nach der Textinspektion meist auf den ersten Blick.
- Vier Augen sehen mehr als zwei: Sie haben die Chance, einen annähernd perfekten Text entstehen zu lassen.
- Sie sparen Kräfte im Schreibprozess, denn Sie lassen sich helfen – von Ihrem Unbewussten und von anderen Menschen.

Kompakt: In der Reflexionsphase geht Ihr Text in die Inspektion – indem Sie ihn ruhen und das Unbewusste daran weiterarbeiten lassen und indem Sie Ihren Text für ein erstes Feedback herausgeben.

ÜBUNG

31 Vier-Schritt-Überarbeiten

Gerade erfahrene Schreiber überarbeiten Ihren Text dreimal, viermal, fünfmal. Weil sie wissen, wie sehr ihr Text davon profitiert. In dieser Übung schlage ich Ihnen ein schrittweises Überarbeiten vor. Sie trennen die einzelnen Überarbeitungsschritte voneinander. Erst gewinnen Sie den Überblick und bleiben im Denk- und Lesefluss. Später gehen Sie ins Detail. Nur so hat Ihr Text die Chance, auch auf grundsätzliche Unstimmigkeiten hin überprüft zu werden.

Vier-Schritt-Überarbeiten eignet sich für Schreibende, die

- erst einmal Gesamteindruck, Inhalt und Struktur ihres Textes prüfen wollen,
- dazu neigen, alles auf einmal zu machen und sofort im Detail zu überarbeiten,
- ihre Texte bisher unzureichend überarbeitet haben,
- in ihren veröffentlichten Texten regelmäßig noch Struktur- und inhaltliche Schwächen entdecken.

Sie benötigen

Ihren Rohtext nach der Reflektionsphase. Er sollte einigermaßen flüssig lesbar sein.

Einen Leseort, der nicht Ihr Schreibort ist.

Los geht's! ◯ je nach Textlänge

Drucken Sie Ihren Text aus, am besten anders formatiert. Dadurch erscheint der Text noch fremder: Sie nehmen den Ausdruck zur Hand und denken: „*Das* soll *ich* geschrieben haben?"

Begeben Sie sich damit an einen Platz, der *nicht* Ihr Schreibort ist – den leeren Sitzungsraum, die Cafeteria, den Besuchersessel in Ihrem Büro.

1. Schritt: Lesen Sie Ihren Text in gleichmäßig schnellem Lesetempo durch. Markieren Sie nur rasch die Stellen, die Ihnen auffallen. Damit gewinnen Sie einen Überblick und schätzen den Überarbeitungsbedarf halb intuitiv ein. Widerstehen Sie dabei zwei Versuchungen. Erstens: den Text am Bildschirm zu lesen. Zweitens: im Detail zu überarbeiten. Achten Sie stattdessen nur auf Folgendes: Wie wirkt der Text auf mich als Ganzes? Welche ersten Veränderungsimpulse registriere ich? Welche Gedanken und Gefühle hinterlässt der Text beim Lesen? Wie fühle ich mich als Leser angesprochen?

2. Schritt: Überprüfen Sie nun Inhalt und Struktur Ihres Textes. Es ist normal, dass manches noch nicht schlüssig ist, denn die Textideen verändern sich beim Schreiben. Um die Struktur zu prüfen, können Sie das „Rückstrukturieren" anwenden, das Sie in der nächsten Übung kennen lernen. Um zu kürzen, können Sie die übernächste Übung 33 – „Kürzen" – ausprobieren.

Arbeiten Sie jetzt die Ergebnisse aus Schritt 1 und 2 am Computer in Ihren Text ein. Stellen Sie bei dieser Gelegenheit die Ansicht im Textverarbeitungsprogramm auf 25 Prozent, um Unregelmäßigkeiten zu erkennen. Manchmal entdeckt man auf diese Weise ein fehlendes Gleichmaß der Textabschnitte.

3. Schritt: Überarbeiten Sie jetzt erst Ihre Formulierungen. Achten Sie auf die Satzlänge, kürzen Sie langatmige Passagen und ergänzen Sie karge Stellen, so dass der Text einheitlich fließt. Führen Sie den Leser, indem Sie Überleitungen und Erläuterungen einfügen. Anschließend prüfen Sie die Textverständlichkeit.

4. Schritt: Zum Abschluss korrigieren Sie Rechtschreibung und Zeichensetzung – unbedingt auf Papier.

Ihr Text ist fertig, wenn Sie kaum noch Änderungen beim Durchlesen vornehmen, wenn Ihnen vormals komplizierte Sachverhalte banal erscheinen und Sie Ihren Text als abgerundetes Gesamtwerk wahrnehmen.

Tipp

Planen Sie für die Überarbeitungsphase annähernd die Hälfte Ihrer gesamten Schreibzeit ein.

Und hier sehen Sie die vier Überarbeitungsschritte im Überblick:

Vier-Schritt-Überarbeiten

Larissa, die Klientin aus dem zehnten Beispiel, tüftelt an jedem Satz, während sie ihn gerade schreibt. Schön soll er klingen und zwar sofort. Leider verliert sie dabei regelmäßig ihr Textziel aus den Augen, ihre Gedanken stauen sich, das Schreiben stockt. Ganz ähnlich geht sie in der Überarbeitungsphase vor: Sie beginnt am Bildschirm zu lesen – und bastelt sofort an jedem Satz, bei dem ihr ein Wort oder der Satzbau missfallen. Dass der Text im Ganzen noch inhaltliche und strukturelle Mängel aufweist, fällt ihr erst auf, als sie den bereits veröffentlichten Text später noch einmal liest: Sie hätte lieber einen anderen Gliederungspunkt an den Anfang gesetzt, und an einigen Stellen fehlen Überleitungen, sie hat beim Lesen den Eindruck, abrupt ein neues Thema serviert zu bekommen, ohne zu wissen, warum. Beim nächsten Text probiert sie das Vier-Schritt-Überarbeiten aus und setzt sich dieses Mal mit dem ausgedruckten Text in einen Sessel. Nur mit einem Bleistift kritzelt sie ab und zu Anmerkungen an den Rand: „Einstieg langweilig", „langatmig", „schön!", „verstehe ich nicht" und „hier: interessantester Punkt, wow! Besser rausstellen!". Sie bemerkt ihre Impulse, sofort zu korrigieren, hält sich aber diszipliniert zurück. Mit der Zeit gewöhnt sie sich an diesen neuen Überarbeitungsstil und profitiert auch beim Rohtexten davon.

Ihr Nutzen

- Sie sehen den Wald trotz Bäumen: Sie finden auch grundlegende Textmängel, weil Sie mit genug Distanz auf Ihren Text blicken.
- Ihr Text reift auch inhaltlich und strukturell aus – nicht nur formal.
- Ihr innerer Kritiker darf sich in der Überarbeitungsphase ausleben, deshalb kann er sich in der Rohtextphase zurückhalten.
- Sie haben die Chance, Ihren Text nach der Überarbeitung mit zufriedenem Gefühl zu veröffentlichen.

Kompakt: Beim Vier-Schritt-Überarbeiten schreiten Sie mit Ihrer Aufmerksamkeit vom Gesamteindruck zu den Details. Das hilft Ihnen dabei, auch grundlegende Mängel zu sehen und zu verändern – und das, bevor Sie Zeit und Mühe in die Details investiert haben.

32 RÜCKSTRUKTURIEREN

Gerade bei längeren Texten lässt sich der Überblick wohl kaum lückenlos bewahren. Und wer zudem gerne drauflosschreibt und die Struktur nach und nach aus dem entstehenden Text entwickelt, braucht erst recht ein Werkzeug, um sich zurechtzufinden. Das Rückstrukturieren hilft Ihnen dabei, komplexe Inhalte zu überblicken und eine schlüssige Struktur aus dem Text heraus zu entwickeln. Zudem prüfen Sie in der Überarbeitungsphase damit, ob die Struktur auch wirklich stimmt.

Rückstrukturieren eignet sich für Schreiber, die

- umfangreiche, strukturell und inhaltlich komplexe Texte schreiben,
- erst einmal drauflosschreiben, also auf wichtige Gedanken erst beim Schreiben kommen und diese nicht vorab planen,
- das Gefühl haben, ihr Text sei zu einem Berg angewachsen, den sie nicht mehr besteigen können,
- ihren roten Faden beim Schreiben leicht verlieren,
- beim Überarbeiten die Struktur ihrer Texte überprüfen wollen, gleich welche Strategien sie vorher angewendet haben.

Sie benötigen

◯ je nach Textlänge

Ihren Rohtext, möglichst ausgedruckt; und einen Leseort, der nicht Ihr Schreibort ist.

Los geht's!

Lesen Sie sich den Textbereich, den Sie nachträglich besser strukturieren wollen, in Ruhe durch.

Markieren Sie die einzelnen Gedankengänge. In der Regel wird in jedem Textabschnitt ein Gedankengang ausgeführt. Eventuell ergänzen Sie jetzt auch noch Inhalte oder streichen Doppelungen.

Schreiben Sie über jeden Gedankengang eine provisorische Überschrift mit der Kernaussage.

Prüfen Sie nun, ob die Reihenfolge dieser Gedankengänge sinnvoll im Hinblick auf den Gesamtkontext ist. Ihre provisorischen Überschriften helfen Ihnen, das rasch zu erkennen.

Falls notwendig, verschieben Sie am Computer die Überschriften mitsamt den dazugehörigen Textabschnitten.

Lesen Sie Ihren Text noch einmal durch. Fügen Sie eventuell fehlende Überleitungen zwischen den Abschnitten ein. Prüfen Sie jetzt auch, ob Sie den Inhalt Ihrer Überschriften im Text wirklich klar vermitteln – schließlich steht die Überschrift für den Kerngedanken im jeweiligen Abschnitt.

Wenn alles stimmig auf Sie wirkt, löschen Sie die provisorischen Überschriften bzw. entwickeln daraus „echte“ Überschriften, die im Text bleiben. Ihr perfekt durchstrukturierter Text ist fertig.

Tipp

Verschaffen Sie sich mit einem Klick den Überblick über Ihre gesamte Textstruktur. Versehen Sie dafür am Computer zuerst alle provisorischen Überschriften mit einer eigenen Formatvorlage. Wenn Sie anschließend in Ihrem Textverarbeitungsprogramm in die Gliederungsansicht wechseln oder den Navigationsbereich am linken Rand Ihres Dokumentes aktivieren, sehen Sie nur die Überschriften. Jetzt können Sie jederzeit zwischen Gliederungsansicht und Textansicht hin- und herwechseln bzw. im Navigationsbereich die Dokumentstruktur dauerhaft im Blick behalten.

Im sechsten Beispiel ist Martin unzufrieden damit, dass er durch sein Drauflosschreiben mit einem Textwust endet, über den er längst den Überblick verloren hat. Er hat deshalb begonnen, seine Texte gründlicher vorzubereiten. Doch er ahnt, dass er nie zum perfekten Planer werden wird. Immer wieder geraten seine Texte ganz anders als gedacht. Er liest sich inzwischen jeden Rohtext mit so viel Ruhe wie möglich durch, und zwar erst am nächsten Tag und ausgedruckt auf Papier. Dabei fallen ihm sofort die ersten Ungereimtheiten auf: Die Reihenfolge ist falsch, die Argumente folgen nicht aufeinander, sondern sind im Text verstreut, Überleitungen und Gliederungswörter fehlen. Er schreibt provisorische Überschriften an den Rand und markiert mit Klammern und Pfeilen die veränderte Reihenfolge der Textblöcke.

Rückstrukturieren

Anschließend setzt er sich wieder an den Computer und arbeitet die Änderungen in sein Dokument ein. Er fügt die provisorischen Überschriften mit einer anderen Schriftfarbe ein. Er schiebt weitere Textblöcke hin und her und probt, wie sich die neue Reihenfolge auf den Gesamtzusammenhang des Textes auswirkt. Wenn ihm alles stimmig scheint, fügt er noch fehlende Überleitungen ein und löscht schließlich die provisorischen Überschriften. Er hat zum ersten Mal das Gefühl, Herr über seine Texte zu sein und sich nicht in ihnen wie in einem Irrgarten zu verlaufen.

Ihr Nutzen

- Sie bewahren den Überblick auch bei langen Texten, die nur wenige Überschriften aufweisen.
- Ihre Texte sind perfekt strukturiert und wirken durchdacht und klar.
- Ihre Leser schätzen die deutliche Struktur, die ihnen Orientierung gibt und das Textverständnis erleichtert.
- Mit schlüssig strukturierten Texten vermitteln Sie den Eindruck einer gut strukturierten Persönlichkeit.

Kompakt: In Ihren Rohtext bringen Sie nachträglich Ordnung, indem Sie die Struktur überprüfen und klären. Dazu versehen Sie Ihren Text mit provisorischen Überschriften, verschieben Textblöcke und verbinden diese schließlich mit Überleitungen.

ÜBUNG

33 Kürzen

Endlich wieder die Wohnung ausgemistet! Bestimmt kennen Sie das gute Gefühl, wenn Sie überflüssige Dinge aussortiert haben. So schwer es vielen Menschen fällt, sich von Ballast zu trennen, so erleichtert sind sie doch, wenn die Sachen schließlich weg sind. Nicht anders nach dem Kürzen eines Textes: Sie verschaffen sich selbst und Ihren Lesern ein gutes Gefühl zu Ihrem Text, denn er wirkt prägnant, klar und schlicht. Fürs Kürzen bleibt jedoch oft keine Zeit mehr. Planen Sie also die Überarbeitungsphase großzügig: 40 bis 50 Prozent der gesamten Schreibzeit sollten zum Überarbeiten – und damit auch zum Kürzen – reserviert sein. Sie benötigen für das Kürzen eine bestimmte Grundhaltung, die von Loslassen und dem Interesse an den Leserwünschen geprägt ist. Sie brauchen auch einen klaren Kopf und die Übersicht über Ihren Text. Diesen Überblick haben Sie mit den beiden vorhergehenden Übungen gewonnen.

Kürzen eignet sich für Schreibende, die

- erst zu lange Texte schreiben,
- ihre Texte noch einmal durchdenken und auf das Wesentliche reduzieren wollen,
- das Wesentliche ihres Textes besser zur Geltung bringen wollen,
- ihre Chancen erhöhen wollen, dass ihre Texte gelesen werden.

Sie benötigen

◯ je nach Textlänge

Ihren Rohtext nach dem Reflektieren oder Ihren überarbeiteten Text; einen roten und einen grünen Stift.

Los geht's!

Lösen Sie sich aus der Nähe zum eigenen Text, indem Sie einige Zeit verstreichen lassen. Viele Schreiber sind anfangs regelrecht verliebt in den eigenen Text.

Schreiben Sie auf ein Blatt Papier die Kernaussage Ihres Textes und lassen Sie das Blatt offen liegen.

Ergänzen Sie fünf Mal den folgenden Satz: „Meine Leser interessiert am meisten … und weniger: …"

Lesen Sie nun Ihren Text einmal zügig durch. Fragen Sie sich: Wo langweile ich mich beim Lesen? Wo lese ich lustlos? Wo schweife ich mit meinen Gedanken ab? Wo ist mir peinlich, was ich geschrieben habe? Wo wiederhole ich mich? Markieren Sie diese Textbereiche rot.

Dann schließen Sie mit einer Vorstellungsübung an: Nehmen Sie vorweg, wie klar und prägnant Ihr Text durch das Kürzen werden wird und wie stolz Sie sein werden. Gehen Sie dafür Ihren Text in der Vorstellung durch und entdecken Sie Kürzungspotenziale. Vielleicht sehen Sie den Text als Ganzes vor sich, dann lassen Sie überflüssige Textbereiche in einer anderen Farbe erscheinen und anschließend verschwinden.

Nehmen Sie nun wieder Ihren Text zur Hand und suchen Sie nach Textbereichen, die in Bezug zu Ihrer Kernaussage und zu den Interessen Ihrer Leser stehen. Markieren Sie diese Textbereiche grün.

Vergleichen Sie die Ergebnisse der verschiedenfarbigen Markierungen miteinander: Wo überschneiden sich Markierungen? Da müssen Sie noch nacharbeiten, um sich zu entscheiden.

Löschen Sie anschließend die Textstellen in Ihrer Datei, die Sie rot markiert hatten.

Tipp

Viele Schreibende haben bereits mühevoll an einzelnen Sätzen gefeilt, bevor sie sich ans Kürzen machen. Von diesen Sätzen, in denen so viel Arbeit steckt, trennt man sich verständlicherweise schwer. Kürzen Sie deshalb immer *vor* dem Überarbeiten auf Satz- und Wortebene. Außerdem gibt es beim Aufräumen ja immer noch die Aufbewahrungskisten, den Keller oder Dachboden: Bewahren Sie gute Textstellen in anderen Dateien auf. Sie können erste Bausteine für neue Texte sein.

Erinnern Sie sich noch an das Beispiel 3, Sigrun? Die Wissenschaftlerin arbeitete nach dem perfektionistischen und beinahe zwanghaften Grundsatz „Alles muss rein!“ und hatte sich damit in eine massive Überarbeitungssituation manövriert. Für sie stellte das Kürzen eine echte Herausforderung dar – strebte doch alles in ihr danach, so viel wie möglich in ihren Texten unterzubringen. Sie sah jedoch selbst, dass das Kürzen ihre Texte besser machen würde, weniger überfrachtet und übersichtlicher. Da es ihr besonders schwerfiel, sich zu entscheiden, orientierte sie sich möglichst stur an den folgenden Kürzungsschritten. Ein bestimmtes Denkbild half ihr dabei: Sie ließ überflüssige Textbereiche in der Vorstellung verdorren und als trockene Krümel davonwehen. Der restliche Text blieb strahlend und geklärt zurück.

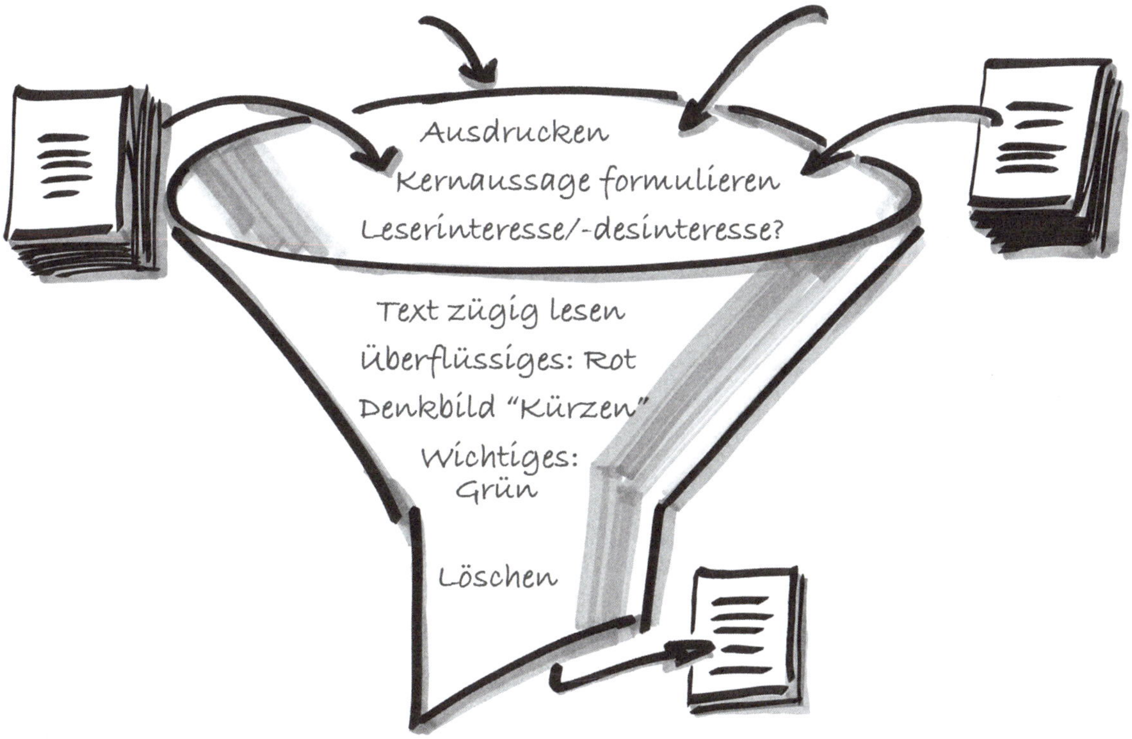

Vorgehen beim Kürzen

Ihr Nutzen

- Sie schreiben kürzere, prägnante und damit zeitgemäße Texte.
- Das Wesentliche und die zentralen Textgedanken kommen durch das Kürzen besser zur Geltung.
- Sie erleichtern sich selbst, Ihr Denken und Ihren Text von unnötigem Ballast.
- Kürzen macht zufrieden.
- Sie üben sich im Loslassen.
- Wenn Sie wiederholt und konsequent Texte kürzen, so schreiben Sie möglicherweise Ihre Rohtexte schneller – weil Sie wissen, wie vorläufig diese noch sind.
- Durch die Praxis des Kürzens denken und sprechen Sie auch prägnanter.

Kompakt: Wenn Sie vor dem Kürzen Abstand vom eigenen Text gewinnen, sich auf Loslassen programmieren und Schritt für Schritt vorgehen, haben Sie gute Chancen auf prägnante Texte, die das Wesentliche herausstellen.

34 Die ideale Schreibwoche

Wie wäre es, wenn Sie fröhlich, entspannt und voller Schaffenslust schrieben, gleich, um welche Texte es sich handelt? Wie wäre es, wenn das Schreiben als fester Bestandteil in Ihrer Woche ein Anlass für Vorfreude und Flow darstellte? Machen Sie sich mit der folgenden Übung Lust aufs Schreiben und räumen Sie dem freudvollen Schreiben in Ihrem Leben einen festen Platz ein.

Die ideale Schreibwoche eignet sich für Schreibende, die

- sich auf das Schreiben positiv einstimmen wollen,
- gerne vorausplanen und sich dadurch motivieren,
- bisher keinen Schreibrhythmus in ihrem Arbeitsalltag gefunden haben,
- noch nicht wissen, wie sie das Schreiben in ihren Tages- und Wochenablauf integrieren können,
- das Schreiben aufschieben oder vermeiden.

Sie benötigen

Blanko-Papier und eventuell farbige Stifte.

Los geht's! ca. 10–15 Minuten

Diese Übung hat im ersten Teil einmal mehr den Charakter einer Vorstellungsübung. Sie entwickeln ein inneres Bild, wie Sie es in der Übung 3 – „Denkbilder" – kennengelernt haben.

Schließen Sie die Augen und entspannen Sie sich kurz. Lassen Sie vor Ihrem inneren Auge das Bild einer Woche entstehen, in der Ihr Schreiben Platz findet. Die Woche sollte realistisch sein, es kommen also auch andere Arbeitsaufgaben, Freizeit, genug Schlaf usw. vor. Dennoch sind auch Zeiten für das Schreiben übrig. Und diese Zeiten gestalten Sie nun:

- An wie vielen Tagen der Woche schreibe ich? Welche Wochentage sind das konkret?
- Wie oft und wie lange schreibe ich bei jeder Schreibeinheit?
- Wie viele Stunden schreibe ich insgesamt in dieser Woche?

Schauen Sie jetzt detaillierter auf dieses Bild. Zoomen Sie wie mit einer Filmkamera näher heran. Stellen Sie schließlich auf einen Tag Ihrer Schreibwoche scharf: Das ist Ihr idealer Schreibtag.

Vergegenwärtigen Sie sich Ihren Schreibort mit allen Sinnen: Wie ist die Geräuschkulisse? Welche Lichtverhältnisse herrschen und wohin schweift mein Blick, während ich nachdenke? Wie fühlt sich mein Sitzmöbel an? Wie schmeckt das Getränk, das ich mir vorher zubereitet habe? Wie riecht die Luft, die durch das geöffnete Fenster hereinströmt?

- Was mache ich, um das Schreiben vorzubereiten? Wie beginne ich mit dem Schreiben?
- Wie lange schreibe ich? Wann und wie oft mache ich Pausen? Wie gestalte ich diese Pausen?
- Wie beende ich meine Schreibeinheit? Wie bereite ich einen leichten Einstieg in die nächste Schreibeinheit vor?
- Welche weiteren Gelegenheiten nutze ich am Tage, um an meinem Schreibprojekt weiterzuarbeiten?
- Öffnen Sie die Augen wieder und skizzieren Sie Ihre ideale Schreibwoche und Ihren idealen Schreibtag.

Tipp

Dieses Idealbild wird sich immer wieder ändern: Was für die Dissertation noch geeignet war, passt für die Gutachten bei der neuen Stelle überhaupt nicht mehr. Prüfen Sie deshalb immer wieder, wie veränderte Bedingungen und Vorlieben auch Ihre ideale Schreibwoche verändern. Sonst wird aus einem hilfreichen Denkbild eine einschränkende, weil überkommene Vorstellung.

Im folgenden Beispiel sehen Sie, wie die ideale Schreibwoche einer Klientin aussieht, die neben ihrer Tätigkeit in der Forschungsabteilung eines Pharmakonzerns einen Gesundheitsratgeber für Laien zur Therapie der Osteoporose schreibt. Da sie mit Überstunden regelmäßig mehr als 45 Stunden pro Woche arbeitet, ist ihre Schreibzeit sehr begrenzt. Sie mag detaillierte Planungen und notiert minutengenaue Zeiten. Sie will fast täglich schreiben, denn das hilft ihr wiederum dabei, motiviert zu bleiben.

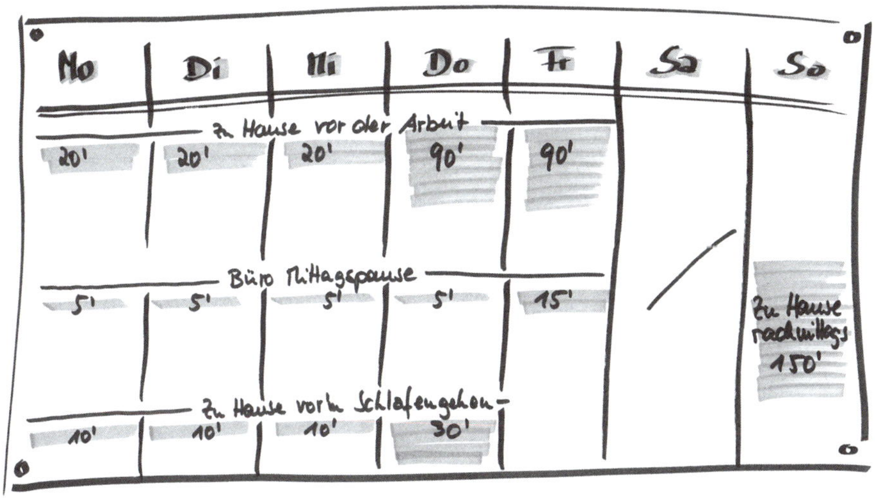

Die ideale Schreibwoche

Die Klientin skizziert gleich noch ihren idealen Schreibtag. Dabei stellt sie fest, dass sie auch bei anderen Gelegenheiten Gedanken zu ihrem Buch aufschreiben kann und will. Da ihr Buchthema zugleich das Thema ihrer Forschungstätigkeit ist, kann sie Ideen spielend am Arbeitsplatz integrieren.

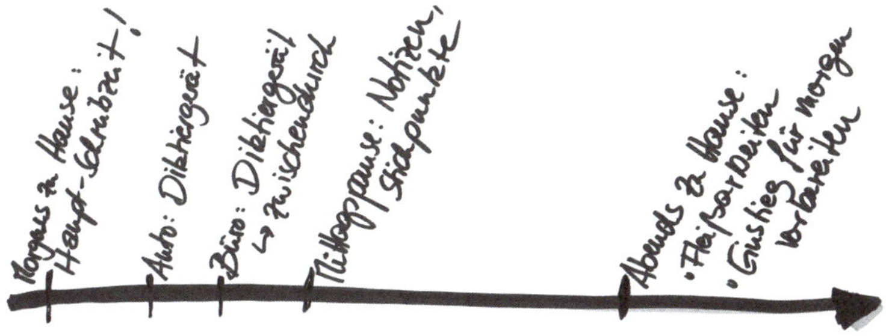

Der ideale Schreibtag

Download

Hördatei „Die ideale Schreibwoche“

Ihr Nutzen

- Durch die ideale Schreibwoche finden Sie heraus, wie Sie sich gutes Schreiben wünschen.
- Die ideale Schreibwoche kann Sie jenseits von akribischer Planung und klassischem Zeitmanagement zum Schreiben motivieren.
- Sie steigern Ihre Lust, das Schreiben als angenehme Tätigkeit in Ihrer Woche unterzubringen.
- Sie motivieren sich, Ihre geplanten Schreibzeiten einzuhalten.

Kompakt: Mit der idealen Schreibwoche stellen Sie sich vor, wie Sie das Schreiben bestmöglich in Ihre Woche und Ihren Tag integrieren. Sie ergänzen damit die Übungen 1 und 2 – „Schreibstrecke“ und „Zeitstrahl“ – um eine ganzheitlich und emotional gefärbte Vorstellungsübung.

35 Veröffentlichen

Was nützt der beste Text, wenn ihn keiner liest? Viele Schreibende investieren immens viel Arbeitszeit, Mühe und Herzblut in ihre Texte. Dann ist der Text endlich veröffentlicht – und versinkt weitgehend ungelesen im Weltmeer der Informationen.

Wertschätzen Sie jeden besonders wichtigen Text mit voller Kraft, seien es Fachartikel, Online-Publikationen, wissenschaftliche Arbeiten oder natürlich Sach- und Fachbücher. Nutzen Sie Ihren Text, um damit erfolgreicher zu werden. Andere werden dann nicht nur auf Ihren herausragenden Text, sondern auch auf den Autor dahinter aufmerksam, das Interesse an Ihrer Person wächst. Mit jedem weiteren guten Text werden Sie bekannter, renommierter, gefragter und geschätzter.

Mit dieser Übung bereiten Sie sich darauf vor, mit Stolz für Ihren Text zu werben, ihn den Lesern schmackhaft zu machen und natürlich: dafür zu sorgen, dass Ihr Text überhaupt seine Leser findet.

Veröffentlichen eignet sich für Schreibende, die

- ihren Text stolz vorzeigen wollen,
- sich wünschen, dass ihr Text und der Inhalt gewürdigt werden,
- anderen Menschen mit ihrem Text etwas geben möchten,
- ihre Texte für Erfolge nutzen wollen.

Sie benötigen

zwei Bögen Blanko-Papier und eventuell farbige Stifte.

Los geht's! ca. 20 Minuten

Im ersten Schritt stellen Sie sich eine besondere Situation in naher Zukunft vor.

Denken Sie an eine Person, die Sie schätzen, die Ihren Text und Sie kennt und die Ihnen wohlgesonnen ist.

Stellen Sie sich vor, Ihr Text hat einen Preis gewonnen. Die Person hält bei der feierlichen Preisverleihung eine Rede, in der sie die besondere Qualität Ihres Textes und Ihrer Leistung herausstellt.

Versetzen Sie sich in die Rolle dieser Person und schreiben Sie den Text der Rede auf. Sie wechseln die Perspektive, wie in der Übung 25 – „Perspektivenwechsel" – beschrieben. Die Rede soll Folgendes enthalten:

- Was ist das Besondere dieses Textes? Warum hat er diesen Preis gewonnen?
- Was ist das Besondere an der Person hinter dem Text, also dem Autor?
- Worauf kann der Autor stolz sein?

Im zweiten Schritt überlegen Sie, wie der Text seine Leser findet.

Schreiben Sie dafür einen zentrierten Wortsprint (Übung 8) mit den Ausgangsworten: „Werben für meinen Text." Schreiben Sie alles auf, was Ihnen an Werbemaßnahmen einfällt, von der Gruppen-E-Mail über einen Online-Hinweis in Ihrem sozialen Netzwerk bis zur persönlichen Ansprache Ihrer Kollegen.

Leser möchten angesprochen werden, Ihren Text empfohlen bekommen. Sammeln Sie deshalb im dritten Schritt Ideen, *wen* Sie *wie* ansprechen. Entwerfen Sie dafür einen Cluster, wie in der Übung 9 beschrieben. In die Mitte des Blattes schreiben Sie „Meine Leser". Davon ausgehend notieren Sie Assoziationsketten mit Personen, für die Ihr Text interessant sein könnte und denen Sie Ihren Text geben wollen.

Tipp

Tragen Sie stets Exemplare Ihres aktuellen, wichtigen Textes mit sich. So erinnern Sie sich selbst immer wieder an Ihr neues Produkt. Und Sie können den Text jederzeit vorzeigen und an Interessierte verteilen.

Auf den folgenden Abbildungen sehen Sie, wie ein Klient von mir mit zwei Schreibdenktechniken die Werbung für sein neues Fachbuch geplant hat. Mit einem zentrierten Wortsprint hat er erste Einfälle zu Werbemaßnahmen gesammelt:

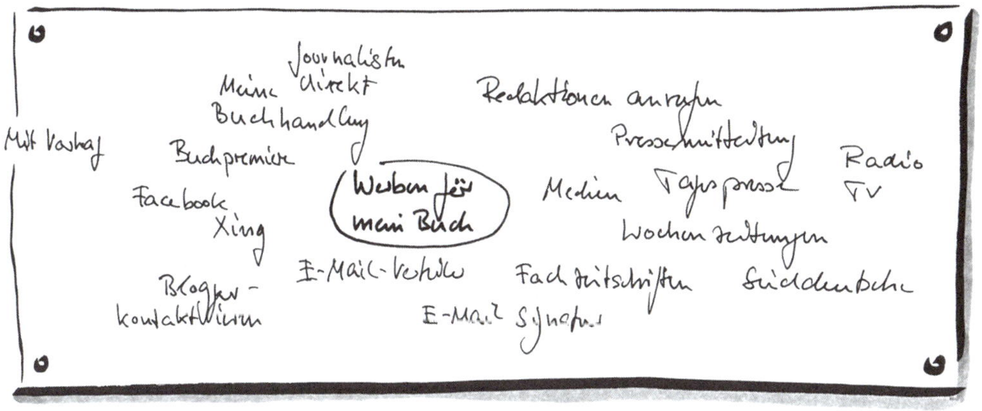

Werben für den eigenen Text – Beispiel

Und mit einem Cluster (Übung 9) hat er Personen gesammelt, die er ansprechen will, um sein Buch bekannt zu machen. Die vielen Namen sind vermutlich weniger interessant für Sie, ich habe das Beispiel dennoch aufgenommen, weil es die verschiedenen Netzwerk-Bereiche zeigt, über die die meisten Menschen verfügen, die einem jedoch nicht immer sofort bewusst sind. Der Klient ist durch den Cluster auf eher fernliegende und dennoch für seine Buchvermarktung wichtige Personen gestoßen.

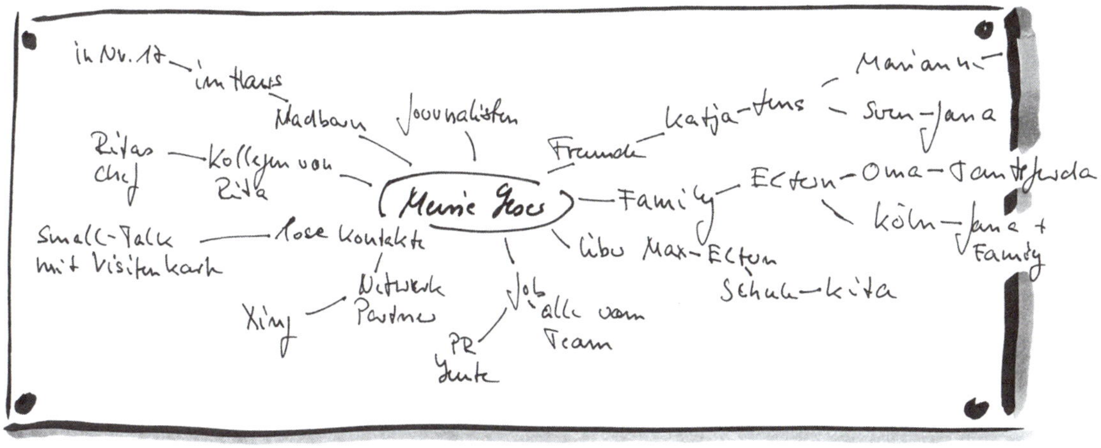

Veröffentlichen mit Netzwerk – Beispiel

Ihr Nutzen

- Sie sammeln Ideen, um Ihren Text bekannt zu machen, und für Ihr persönliches Empfehlungsnetzwerk.
- Sie empfinden Stolz auf Ihren Text und Ihre Leistung.
- Sie vermitteln Ihre Gedanken der Öffentlichkeit und geben Ihren Lesern damit etwas.
- Sie machen sich bekannt.
- Sie nutzen Ihren Text, um damit erfolgreicher zu werden.

Kompakt: Die Übung „Veröffentlichen“ hilft Ihnen, mit Stolz das Besondere Ihres Textes zu erkennen und mit diesem Gefühl erfolgreich für Ihren Text zu werben.

Weitere Unterstützung

Herzlichen Glückwunsch! Sie sind am Schluss der Schreibfitness-Mappe angelangt. Maximal haben Sie zehn Checklisten angekreuzt und kennen nun Ihren persönlichen Schreibstil, wissen durch die 15 Beispiele einiges darüber, wie Sie Ihre Schreibherausforderungen lösen können, und sind durchtrainiert mit 35 Schreibübungen. Und jetzt? Wie gelangt das Ganze in Ihren Schreiballtag?

Viele sind erst einmal begeistert, wenn sie neue Schreibstrategien kennen gelernt und ausprobiert haben – in einem Buch, einem Seminar oder im Schreibcoaching. Erst einmal. Und im Alltag gerinnt die Begeisterung zu Ernüchterung angesichts knapper Schreibzeiten und übermächtiger Routinen. Das Neue gerät in Vergessenheit und der Gedanke daran erzeugt mehr schlechtes Gewissen als Motivation: „Ich wollte doch eigentlich", „Ich müsste wieder einmal". So soll es nicht sein. Besser werden bedeutet für mich, Neues auszuprobieren, es aber immer auch auszuwerten: Passt es für mich oder sollte ich etwas verändern? Was hindert und was fördert? Was brauche ich noch, um mich weiter zu verbessern? Erst so erreichen Sie Ihre neuen Ziele auf dem Weg zu hervorragendem Schreiben.

Auf den folgenden Seiten finden Sie deshalb weitere Hilfen, um Ihr Schreiben zu optimieren: Eine Übersicht über die Schreibphasen und dazugehörigen Übungen. Eine Tabelle, mit deren Hilfe Sie sich langfristig verbessern können. Eine Übersicht über den Schreibprozess mit Tipps zu den einzelnen Phasen. Informationen zu meiner Arbeit als Schreibcoach. Und: Informationen zu meinem anderen Buch – einem Ratgeber zum Schreiben als Karrierefaktor –, mit dem Sie parallel zur Schreibfitness-Mappe auf andere Weise weiterarbeiten können.

Übungen und Schreibphasen

Ich habe die Übungen nach den sieben Schreibphasen geordnet. Dazu sehen Sie hier eine Übersicht, allerdings nur für eine grobe Orientierung – Zuwiderhandlungen sind erwünscht: Schieben Sie gerne etwa beim Überarbeiten eine „Denkbilder"-Übung dazwischen oder bringen Sie sich schon in der Phase des Einstimmens mit der Übung „Sich selbst motivieren" in Schwung.

Nummer	Titel der Übung	Schreibphase	Übungszeiten, in Minuten	Download
1	Schreibstrecke	Einstimmen	10	pdf- und Word-Dokument
2	Zeitstrahl		15–20	
3	Denkbilder		3–5	Hördatei
4	Schreibeinstimmer		5–10	pdf- und Word-Dokument
5	Leserkontakt		5–10	
6	Leserorientierung	Ideen entwickeln	10	pdf- und Word-Dokument
7	Denkskizze		10–15	
8	Wortsprints		je 3	
9	Cluster		7	
10	Gedanken- und Fokus-sprint		je 5–7	
11	Schreibstaffel		15–20	
12	Kerne		5+	
13	Notizstrategien		vorbereitend 10	pdf-Dokumente
14	Schreibgespräche		mehrmals 10	
15	Inkshedding		30–40	
16	Gedankenlandkarten	Strukturieren	5–15	
17	Der rote Faden		20–30	
18	Textpfad		5	
19	Überschriften		10+	
20	Scheuklappen	Rohtexten	10–15	
21	Partitur		10–15	
22	Die eigene Schreibstimme		15+	
23	Sprechschreiben		5–10	
24	Pausieren	Reflektieren	10+	pdf-Dokument
25	Perspektivenwechsel		10	
26	Ursachensuche		20–30	
27	Schreibressourcen		20–30	
28	Sich selbst motivieren		10	
29	Sinnvoll schreiben		15–25	
30	Textinspektion		je nach Textlänge	
31	Vier-Schritt-Überarbeiten	Überarbeiten	je nach Textlänge	
32	Rückstrukturieren		je nach Textlänge	
33	Kürzen		je nach Textlänge	
34	Die ideale Schreibwoche	Einstimmen	10–15	Hördatei
35	Veröffentlichen	Veröffentlichen	20	

Besser werden

Mit der Tabelle „Besser werden" motivieren und überprüfen Sie sich selbst, um Ihre Ziele langfristig zu verfolgen und sich kontinuierlich zu verbessern. Eigentlich habe ich hier noch eine weitere Übung in das Buch geschummelt. Sie können damit Ihre Verbesserungen beim Schreiben planen und sich Ihr persönliches Trainingsprogramm zusammenstellen, es ausprobieren, auswerten und langfristig handeln. Viele Menschen brechen ihre Verbesserungsprozesse spätestens in der dritten – der Auswertungsphase – ab und kehren zum „business as usual" zurück. Die Tabelle hält Sie bei der Stange.

Der Verbesserungsprozess beim Schreiben			
Meine Ziele: ...			
Planen Welche neuen Übungen und Strategien will ich in der nächsten Zeit testen?	**Umsetzen** Wie setze ich die geplanten Strategien in einem konkreten Schreibprojekt um?	**Auswerten** Welche Erfolge und Misserfolge hatte ich: +++ bis –––? Was könnten Gründe für die erfolgreiche bzw. nicht erfolgreiche Umsetzung sein?	**Langfristig handeln** Wie passe ich erfolgreiche Strategien in meinen Schreiballtag ein? Was werde ich neu planen? → weiter bei Schritt 1

Download

Tabelle „Verbesserungsprozess" als Word-Dokument zum Anpassen und als pdf-Dokument zum Ausdrucken

Der Schreibprozess

1. Einstimmen

- Finden Sie einen passenden Schreibort. Das muss nicht unbedingt Ihr Büroarbeitsplatz sein.
- Stimmen Sie sich auf einen erfolgreichen Schaffensprozess ein. Zum Beispiel mit kleinen Vorbereitungen. Oder, indem Sie kurz an Ihre Kernaussage denken.
- Verhindern Sie innere und äußere Ablenkungen – oder versuchen Sie, sie auszublenden.
- Planen Sie Ihre Schreibstrecke und entwickeln Sie ein realistisches Zeitgefühl zu Ihrem Schreibprojekt.

2. Ideen entwickeln

- Schreibdenken Sie: Sammeln Sie möglichst unzensiert Ihre Ideen und denken Sie damit anders als gewohnt weiter. Viele Übungen in diesem Buch helfen Ihnen dabei.
- Tragen Sie immer etwas bei sich, um Ihre Gedanken zu dokumentieren, etwa ein Notizbuch oder ein Diktiergerät.
- Finden Sie zum Wesentlichen, zu Ihrer Kernaussage.

3. Strukturieren

- Planen Sie Ihre Gliederung mit Hilfe von Gedankenlandkarten, die zu kreativem Denken einladen.
- Falls Sie leicht den roten Faden verlieren: Strukturieren Sie jeden Textabschnitt vorab.
- Wenn Sie erst einmal drauflosschreiben möchten: Entwickeln Sie die Struktur nach und nach durch „Rückstrukturieren".
- Verbinden Sie Planen und Drauflosschreiben je nach Anforderung: Planen Sie früh, wenn es schnell gehen muss; spät, wenn der Inhalt noch unklar ist.

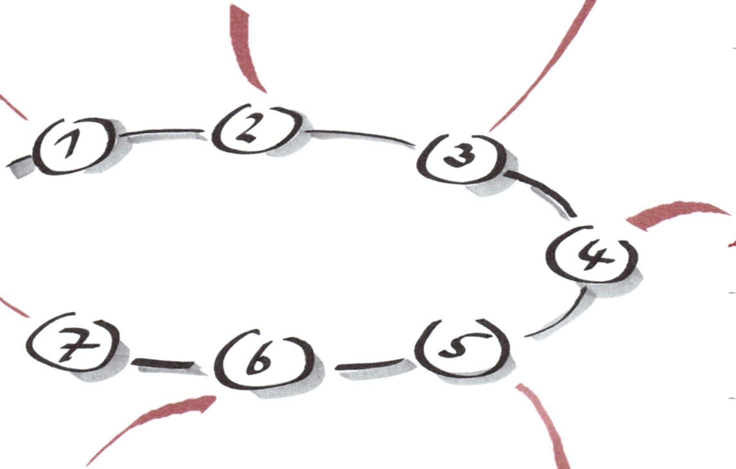

4. Rohtexten

- Schreiben Sie Ihren Rohtext im Denk- und Schreibfluss und ohne an Details hängen zu bleiben.
- Verschieben Sie alle Überarbeitungen auf später!
- Markieren Sie mit Sonderzeichen, was Ihnen unausgereift erscheint, um später darauf zurückzukommen.

5. Reflektieren

- Lassen Sie Ihren Text ruhen und in Gedanken reifen.
- Erbitten Sie schon jetzt ein Feedback zu Inhalt und Struktur, nachdem Sie Ihren Rohtext geglättet haben.

6. Überarbeiten

- Reservieren Sie ungefähr die Hälfte Ihrer Schreibzeit fürs Überarbeiten.
- Überarbeiten Sie Ihren Text erst in Hinblick auf Gesamteindruck, Inhalt und Struktur. Umformulierungen und Korrekturen folgen später.
- Drucken Sie Ihren Text aus und lesen Sie ihn an einem anderen Ort.

7. Veröffentlichen

- Seien Sie stolz auf Ihren Text und werben Sie voller Überzeugung für ihn.
- Nutzen Sie Ihren Text, um erfolgreicher zu werden: bei der Akquise, bei Bewerbungen oder als Anlass, um Kontakt mit für Sie interessanten Personen aufzunehmen.
- Bereiten Sie sich darauf vor, durch herausragende Texte beachtet und bekannter zu werden.

Angebote von Ulrike Scheuermann

Beratungs- und Seminarangebote für alle, die beruflich schreiben

Seit 1998 unterstütze ich Menschen dabei, herausragend und fokussiert zu schreiben, ihre Schreibprojekte abzuschließen, zu veröffentlichen und für weitere Erfolge zu nutzen. Meine Klienten schreiben wissenschaftliche Arbeiten wie Dissertationen, Habilitationen oder Artikel. Sie verfassen berufliche Texte, etwa Berichte, Konzepte, Korrespondenz und Online-Texte. Sie publizieren Fachartikel, Ratgeber, Fach- und Sachbücher.

Durch Schreibcoaching bei mir sparen Sie Kraft und Zeit. Gemeinsam gehen wir Ihre Schreibprobleme an: Wir loten die Hintergründe aus und bearbeiten sie mit veränderter Schreibtechnik, mit psychologischer Diagnostik und meinem breiten Methodenrepertoire aus jahrzehntelanger Beratungspraxis. Ich begleite, inspiriere und motiviere, vermittle Know-how und wir üben verändertes Schreibverhalten ein. Je nach Bedarf. Manchmal genügen auch sporadische Notfallsitzungen.

All das ist eingebettet in einen größeren Zusammenhang: Ich unterstütze Menschen dabei, das Wesentliche zu leben: Ich verlocke und begleite sie, fokussiert zu leben, zu arbeiten und zu schreiben. Ich unterstütze sie bei ihrer Suche nach Tiefe, Schaffenskraft und Klarheit; auf ihrem Weg, weiter zu wachsen und über das Bisherige hinauszugehen. Ich vermittle Schreibdenken als Weg, um sich selbst zu motivieren und zu coachen, sich persönlich zu entwickeln und erfolgreicher im umfassenden Sinne zu werden.

Downloads

Wenn Sie gerne mit Formularen und Tabellen arbeiten oder eine Gedankenreise von mir als Hördatei herunterladen möchten, so besuchen Sie meine Internetseite und werden im Downloadbereich fündig: www.ulrike-scheuermann.de. Ich habe die Vorlagen überwiegend als Word- *und* pdf-Dokumente hinterlegt: Als pdf-Datei erhalten Sie sie garantiert richtig formatiert und mit der Word-Datei sind Sie dazu eingeladen, den Inhalt beliebig an Ihren eigenen Bedarf anzupassen.

Ich würde mich sehr freuen, wenn wir uns auf einem meiner Vorträge, Seminare oder beim Coaching persönlich kennenlernen. Weitere Informationen finden Sie unter:

info@ulrike-scheuermann.de
www.ulrike-scheuermann.de

Und nun wünsche ich Ihnen Freude, Inspiration und Erfolg beim Schreiben – langfristig, umfassend und auch jenseits Ihres Berufs: für Motivation, Erfüllung und Entwicklung in Ihrem Leben.

Ihre Ulrike Scheuermann

Informationen zum Buch „Wer reden kann, macht Eindruck – wer schreiben kann, macht Karriere“

Neben der Schreibfitness-Mappe finden Sie in meinem Ratgeber jede Menge Themen, Tipps und Hintergründe: „Wer reden kann, macht Eindruck – wer schreiben kann, macht Karriere: Das Schreibfitnessprogramm für mehr Erfolg im Job“. So zum Beispiel im ersten Teil des Buches, in dem ich zehn typische Problemzonen des beruflichen Schreibens mit Hintergründen, Lösungsansätzen und Karrierefaktoren beschreibe. Damit ist der Ratgeber die ideale Ergänzung und Erweiterung der Schreibfitness-Mappe. Sie erfahren dort zum Beispiel mehr darüber, wie Sie Schreiben für berufliche und persönliche Erfolge nutzen können.

Aus dem Inhalt

Für viele Berufstätige ist Schreiben eine lästige Pflichtaufgabe, die nur Zeit frisst und wenig bringt. Doch Schreiben im Job kann ein Karrieremotor sein – es bietet beste Chancen für die persönliche und berufliche Entwicklung. Dieses Buch gewährt Einblick in die typischen Problemzonen des Schreibens im Job wie Schreiben im Stress und unter Druck, Aufschieberitis, Ausufern und Leere im Kopf. Es erläutert mit zahlreichen Beispielen und Abbildungen, wie Sie erfolgreich schreiben und sich mit guten Texten einen Namen machen. Es zeigt, wie der alltägliche Schreibkrampf aller, die schreiben müssen und wollen, persönlich reflektiert und mit frischen Ideen gelöst werden kann.

Ein effektives Trainingsprogramm hilft dabei, mit neuen Strategien und Techniken zum kreativen und gut organisierten Profi-Schreiber und Vordenker zu werden, der sicher den richtigen Ton trifft.

Leserstimmen

„Gelungenes Schreibcoaching per Buch: (...) Wer seine berufliche Sprachfitness so weit verbessern möchte, dass seine oder ihre Texte nicht nur „durchgehen“, sondern positiv Aufsehen erregen, kommt um dieses hervorragende Buch nicht herum. Rundum empfehlenswert!“ Gaby Neumayer, Chefredakteurin „The Tempest“

„Ein brillanter Ratgeber mit Arbeitscharakter. Für all die, die nicht nur an ihrer Schreibe arbeiten, sondern gleichzeitig ihr Ideenpotential entfalten und sich damit beruflich weiterentwickeln wollen.“ Zita Schlomske, Journalistin